新时代教师发展丛书

教师怎样进行

课堂教学质量的管理

◎ 严先元 卢晓东 编著

教师怎样让师德师风落地生根
教师怎样引导学生更新学习方式
教师怎样用好信息技术
教师如何进行教育评价
教师怎样做教育行动研究
教师怎样进行校本研修
教师怎样做教学诊断
教师的课堂教学是什么样子
新课程的课堂教学是什么样子
教师怎样设计一堂好课
教师怎样进行课堂教学质量的管理

东北师范大学出版社

长 春

图书在版编目(CIP)数据

教师怎样进行课堂教学质量的管理 / 严先元,卢晓东编著. —长春:东北师范大学出版社,2020.7
(新时代教师发展丛书/严先元主编)
ISBN 978 - 7 - 5681 - 7004 - 8

Ⅰ. ①教… Ⅱ. ①严… ②卢… Ⅲ. ①课堂教学—教学管理—研究 Ⅳ. ①G424.21

中国版本图书馆 CIP 数据核字(2020)第130052号

□责任编辑:王秀梅　李井慧　　□封面设计:隋福成
□责任校对:马启娜　李　杭　　□责任印制:许　冰

东北师范大学出版社出版发行
长春净月经济开发区金宝街 118 号(邮政编码:130117)
电话:0431-84568164
网址:http://www.nenup.com
东北师范大学音像出版社制版
辽宁新华印务有限公司印装
沈阳市张士经济技术开发区
中央大街六号路 14 甲-3 号(邮政编码:110021)
2020 年 7 月第 1 版　2020 年 7 月第 2 次印刷
幅面尺寸:169 mm×239 mm　印张:15.75　字数:227 千

定价:91.00元

总　序

　　教师是立教之本、兴教之源。教师作为教育发展"第一资源"的价值判断，确定了教师在实现中华民族伟大复兴中国梦进程中的重要作用。中共中央、国务院在《关于全面深化新时代教师队伍建设改革的意见》中明确指出："教师承担着传播知识、传播思想、传播真理的历史使命，肩负着塑造灵魂、塑造生命、塑造人的时代重任，是教育发展的第一资源，是国家富强、民族振兴、人民幸福的重要基石。"这不仅强调了教师与现代化国家的共生关系，更突出了建设高素质、专业化、创新型教师队伍与建设具有中国特色社会主义现代化强国之间的密切关联。

　　党的十九大报告指出，使命呼唤担当，使命引领未来。建设高素质、专业化、创新型教师队伍任重道远。我国有研究者指出，建设这样一支队伍主要有三条基本途径：一是个体内在路径，二是制度外部路径，三是文化融合路径。① 本书在这三个方面都有涉及，但更多地聚焦于教师主体性实践的个体内在路径，对当前广大教师来说，这可能是更适切的。

　　关于本丛书内容选择，主要出于以下考虑：习近平总书记曾在《求是》杂志发表《一个国家、一个民族不能没有灵魂》的重要文章，他引用《左传·襄公二十四年》中的话"太上有立德，其次有立功，其次有立言"，教导我们要"立德""立功""立言"，才能创不朽之业。本丛书重视通过"以德立身、以德立学、以德立教、以德育德"，促进师德修养提升，不仅有专册论述，而且在各册中突出价值定位和价值引领。由于教师的"建功立业"在时间和精力上大多用于"教学活动"，特别是用在"提高教学质量的主阵地——

---

　　① 朱旭东，宋萑，等. 新时代中国教师队伍建设的顶层设计［M］. 北京：北京师范大学出版社，2018：8-9.

课堂教学"上，因此我们针对教学诊断、教育评价、教育行动研究、校本研修等都做了分册撰述。同时，根据教师专业的特质，教师发展必须以"实践性知识"作为支撑，我们也从校本研修、行动研究、技术促进学习和提高信息素养等方面做了一些专门的讨论，希望教师以"立言"的形式进行创新探索，积淀经验成果，实现交流互动。

建设教育强国是中华民族伟大复兴的基础工程，我们每一位教师都为投身这伟大斗争、伟大工程、伟大事业、伟大梦想而深受鼓舞。我们深信，经过奋发努力，"教师综合素质、专业化水平和创新能力大幅提升，培养造就数以百万计的骨干教师、数以十万计的卓越教师、数以万计的教育家型教师"，"广大教师在岗位上有幸福感、事业上有成就感、社会上有荣誉感，教师成为让人羡慕的职业"的目标一定能实现。

为此，我们期待着本套丛书的出版能够为广大基层教师的教育教学工作带来一定的帮助。

2020 年 7 月

前　言

党的十九大提出"提升发展质量和效益"的要求，并将之作为解决新时期我国社会主要矛盾的应对之策。建设教育强国是中华民族伟大复兴的基础工程，办好人民满意的教育，要努力让每个孩子都能享有公平而有质量的教育。中共中央国务院关于深化教育教学改革全面提高义务教育质量的意见强调，"强化课堂主阵地作用，切实提高课堂教学质量"应"加强教学管理"。因此，科学而有效地进行课堂教学质量管理，是每位教师应具备的专业素养。

课堂教学是一个师生交往互动、共同发展的过程。正是通过这一过程，教师、学生、教材、环境发生交互作用，从而实现教学目标，达到育人的目的。在课堂教学中，教师运用各种教学指导性策略，调动学生学习的积极性，激发学生学习的动机，促进教师与学生、学生与学生之间的相互作用，希望将教学内容有效地传递给学生，使学生掌握知识，发展能力。此外，在课堂教学中，教师还要协调好教师、学生和教学环境三者的关系。只有协调好这三者的关系，才有高效率的教学，这种协调工作就是教学管理。因此，教师不仅是教学活动的组织者、领导者，还应是教学活动的管理者。

课堂教学的质量管理是指教师为了保证课堂教学的秩序和效益，协调课堂中人与事、时间与空间等各种因素及其关系的过程。所以它涉及多方面管理行为方式，如学生思想品德的管理、课堂信息传递的管理、课堂运行过程的管理、课堂教学时间的管理、学生纪律行为的管理等，但进行这些管理活动都必须首先解决管理的价值定位和策略取向问题。

教育管理是一项"系统工程"，涉及行政决策、制度规范等不同层面。管理学家塔尔科特·帕森斯把"课堂中的教与学"定位在"技术层"，并认为"它是所有教育组织的核心与灵魂"。因此，本书的讨论也多侧重在实践操作上。

目　录　Content

第一章

为什么要重视课堂教学质量的管理

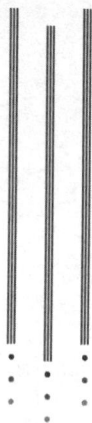

教育质量事关亿万少年儿童健康成长，事关国家发展，事关民族未来。因此，要强化课堂主阵地作用，切实提高课堂教学质量，优化教学方式，加强教学管理。

党的十九大把高质量发展提高到战略的高度。《中共中央国务院关于深化教育教学改革全面提高义务教育质量的意见》（2019 年 6 月 23 日）（以下简称《意见》）指出：教育质量事关亿万少年儿童健康成长，事关国家发展，事关民族未来。《意见》强调，"强化课堂主阵地作用，切实提高课堂教学质量"，"优化教学方式"，"加强教学管理"。

我们常说，"向管理要质量"，这道出了二者之间的关系。

一、 课堂教学质量的管理概观

党的十八大提出，努力办好人民满意的教育。人民满意的教育，是更高质量、更加公平的教育。提高教育质量是教育事业的永恒主题，是建设人力资源强国的关键环节，是教育改革发展的核心任务。为此，党和政府提出了包括建立健全教育质量监测体系、改革考试评价制度等一系列措施。

（一）教育"质量"的阐释

1."质量"的定义

"质量"是人们耳熟能详的一个语词，除了作为一个物理量有特定含义外，"质量"通常被解释为"产品或工作的优劣程度"。但这个解释也引出一个问题：怎样来确定产品或工作的"优劣程度"呢？国际标准化组织（简称ISO）制定的 ISO 族质量管理体系质量标准将质量定义为"一组固有特性满足要求的程度"，并进一步将产品（包括有形产品和服务）、过程或体系与要求有关的固有特性定义为质量特性。这里的"要求"是指顾客和其他相关方明示的、通常隐含的或必须履行的需求或期望。[①] 这一定义有助于我们从"固

---

① 国家质量技术监督局. 中华人民共和国国家标准：质量管理体系标准［M］. 北京：中国标准出版社，2001：8，11-12.

有特性"和"满足需求"两方面来理解教育质量。

2. 教育的"固有特性"

教育的"固有特性"主要指教育的"根本性质"。正如有学者指出的"对教育质量的评估必然与对教育'本质'的理解相联系","判断教育质量标准决定了教育质量的定义"。[①]

毫无疑问,教育的固有特性是"育人"。鲁洁教授讲,教育"以人之生成、完善为基本出发点,将人的发展作为衡量的根本尺度,用人自我生成的逻辑去理解和运作教育","把促进人的发展和生活的完善作为教育的根本出发点和归宿,教育要以'育人为本'"。[②]

如果将"育人"视为教育的"固有特性",那么,"育人"又将派生两种性质:一是"生产"活动的性质——培养人才;人才即其"产品"。二是"服务"活动的性质——为广大人民群众提供公共服务,办人民满意的教育。应当看到,这两种性质反映在质量上、认定上并不相同。就生产来讲,质量由结果的产品来体现,所以产品生产重要的是结果。但服务的过程本身就是服务,严格地讲,服务是一个过程,服务质量体现在服务过程之中。

3. 教育"质量"之所指

基于教育的"质量特性",不难确立一个认定教育质量的框架——教育作为一种"育人"的生产性活动,其质量可以由"产品"来体现:学生"合目的"的程度,表现在达成培养目标的水平上,这反映了教育质量的功能特性。教育作为一种"对人"的服务性活动,其质量体现在服务"过程"之中,"过程"的质量主要应视其"合规律"与"正当性"的状况,反映了教育质量的价值特性。这两方面的统合则为满足教育质量的需求特性奠定了基础。

据此,认定教育质量应当做的工作主要是两项:一是确定一个学生达成培养目标的"标准";二是建立一个组织教育活动过程的"规范"。这其实就是研究者所提出的:对于关注结果的教育质量与注重过程的教育质量而言,虽然结果与过程密切相关,但仅仅关注结果的教育质量是一种"事后检测",

---

① 沈伟,卢乃桂. 问责背景下的教育质量:何为与为何 [J]. 全球教育展望,2011 (2).
② 鲁洁. 教育的原点:育人 [J]. 华东师范大学学报 (教育科学版),2008 (12).

难以及时地发现、解决教育中的问题，因此，正确的教育质量观应把结果与过程有机结合起来。①

党的十八大提出，要把推动发展的立足点转到提高质量和效益上来。观念是行动的先导。确立科学的学习质量观，是包括学习质量评价在内的一切提高学习质量措施的指导思想和内在依据。《国家中长期教育改革和发展规划纲要（2010—2020 年）》在讲到"把提高质量作为教育改革发展的核心任务"时指出，"树立科学的质量观，把促进人的全面发展、适应社会需要作为衡量教育质量的根本标准"。

（二）教育"管理"的解读

"管理"也是一个常用词，在《现代汉语词典》中它有三个意思：一是负责某项工作使顺利进行；二是保管和料理；三是照管并约束（人或动物）。显而易见，这是望之生义的阐释，无非是指"管控"和"处理"之意。

1. 教育"管理"的界说

我国改革开放后使用较广的一本《学校管理学》开宗明义这样界说"管理"：什么叫管理？许多管理学者从各自不同的角度下过不同的定义。有的说，管理就是管人；有的说，管理就是决策；有的认为，管理是通过他人将事情办成功的艺术；有的认为，管理是为了实现预定目标，组织和使用各种资源的过程。马克思没有直接对管理下过定义，但有一段话谈到了管理的必要性。他说："一切规模较大的直接社会劳动或共同劳动，都或多或少地需要指挥，以协调个人的活动。"这里提到的"指挥"和"协调"，都属于管理范畴。紧接着他打了一个比喻："一个单独的提琴手，是自己指挥自己；一个乐队，就需要一个乐队指挥。"是的，一个人拉胡琴，吹笛子，是自己指挥自己，想怎么拉就怎么拉，爱怎么吹就怎么吹。但一个乐队是一个集体，各种乐器必须协调行动，才能奏出悦耳的乐章。这个比喻，生动地说明个人活动与群体活动的最大区别是前者不需要别人指挥，后者则需要管理。因此，我

---

① 李润洲，张斌贤. 教育质量的三维解析 [J]. 中国教育学刊，2013（7）.

们对管理的含义可以这样理解：凡是有群体共同活动、共同劳动或共同工作的地方，都需要管理。管理是管理人员领导和组织人们去完成一定的任务和实现共同的目标的一种活动。

这个对管理的界说，很值得注意的是它强调了管理的两个基本职能：组织与领导。

2. 教育管理的"人本取向"

教育管理学是把学校作为社会系统的一个组织来研究的。当代的组织思想与理论的演进可以被认为是运用了三个彼此对抗的系统观——理性的、自然的与开放的。理性系统观认为，组织是一种正式工具，设计工具的目的是实现组织的目标，结构是最重要的特征；自然系统观认为，组织是指向生存的典型的社会团体，人是最重要的方面；开放系统观有一种将理性要素与自然要素整合到同一框架中的潜力，它提供了一种更全面的看法。[①]

在讨论课堂管理的时候，我们特别重视和强调一种"当代自然系统：人力资源观"，这不仅体现我国倡导与推行的"以人为本"的理念，还是课堂教学改革需要着力解决的问题。研究指出[②]，持自然系统观的人关注社会群体间的相似性。因此，组织就像所有的社会群体一样，首先由基本的生存目标所驱动，而不是根据特定的制度明确设计出的目标来推动。古尔德纳（Gouldner，1959：405）抓住了自然系统模式的本质，他指出："组织按照这种模式努力生存下去，并保持自身平衡，而且，即使在明确定下的目标已经成功达到以后，也会将这种努力持续下去。这种为了生存的努力有时也可能会导致对组织目标的忽视或扭曲。"这时，生存是高于一切的目标。从根本上讲，人们并没有将正式组织看作达成具体目的的方式，而是将其看作个人满足自身需求的工具。人成了组织中宝贵的人力资源。

从学校教育管理的实践看，我们承认"学生控制是学校生活的中心"，但我们并不把"控制"视为一种"监管"，而是着眼于一种"领导"，即指引、

①　[美]韦恩·K.霍伊，塞西尔·G.米斯克尔.教育管理学：理论·研究·实践（第7版）[M].范国睿，主译.北京：教育科学出版社，2007：1，15，179.
②　[美]韦恩·K.霍伊，塞西尔·G.米斯克尔.教育管理学：理论·研究·实践（第7版）[M].范国睿，主译.北京：教育科学出版社，2007：1，15，179.

示范、疏导等，我们相信，对学校而言，它们需要的是少一些监管，多一些人本精神，因为学校疏离感越少，满足度越大，学生的成绩越好。[①]

3. 管理中的"领导"之蕴

如果我们把管理的基本职能认定为"领导"和"组织"两个大的方面，那么我们在课堂管理中更注重的是什么呢？当然是"领导"的职能。因为课堂教学本身就是"教学的基本组织形式"，不管是"率由旧章"抑或是"另辟蹊径"，都可做到轻车熟路。而"领导"则更体现出对"人"的一种作用和影响。事实上，教育管理学一直都把管理中"领导"作为一个重要领域来研究。在构建一个稳固的领导知识体系方面，我们已取得了实质性的进展。人们普遍认为，领导是一个个体有意识地影响他人从而建构群体和组织的活动与关系的社会影响过程。为了解释这一影响过程，人们已经提出并检验了多种领导模型。20世纪70年代，权变领导理论最受欢迎。该理论是由菲德勒提出的，他假设，领导风格和环境是否相匹配会影响领导效能。到20世纪80年代，人们对这一理论的兴趣日渐淡化，转而研究其他一些新理论。变革型领导理论受到了研究者和实践者的广泛关注。该理论将下属的情感反应和理想化的、变革取向的行为整合在一起。[②]

在课堂管理中的"领导"，主要指对学生的引领和指导，是教师主导作用和学生主体作用的交融。"指导"，既强调教师在教学中的主导作用，又反对教师无视学生主体性的强制与灌注。这正如杜威所说："指导是一个比较中性的词，表明把被指导的人的主动趋势引导到某一连续的道路，而不是无目的地分散注意力。指导表达一种基本的功能，这一功能的一个极端变为一个方向性的帮助，另一个极端表现为调节和支配。"[③] 在以学习为中心的课堂上，"指导"包括教师的"诱导""引导""辅导"，"诱导"是为了让学生"想学"，"引导"是为了让学生"会学"，"辅导"是为了让学生"能学"（个个都能学

---

① [美]韦恩·K.霍伊，塞西尔·G.米斯克尔. 教育管理学：理论·研究·实践（第7版）[M]. 范国睿，主译. 北京：教育科学出版社，2007：1，15，179.

② [美]韦恩·K.霍伊，塞西尔·G.米斯克尔. 教育管理学：理论·研究·实践（第7版）[M]. 范国睿，主译. 北京：教育科学出版社，2007：393.

③ 杜威. 民主主义与教育 [M]. 王承绪，译. 北京：人民教育出版社，2001：30.

好）。

（三）课堂管理的分析

课堂管理是教学工作的有机组成部分。有人提出，广义的教学工作可分为三种活动模式：第一种活动模式是教学；第二种活动模式是评价；第三种活动模式是管理。管理具有促进和维持的功能[①]，因此，教师必须十分重视课堂管理。正像著名教育家赫尔巴特所说："如果不坚决而温和地抓住管理的缰绳，任何功课的教学都是不可能的。"

1. 课堂作为一种"场域"的特征

"场域"，按一般的理解是一种"空间"。在社会学研究中它被赋予一种"关系"的属性，理解这一点，有利于我们认识课堂活动的本质。"场域"是法国社会学家皮埃尔·布迪厄的社会学理论的代表性概念之一。布迪厄将"场域"定义为"各种位置之间存在的客观关系的一个网络或构型"，并且在方法论意义上指出"根据场域概念进行思考就是从关系角度进行思考"。[②] 事实上，无论是课堂教学还是课堂管理，都是建立在教师与学生或者"教"与"学"之间关系上的，其技术都是一种处理相互关系的"艺术"。这一点我们将在以后的论述中体现出来。

当前，我国一些学者已经运用"教育场域"概念研究教育中复杂问题的解决。学者刘生全认为，"作为一种客观性社会存在而言，教育场域系指教育者、受教育者及其他教育参与者相互之间所形成的一种以知识的生产、传承、传播和消费为依托，以人的发展、形成和提升为旨归的客观关系网络"。作为一种理论范畴，教育场域是对上述客观关系网络的一种抽象和指称。马维娜认为，"学校场域是学校中各种复杂矛盾的多元位置之间存在的多元关系的网络，是有形与无形的整体集合与各种力量的不断重组"[③]。这些研究对于我们

---

① 邵瑞珍. 学与教的心理学 [M]. 上海：华东师范大学出版社，1999：300.

② 布迪厄，华康德. 实践与反思：反思社会学导引 [M]. 李猛，李康，译. 北京：中央编译出版社，1998：33.

③ 刘远杰. 场域概念的教育学建构 [J]. 教育学报，2018 (12).

认识课堂管理、拓展思路和深度思考都是很有启发的。

2. 课堂管理：学校组织管理的"技术核心"

从学校管理的角度来审视课堂管理，涉及学校作为一种"组织"的管理层次。

塔尔科特·帕森斯（Talcott Parsons）是第一位提出组织有三种不同的结构层次——技术层、管理层和制度层——的学者。技术层或者说技术核心是生产组织的实际"产品"的组织活动系统：在学校中，课堂中的教与学就是典型的例子。下一个层次是管理系统，负责管理组织的内部事务，协调组织与环境间的关系。最后，处于顶层的是制度层，其职能是沟通组织与环境，保证组织在更广阔的社会背景中的合法性。以学校为例，教育董事会是制度层主要的正式机构，其职能是保证学校活动之于社区的合法性。帕森斯提出，在各个层次交汇于直线型权威关系的每一节点，都会有质的裂变。尽管教育管理学在讨论管理问题时将管理层看作重要核心，但是其他两个层次也很重要，因为它们使得学校与其学生、学校与公民之间的沟通关系更加清晰。

正如制度层注意到环境的组织约束一样，技术层强调了教与学在管理决策中的重要意义。就学校而言，技术的功能体现在教与学的过程之中，这是所有教育组织的核心与灵魂。如果我们不考察学校的技术核心——教与学的过程，我们对作为一个社会系统的学校的分析就会误入歧途，因为它促成了很多必须做出的管理决策。[①] 这也是我们重视课堂教学管理的原因。

3. 课堂管理要直面的情境特征

课堂作为一种"场域"，其复杂的"关系"必然引出一些情境问题，因此，课堂管理必须直面课堂情境中的种种矛盾与冲突。由于教师一旦跨入课堂，等待他的就是一些活活泼泼、充满活力和差异的学生，钟启泉教授将其视为课堂教学中动态的生命体。他认为，课堂教学实际上是种种要素复杂交

---

① ［美］韦恩·K. 霍伊，塞西尔·G. 米斯克尔. 教育管理学：理论·研究·实践（第7版）[M]. 范国睿，主译. 北京：教育科学出版社，2007：38.

织而又与时俱变的现象，国际课堂研究专家把这种伴随着复杂性与不确定性的教学视为"动态的生命体"。在课堂中，无论是儿童还是教师，都是构成教学动力系统的一个生命要素。课堂教学中的每个人都作为各具个性的、独特的存在，时时刻刻在感悟、思考、坚守、互动，并且发生着变化。这种生命要素是面向人、事、物的世界开放的，是作为一种表达、表征来表现此时此刻同世界的关联的。这种动态生成的本质，其实就是在不断地表现自己。至于将会成为怎样一种表现，取决于其构成要素的内部状态。不过，构成要素的状态随着师生、生生之间人际关系而发生变化。课堂教学中儿童的表现与教师的表现就是这种关系的"结局"与"结晶"。儿童与教师正是在时时刻刻的展示、吸纳与反驳之类的表现的生成与幻灭过程之中，形成自我认同，进而才有了各自的"主体性"根基。在上述的教学情境中，每个儿童都在思考着并且表现着"自己"。①

其实，这正是课堂活动表现出的"实践逻辑"。对课堂管理来说，课堂具有事先难以完全预料的"事件突发性"，这注定教师的课堂管理需要一种机敏的智慧，一种日积月累的习性。

二、 课堂教学质量的管理涵蕴

课堂教学是一个师生交往互动、共同发展的过程。正是通过这一过程，教师、学生、教材、环境发生交互作用，从而实现教学目标，达到育人的目的。在课堂教学中，教师运用各种教学指导性策略，调动学生学习的积极性，激发学生学习的动机，促进教师与学生、学生与学生之间的相互作用，希望将教学内容有效地传递给学生，使学生掌握知识，发展能力。此外，在课堂教学中，教师还要协调好教师、学生和教学环境三者的关系。只有协调好这三者的关系，才有高效率的教学，这种协调工作就是教学管理。因此，教师

---

① 钟启泉. 课堂教学的特质与设计 [N]. 中国教育报，2017-05-04.

不仅是教学活动的组织者、领导者，还应是教学活动的管理者。

课堂教学管理是指教师为了保证课堂教学的秩序和效益，协调课堂中人与事、时间与空间等各种因素及其关系的过程。所以它涉及多方面管理行为方式，如课堂信息传递的管理、课堂运行过程的管理、课堂教学时间的管理、学生行为的管理等，但这些管理活动都必须首先解决管理的价值定位和策略取向问题。

学习链接

课堂管理要义的一种解释[①]

• 课堂管理的本质不仅是一种结果（实现教学目标），而且是一种过程（运用各种策略）。

• 课堂管理的目标在于遵循一定的规则，提高教学效率和效能，促进学生发展，实现教学目标。

• 课堂管理的方式要求必须遵循一定的规则，而这些规则反映了教师的教育理念和教育哲学观，符合教育的原则。

• 课堂管理的范围涵盖了影响课堂教学的诸因素及其之间的关系，如师生之间的关系、教室情境、教学中所发生的一切活动等。

• 课堂管理中的决策应由教师与学生共同参与决定。

（一）落实立德树人的根本任务

立德树人的根本任务是通过教书育人来实现的。

课堂教学管理以协调课堂教学活动为重要特征，教师要顺利完成教学任务，必须自始至终对课堂进行有效的管理，从这个意义上说，课堂教学管理对实现教学目标具有"工具性"的意义，即起支持与保证的作用。尽管如此，但教学管理的作用不仅如此，它还有"目的性"的意义，即它本身就是教育人、培养人的一种活动。我们可以从以下方面来认识。

---

① 杜萍. 课堂管理的策略 ［M］. 北京：教育科学出版社，2005：8.

1. 课堂教学管理与教书育人

学校教育的根本任务是教书育人，"教书"的目的是"育人"，所以学校教育教学的一切活动都必须围绕培养人这一基本的要求。课堂教学管理在"育人"上具有独特的功能，主要体现在以下几个方面。

（1）促进个体的社会发展

教育的重要功能是促进个体的"社会化"，即让接受教育的青少年儿童从一个生物意义上的个体，逐步成为一个适应社会要求的人，这就需要使个体获得多方面的发展。课堂教学管理可以让学生了解在社会交往的场合中受赞同或默许的行为是什么。通过这样的教育与训练，学生逐渐掌握行为规则，学会自律，学会调节自己的言行，以适应学校和社会的要求，从而促进其社会成熟。

（2）培养良好的个性品质

学生品行的养成是一个潜移默化的过程，要经过各种途径和方式才能逐步习得。课堂教学管理在培养学生有教养、守纪律、具有文明的行为习惯方面，无疑是十分有效的。课堂教学管理是学校进行行为规范教育与训练的重要途径，它可以培养学生的独立性、自觉性、自控性、坚持性、忍耐性等个性品质。

（3）增强主体的责任意识

课堂教学管理着力于启发学生的主体意识，要求他们在日常的学习生活中对自身的行为及其后果负责。管理的目的并非要他们听命于各种外在的约束，而是唤起他们的自觉，增强他们的责任感，使他们处处注意到自己对他人、对集体、对社会做出的承诺和实际表现出来的行动，认真考虑行为所产生的影响。

2. 课堂教学管理与提高质量

课堂教学管理实质上是全面的质量管理。当前，提高教育质量特别是提高课堂教学质量已经成为我国教育改革与发展的中心议题。提高教育质量取决于多方面的因素，从可操作的角度看，无论是对学生行为的引导与调控，还是立足于教师自身对信息传输、组织运行、时间利用等方面的改进，都直接关系到教学质量的提高。具体来说，课堂教学管理对提高教学质量的作用主要表现在以下三点。

（1）达成预期目标

课堂教学是为了实现一定的教学目标，在特定时空条件下，以课程为中介组织起来的师生相互作用。教学目标是对教学结果的预期，只有当课堂教学达成了预期的目标，才谈得上质量的形成和提高。但从具体的课堂教学实践看，偏离教学目标的情况并不鲜见，这不仅源于学生行为问题导致的干扰，而且可能源于教师对教学信息的解读不准确、不全面，或者教学过程的组织不合理、不周密，以及教学时间利用上的不适当、不节省等。因此，要达成课堂教学的目标，就必须对课堂教学行为（包括教师的行为和学生的行为）进行有效的引导、调节与控制。

（2）维护教学秩序

课堂教学要顺利流畅地推进就必须维持一定的秩序。课堂秩序是有效课堂教学的基本条件。教育教学借助于规则来维护，课堂规则是课堂成员应该遵守的保证课堂秩序和效益的基本行为要求或规范。课堂规则赋予课堂行为一定的意义，具有规范、约束和指导课堂行为的效力，使课堂成员明了行为所依据的价值标准，知道应该做什么，不应该做什么。

实践证明，及时而适宜地将一般性的要求固定下来，形成学生的课堂行为规范，并严格监督执行，可以避免课堂混乱，维持课堂良好的秩序；相反，如果教师不注意课堂规则的建立，只凭不断提出的各种要求和指令维持课堂秩序，就容易造成管理效率低下、时间的无益消耗和问题行为的产生。

（3）促进有效学习

学生有效地学习要求有一个良好的学习环境。这个环境的构成包括交往环境、心理环境和物质环境等。课堂教学管理就是要营造一个有利于学生学习的环境，唤起学生的求知欲，使其集中精力、心无旁骛地在教师的指导下投入学习。

课堂规则有促进课堂学习的作用。学生正处于成长阶段，很多方面都还不够成熟，需要积极的引导，使他们经过不断的学习逐步做到自我控制和自我调节，养成自律的品质。课堂规则作为一系列明确的具体要求，使课堂中学生之间的互动有了依据。课堂规则一旦被学生接受，就会逐渐内化为学生的自觉行为，就能唤起学生内在自主的要求和自我管理的欲望，激发学生自我管理的动机状态，形成心理上的稳定感。适宜的规则使学生之间目标一致、相互合作、和谐相处，容易建立情感，形成愉快、和谐的群体生活，从而营造一种和谐、活跃的课堂气氛，激发学生的成就动机与进取心，产生合作行为。

3. 课堂教学管理与文化濡染

课堂教学的管理，从它的价值追求、制度建立、环境构成到行为习得，都体现出一定的"文化塑造"功能。课堂的管理文化对人的发展起感染熏陶作用，这其实就是一种"潜在课程"，师生在其中习得的是某种精神、德性与修养。

（1）学会为人与处世

课堂教学充满着人际交往互动，课堂教学管理首先是对人际关系（包括师生关系和学生与学生关系）的调节，课堂的规则正是处理好人际关系的规范，而如何"为人"又和如何"处世"联系在一起。课堂教学管理可以最直接地教人学会为人处世，如坦诚相见、相互尊重、协调合作、守时尽责、自强自律、乐于助人等。

（2）感受民主与平等

课堂教学管理是教师与学生共同参与的民主管理。教师虽然在其中起着引领与指导的作用，但必须尊重学生的权益、需要和意见，充分发挥学生与学生群体的主动积极性，可以说，课堂教学管理是建立在教学民主和师生平等基础上的。积极而健康的课堂教学管理，无论对教师还是对学生，都是一种民主精神和平等观念的领受和践履。

（3）体验和谐与美感

课堂教学管理追求和谐之美。课堂教学活动的有效性不仅取决于课堂教学本身，而且有赖于课堂管理。因此，协调和控制构成课堂环境的基本要素，保持其动态平衡，构建合理的课堂生态，营造宽松而不失紧张、和谐而不失内心激动、融洽而不失师生各自角色的人际心理环境，显得尤为必要，这也正是课堂管理的主旨所在。[①]　正是在这样的教学管理中，教师和学生都体验到种种协调之美、节律之美和人性之美。

学习链接

课堂管理原则举例

一、温士颂提出的课堂管理六大原则

· 以积极的指导为主，消极的管理为辅。

· 以培养良好的行为为先，奖惩与管理于后。

· 师生共同认定可能达成的行为标准、可能容忍的最大行为限度。

· 采取民主领导方式，培养学生共同学习的合作态度。

· 改善处理行为问题的智能和技巧，以他律为始，自律为终。

· 减少造成不良行为的校内、校外刺激因素。

二、高华强提出的课堂管理八大原则

· 了解学生的基本心理需要。

· 了解学生的学业需要和兴趣。

· 发展主动而合适的自我观念。

· 建立积极合理的师生关系。

· 协助建立互助合作的同学关系。

· 发展主动而合适的自我观念。

· 增进学生的自治自律和自我控制。

· 运用增强原理，协助学生解决问题行为。

三、李咏诗提出的课堂管理五项原则

1. 厌恶原则

要求学生从事某一项在教师许可下他所选择的替代行为，直到他厌恶为止。

2. 削弱原则

事先安排，使学生无法从不良行为中得到报酬或注意。

---

① 李森，潘光文. 行为分析理论视角下的课堂管理策略 [J]. 课程·教材·教法，2003 (11).

3. 不一致的选择原则

如果教师能在引起学生不良反应的某一刺激出现时，同时安排引起学生产生良好反应的刺激，则该不良反应可以得到抑制。

4. 负增强原则

建立一个让学生反感的情境，若学生欲结束此情境，则必须改进其不良行为。

5. 处罚原则

给予学生一种不愉快或痛苦的刺激，以阻止不良问题行为的出现。

（二）推进公平而有质量的教学

近十多年来，随着世界范围课程与教学改革的深入发展和有效教学运动的广泛掀起，课堂管理研究格外受到重视，产生了许多新的理论主张、模式和实践操作方法，从而使课堂管理在价值取向、管理理念、行动策略等方面呈现出鲜明的时代特征和变革走向。[①] 认真分析和把握当代课堂管理的这些变革走向，对于我国素质教育的实施和课程改革的推进大有裨益。

当前，推进公平而有质量的教学成为改革的焦点，公平与质量都要体现在学生发展上。其趋势表现为以下几点。

1. 走向学生为本

与传统的以教师为中心的课堂管理理念不同，当代教育改革逐渐确立了以学生为本的课堂管理理念。当代课堂管理理论认为，课堂管理的根本目的不是为了控制学生的行为，而是为了促进学生的发展。为此，在课堂管理中，应以学生为中心，时时考虑学生的需要，在全面分析学生实际情况的基础上，通过师生的课堂管理活动充分调动学生课堂学习的积极性，让课堂焕发出生命活力。

（1）目标的定位

课堂管理目标通常表现为两种取向：一是规范性目标，也称维持性或保

---

① 宋秋前. 当代课堂管理的变革走向 [J]. 教育发展研究，2005（9）.

障性目标；二是促进性目标。规范性目标注重课堂纪律和秩序的维持，从而确保课堂活动的顺利进行。与此不同，促进性目标不仅重视纪律和秩序，而且更关注通过课堂管理活动最大限度地满足师生的合理需要，焕发课堂的生机活力和推动学生活泼主动发展。当然，课堂管理的规范性和促进性目标是相辅相成的，前者是后者的基础和前提，后者是前者的发展和最终价值追求。正因为如此，近年来，课堂管理越来越从注重规范性目标转向注重促进性目标，并通过促进性目标达成规范性目标，实现二者的统一。

（2）思路的调整

近年来，随着课堂管理研究和实践的发展，人们越来越认识到真正有效的课堂管理是学生自我的内在管理，只有使教师的课堂要求内化为学生自己的自觉行为，才能达到最优的课堂管理效果。因此，人们在重视教师外在管理的同时，更加重视学生内在管理的作用，强调通过学生积极主动地参与课堂管理和教学活动，让学生承担他们自己可以承担的责任，自己管理自己，培养学生的自主意识和责任感，从而激发其主动性和创造精神。当前一个普遍的做法是加强对学生自我控制和管理能力的培养和训练。

可以说，以学生为中心，以学生的自我管理为目标，努力促进学生主动积极性的发挥，激发和引导其内在动机，实现内在控制，已经成为当代世界课堂管理改革的一个发展趋势，也是当代课堂管理的一种重要思路。

（3）方式的更新

与传统的强迫纪律不同，现代课堂管理强调实行人文化的管理，使课堂管理方式呈现出人文特性和无痕境界。例如，近年来，国外在课堂管理中特别强调"健康课堂管理"的思想，主张通过为每个学生营造一种以相互信任和尊重为基础的愉快、健康、高效、融洽的课堂氛围，激发学生自强、自尊、自立的心理，从而使学生在课内外过一种健康、幸福、有意义的生活。

当代课堂肯定型纪律理论也认为，好的纪律并不依赖于更多的规则和苛刻的惩罚，而是来自师生间的互相信任和尊重。课堂管理的核心是要在师生之间建立起相互信任、尊重和帮助的关系，以人性化的管理方式营造和谐的课堂氛围，密切关注和满足学生的学习需要。

2．体现人文关怀

学校教育必须以"育人为本"。学生是活生生的、发展中的人，他们是有需求、有情感、有不同行为特性的个体。课堂教学管理应当由实施行为控制走向人文关怀，以满足学生成长需要为出发点，认真分析学生在课堂上的具体表现，用启发诱导的方法促进他们健康成长。

（1）关注学生的需要

当代课堂管理理论普遍认为，学生的行为甚至是违纪行为，都是受其内在需要的驱动，都是学生尝试满足某种需要的结果，学生的问题行为主要是由于课堂环境不能满足其归属、认同和爱的需要造成的。库珀史密斯、格拉瑟等教育心理学家指出，只有学生的基本需要得到满足，他们才能在学校环境中做出良好的表现。

许多研究也表明，正是现行的课堂环境不能满足学生的心理需要，从而造成了学生消极的学习态度和惹是生非或畏缩不前的行为。作为拥有强烈归属欲望的社会生物，学生的所有行为都表现出要求被接纳和被重视的愿望。当课堂环境不能满足这些需要时，学生就会将自己的行为引向寻求关注、寻求权力、寻求报复、规避失败或表现无能等错误的目标，错误地选择各类违纪行为来满足归属等普遍的心理需要。因此，课堂教学要关注学生的需要，创造条件满足学生正当的需要，引导需要向更高层次发展。

事例点击

呵护自尊　引导需要

教育家苏霍姆林斯基说过："儿童的尊严，是人类最敏感的角落，保护儿童的自尊心，就是保护儿童前进的潜在力量。"从一个人心理的成长来看，人成长的动力是自尊和尊严，一个觉得自己有自尊的人，他会去努力保护自己的这种尊严。

一次，华应龙老师发现一名成绩不好的学生用小手捂住卷面上的分数，生怕被别人看见。这个细节让他想了很多很多。"在儿童的心还没有穿上冰冷的铠甲之前，每个不及格的分数都会让儿童感到痛苦，对他来说都是一场莫大的灾难。"受苏霍姆林斯基这番话的启发，华老师给自己提出了一个要求，即为了维护学生的自尊心，在考试评分时，"不打不及格的分数"，只对题目做正误的判断，不给分数，让学生自己算分，算的过程就是受教育的过程。

对那些一直不及格的学生，好不容易考了 58 分，华老师就送几分给他。比如乘数是两位数的乘法，两个部分积都算对了，就是和加错了，应扣 3 分。华老师便照顾一下，打上两个小勾，只扣 1 分，帮助他得到 60 分。有的学生题做错了，只要改好了照样打 100 分。结果，学生都努力改错题，追着华老师后面要 100 分，学习的积极性可高了。

华老师给学生批改作业，从不打"×"，不打"优"以下的等级，只要对了就给"优"；还经常打颗五角星，有时一连打五颗星；作业改正之后仍可得"优"；书写认真，解法特别，可加一至五颗星。后来，华老师又做了改进，还常常在作业本上写几句"老师的话"，采用第二人称的手法与学生妮娓而谈，尽量抓住学生的品德、言行等方面的优点加以赞扬，然后提出更高要求或指出不足，这给了学生不小的鼓励。

（王志恒）

（2）区分不同的行为

需要是行为的动因。不同的学生在课堂上有不同的行为表现。美国课堂管理流派的人本主义代表人物托马斯·戈登就提出了一个使课堂行为可视化的"行为窗"分析框架，并提供了解决这些问题行为的"技能集合"，见表 1-1。

表 1-1　戈登关于"行为窗"的解释

行为窗	对教师而言的可接受性	处理的技能集合
学生引起的问题只对应学生本人。学生拥有问题	可接受的行为	帮助技能
学生的行为既没有对自己也没有对教师引起问题。没有问题	可接受的行为	预防技能
学生的行为对教师引起了问题。教师拥有问题	不可接受的行为	对抗技能

戈登的理论给我们的启示是，要有区别地对待各类课堂行为并采用不同的处理方式。对于教师"可接受的行为"，应通过强化和帮助来使其稳态化、精致化和内在化，其中的"帮助技能集合"，强调了"特别的爱给特别

的学生"。而对于教师"不可接受的行为",课堂管理的主要任务是采用一定的策略,使行为者意识到其行为的不当性和无效性,并自觉地调整其行为,使其不当课堂行为逐渐向正当课堂行为转化。戈登针对教师"不可接受的行为"提出的"对抗技能集合",强调的正是"对抗而不对立的人文关怀"。①

(3)建立积极的环境

环境是行为的容器。创建一个满足学生需求的环境,有利于学生良好行为的养成。在创建环境的实践中应注意以下几点:

·切实理解学生个体的心理和学习需要。

·建立良好的师生关系,构建相互扶助、支持的教学集体和课堂环境。

·建立积极的课堂环境,满足学生的情绪安全感需要。

·帮助学生树立学习自信心,满足学生的自信需要。教师所说的每句话、所做的每件事、所表现出来的每种态度都应注意要对学生产生积极的影响,帮助学生形成良好的自我印象,不能打击学生的自信心。

·接纳学生,努力满足学生的归属需要。归属感是一个强大的动力因素,而接纳是最有效的激发方式之一,它能有效提高学生的自尊、适应及其他健康品质。

·培养学生选择和履行职责的能力,满足学生有关权力和自由的需要。许多学生都渴望承担责任、自治和独立,同时想拥有参与、选择积极课堂活动以及与教师共享管理课堂的权力。因此,教师要通过为学生提供选择、与学生一起制订课堂规范、让学生进行自我评价等方法满足学生有关权力和自由的需要。

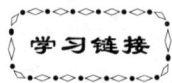

学习链接

学学陶行知先生的管理智慧

一天,陶行知巡视各教室上课的情景,走到社会组教室时,发现一个男

---

① 周小宋,李美华.透视"行为窗":问题归属、技能集合与人文课堂管理思想 [J].全球教育展望,2004(6).

生用泥块砸前排的男同学。陶行知在窗外站立良久，轻敲窗户，用眼神制止了这名同学，并示意他放学后到校长室去。

放学后，这名叫王友的同学来到校长室里准备挨训。陶行知却掏出一块糖果递给他，说："这是奖给你的，因为你按时来到这里，而我却迟到了。"王友惊异地接过糖果。随后，陶行知又掏出一块糖果放到他的手里，说："这块糖也是奖给你的，因为当我不让你再打人时，你立即就住手了，这说明你很尊重我。"王友更惊异了，眼睛睁得大大的。陶行知又掏出第三块糖果塞到王友手里，说："我调查过了，你用泥块砸那个男生，是因为他不遵守纪律，欺负女生。你砸他，说明你很正直善良，有跟坏人做斗争的勇气！"王友感动极了，他流着泪后悔地说道："陶……陶校长，你……你打我两下吧！我错了，我砸的不是坏人，而是自己的同学！"陶行知满意地笑了，说："你能正确认识错误，我再奖给你一块糖果，可惜我只有这一块糖果了。我的糖果用完了，我看我们的谈话也结束了吧！"王友怀揣着糖果离开校长室，眼里流下了百感交集的泪水。后来，王友再也没犯过类似的错误，学习成绩一直名列前茅。

（略有改动）

3. 采取综合措施

学者凯得斯维特（Kindsvatter）指出，教师在课堂教学中观察到的问题，一般产生于三方面：①教师自身的问题；②学生的情绪问题；③学生偶然的随意行为。

课堂管理涉及对影响教学的所有因素的协调，活动的安排，教学环境的布置，对学生行为的监督和问题的处理等，所以需要采取综合的措施。

衡量管理效果的标准是教学的效果：学生是否积极参与课堂学习，课堂中是否出现了冲突现象（包括学生与学生间的冲突，教师与学生间的冲突），课堂的大部分时间是否用于开展学习活动，是否实现了教学的预定目标，学生学习成绩的好坏。一般认为，课堂管理得越好，学生的学习成绩越好，两者之间呈正相关。此外，还应考虑学生的情感体验。学生在课堂中是否有安全感，学生是否产生了对学习的积极情感，也是评价管理效果的一个重要方面。

（1）改进课堂工作

当代许多课堂管理研究者都高度强调有效教学策略与学生良好行为之间的关系。在课堂管理研究中，埃弗森（Caroly Everston）等人都曾指出，让学生参与教学并激发学习动机是有效课堂管理的关键，而格拉瑟（William Glasser）最有革命性的课堂管理主张就是，纪律依赖于满足学生对归属、自由、乐趣和权力的基本需要，教师必须为他们提供优质的课程和教学，这是有效管理的主要特征。

美国著名课堂纪律研究专家库宁（Jacob Kounin）也认为，维持纪律的最佳方式是吸引学生积极参加课堂活动。他关于高课堂管理成效和低课堂管理成效教师的比较研究表明，两类教师的课堂管理方法非常类似，它们的主要区别在于成功管理的教师能以良好的教学方法和课堂组织防止问题行为的发生，成功管理的教师在教学准备、教学组织及活动之间的顺利转移上都更胜一筹。另外，这些教师还善于一开始就激发学生的兴趣，注意在整节课中有效地吸引学生的注意力，安排具有个性化的作业等，使学生的活动一直围绕着教学有序展开。

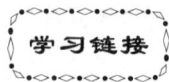

学习链接

好的课程是维持课堂纪律的良方

学生的纪律问题令人精疲力竭，所有的教师在工作中都无法真正摆脱。大多数教师认为，一位好教师，首先必须是一个好的训导师，必须控制好学生的行为。只有当你的课堂在控制之下，你才能开始教学。

我不同意这个看法。

教师没有必要等到学生得到控制后才开始讲授有意义的内容，实际上应该反过来。经验反复告诉我，一旦开始讲授有趣的内容，我就能立即感受到维持课堂纪律十分轻松。

在我走上讲台的第一年，我的课堂乱极了。但学生的所作所为我是能理解的，因为我是一个新手，完全没有经验。学生的需要超出了我的能力范围，大多数时间他们都感到厌烦而迷惑。我也看不出强迫他们守规矩能够带来真正的改变。

就这样过了很长时间，最终我放弃把时间和精力都花在学生的行为控制上，转而将注意力集中到了自身：我在教什么？我用的是什么方法？在我教哪些内容的时候学生表现出烦躁不安？

我重新思考我教的社会课，发现自己仅仅是在按部就班地讲授民权运动。我决定让学生自己编写剧本并排练戏剧。这是我第一次按照自己设计的课程上课，虽然很粗糙，但我们的目的达到了。我全身心地投入进去了，学生也投入进去了，无论是教师还是学生都在纪律维持上少花了很多时间。

在任教的第二和第三个年头，我也有类似的经历。每当我在教学上不很成功时——虽然我很努力但仍然不能避免——孩子们就感到厌烦，课堂纪律一团糟。这好像成了一条定律：如果你没有把一节课准备好，一切就会失控。

当然，规章制度及相关的奖惩也是非常重要的，即便在教授引人入胜的内容的时候也应该坚持执行。我发现，经常提醒学生良好的秩序有助于学习，可以起到较好的效果。我还发现，当我教授我真正感到有价值的内容的时候，我有更大的威信去对学生的纪律提出更高的要求。

即便最好的课程也不能魔术般地解决学生所有的行为问题。我们的社会无形中给孩子们制造了很多压力，他们通常把这些压力带到学校来。有的学生家庭条件不好，有的目睹暴力行为的发生，有的还要设法帮助辛劳的父母……个别学生存在严重的问题，如果没有特殊的干预将很难克服。在这种情况下，教师有必要与学校的心理学工作者、社会工作者和行政管理人员合作。

如今，我已经进入了教师生涯的第四年，我仍然在不遗余力地设置能够使学生全身心投入的课程。当我被高强度的工作压得喘不过气来的时候，我尽量提醒自己：回想自己在执教的第一年，即便只上了一节好课，有时也足以将学生从烦躁的情绪中解脱出来，从而使课堂变得易于管理。

每年我都积累了很多精心设计的课程，虽然我知道纪律问题永远不可能从我的课堂上消失，但我知道，好的课程对于顺利上好一节课大有帮助。而且，能够让学生全身心投入的课程绝非仅仅是解决纪律问题的良方，它还能引发学生进行深入的思考，使他们学会关心这个世界，并让自己在各方面都获得提高。

现在，我再也不必为学生的纪律问题绞尽脑汁了。

（［美］凯莱·道森著，中国教师报，卧松编译，2003）

（2）优化教师素质

课堂管理的有效性与教师的特质有密切的关系。美国学者布罗费（Brophy）和普特内恩（Putnam）在1979年研究发现，能有效地管理课堂的教师具有愉快的性情、友善的态度、稳定的情绪、良好健康的心智和高度的自我调节能力。更重要的是，能有效管理课堂的教师能在危机时保持安定，能主动听取别人的意见而不是独断专行，能以解决问题为目标，而不是退缩、抱怨、歇斯底里或情绪过度反应。

作为教师，要管理好课堂教学，就应把每个学生看作独立的个体；对学生的态度既要坚定又要有一定的灵活性，能根据学生的发展和环境的变化对学生提出不同的要求和希望；对学生以积极鼓励为主，而不是一味地消极防范；要尽可能地向学生讲清楚遵守规则的理由；对学生的要求、对学生的态度和处理问题的方式，应自始至终保持一致。

总之，教师的特质应有利于营造良好的课堂气氛。良好的课堂气氛有利于学生之间的交往和学习，使学生在课堂中既遵守纪律又不受拘束，既有安全感又充满生机。

4. 直面学生问题

课堂教学管理必然要界定、分析和解决学生的行为问题，对此，国内外的研究者已做了大量的研究。例如，伯顿（Burden）将学生在课堂中的不良行为分为个体水平和集体水平两大类。波里奇（Borich）根据行为后果的严重程度将学校纪律问题分为轻度、中度和重度三个级别。伊文思（Evans）认为，教师要做出适宜的反应就需要准确判断学生行为的严重程度，所以必须综合考虑学生行为的适宜性、强度、意图和偏离特定情境的程度等综合因素的影响。布罗菲和爱文特森则指出，不同年级和年龄的学生表现出的问题有不同特点。

教师必须直面学生的问题，积极地进行干预和处理，采用多种策略和模式去解决。按照美国心理学家德雷克斯的看法，教师的主要作用在于分析一个特定学生的不良品行，然后以个人谈话的方式让学生明确，并帮助学生理解他自身行为背后的目的，而且应告诉学生，并让学生体验其不良品行的自然后果。通过自然后果，教师教会学生评估情境，做出负责的选择和从经验中学习。教师亦应该鼓励学生，并帮助其建立期望行为的规则及列出不良行为的后果，鼓励学生做出良好行为的承诺。教师应能分析学生的团体行为以及确定促动如此行为的目标。此外，教师还应具有一些必要时帮助学生理解其目标以改变其行为的处理人际关系的技巧。

事例点击

用"沟通"的方式解决课堂问题[①]

教师：我有一个问题是你们可以帮忙解决的。在我的课堂上，讲话的人太多，我总觉得不得不批评你们。我不喜欢这样，可是当你们讲话的时候，我不得不重复我的要求，或者将讲过的内容又重新讲一遍。我知道你们有时似乎也有讲话的需要。让我们大家一起来想一想，要怎么做才能既满足我的需要又满足你们的需要。我提出了一些建议，你们也尽可能把你们想到的方法提出来。我把这些解决方法写在黑板上，暂时先列出来不做评价，然后我们来讨论，把其中你们和我认为不合适的方法删掉。

（接着大家纷纷提出各种解决办法，而教师一一将它们写在黑板上：1. 重新排座位；2. 惩罚；3. 随时想讲话就讲；4. 每天规定一定的交谈时间；5. 当别人不再讲话时才讲话；6. 绝对不许讲话；7. 一次只教半个班级，另外半个班级的人可以讲话；8. 低声耳语；9. 只许口头讨论时讲话）

教师：现在让我们删去我们真正不喜欢的建议。我要删去第 3、9 项，因为我不喜欢它们。

（几个学生建议删去第 2、6、7 项）

教师：现在我们考虑剩余的这几项建议。第 1 项"重新排座位"，大家看法如何？

学生：你以前试过，却没有效。

---

① 杜萍. 课堂管理的策略［M］. 北京：教育科学出版社，2005：153.

（稍经讨论，大家都同意删掉第1项）

教师："每天规定一定的交谈时间"，这一项如何？

（无人反对）

教师："低声耳语"呢？这个建议你们认为如何？

（无人反对）

教师：那么我们剩下的就是第4、5、8项了。还有谁想增加点什么吗？没有？好，那么我们要把这些建议写在纸上，大家都要在这些约定上签名。这就是我们的契约，是老师和学生都签名的协议书。我们双方都要尽力遵守这些约定，都要尽量不违背它们。

（三）保证课堂教学的预期效益

质量与效益密不可分，效益常常用来反映质量的水平。

教学是学校"育人"的一种实践形式。它必须满足社会与个体发展的需要，教学的这种社会功能决定了它具有一定的"效益"。"效益"这个词虽然是从经济学中借用的，但它的基本含义中却包含了"价值"的指向性，因为"效益＝目标×效率"。当然，就育人这种特殊活动来说，效益更突出的要求应反映在更深的层次上，即人的发展潜能被开发出来了。

十分明显，"教学取得了预期的效益"是从教师工作的角度提出的要求，其基本含义是"达成了预期的教学目标，实现了结果、效率、魅力的统一"。具体表现在以下三个方面。

1. 具有良好的教学效果

有效课堂教学的"效"，首先反映在其"效果"上，其实也就是教学目标的达成度。因为教师制订的教学目标，是他对教学结果的预期。按照美国学者克拉克的说法，教学目标是"目前达不到的事物，是努力争取的、向之前进的、将要产生的事物"。实际上，教学目标是人们对教学活动结果产生的一种主观的愿望，是对完成教学活动后学习者应达到的行为动态的详细具体的描述。它是通过教学活动来落实课程标准所提出的要求，从而在学生身上引起的素质和行为的变化。教学目标对教学活动具有导向、指引、调控与测量等功能，可以说，教学目标既是教学的出发点，也是归宿，它作为教学的灵魂，支配着教学全过程并规定教与学的方向。

我们知道，新课程提出了"知识与技能""过程与方法""情感态度与价值观"的"三维目标"。把握"三维目标"必须注意它的层次性、方向性和关联性。因为"教育目的—培养目标—课程目标—学科课程目标—教学目标"，是教育者关于人的素质发展不断具体化的理解过程。确定课程改革的"三维目标"，就是要使我们在制订具体的学科课程目标、教学目标时，保持方向上的合理性。

所谓三维是指总体目标的三个向度。把总体目标的三个向度直接拿来作为教学目标，课堂教学目标就无法得到具体的表达。三维目标的实质就是要求我们把学生当作完整的人来对待，只有在人的个性的完整性层面，才能准确把握三维目标的统合性、内在一致性和关联性。[①]

从课堂教学的实际来看，"教学效果"可以从三个方面加以认定。

（1）促进学业进步

一般而论，学生的学业状况可以通过"学业成就测验"来证明，即用"考试成绩"来量度，也就是说，有效教学不能不参照学业成绩。但是，单是用考查的分数来说明教师工作的成效并不合适。因为教师工作的对象是发展中的人，即使再好的测量也难以反映人的素质的方方面面及其潜在的发展可能性，况且学生原有学习水平和智能特征存在着种种差异，也使得通过统一的、时间跨度短暂的几次测验，难以断定教师教学的成效。所以，最好以学生在原有基础上的进步作为衡量标尺，把他们在原有水平上的提高视为一种教与学的"成就"。

对教师来说，关注学生的学业进步是他们遵循学习规律和学生特点，促进学生持续发展的重要方面，看待自身的工作成效和学生的学习与发展不能用"短视"眼光去求"速成"的结果。看重学生的学业成绩是很自然的，但对成绩的认定不仅要同"客观标准"比，同时要同"原有水平"比，既看"差距"，又看"发展"，在学业评价上，把"绝对性评价"与"相对性评价"，

---

① 杨九俊. 新课程三维目标：理解与落实 [J]. 教育研究，2008（9）.

"终结性评价"与"形成性评价",特别是"个体的差异评价",有机地结合起来,更加重视评价的"促进"作用。

(2) 唤起进取心态

学生是一个个充满内在丰富性的活生生的生命,他们的成长与发展,依靠他们的主体能动性。如果说教师教学工作的效果可以用学习成绩这种"外在表现"来作为参照的话,我们还必须同时重视态度变化这种"内在因素"是否具有积极的倾向,这是影响成长中的人的机制。因为以分数为标识的"成绩"是一把"双刃的剑",它既可以产生胜任力、成就感之类的鼓舞力量,也可能带来无力感和自我挫败感等消极情绪。

从人的发展这一更深层次上讲,教师教学的效果应体现在唤起学生学习的热情、信心和积极的态度上。当然,这既取决于教师对学生的良好期待与适当激励,也依靠教师对学生的正确分析与合理归因,还有赖于教师运用正确评定手段与反馈调节方式。教师应当坚持的一点是,对学生的学习成效,要十分看重影响其持续发展的内在因子。

(3) 激发努力行为

教师良好的教学效果(包括学业的进步和进取的心态)必然与学生努力的行为相联系,这是教师最易于觉察并可以促使其发生的一种"效果",它同学业成就构成互为因果、相互强化的关系,它同进取心态也形成互为表里、相互支撑的关系。因此,教师的工作成效常常需要从激发努力行为入手——包括诱导他们认真预习、专心上课、精细作业、拓展智能等,这样才能够促使学生真正有所收益,有所发展。

学生的努力行为虽然是在课堂学习活动中表现出来的,但并不意味着它只存在于"现象"的层面。因为努力行为既包含着全身心的参与行为,如认知的投入、情感的投入和行动的投入等,又包括克服困难的意志行为,即跨越障碍、战胜自己和坚持到底等,还包括自觉进行的反思行为,即自我省察、自主控制、即时调节等。总之,看待"教学效果",不仅要着眼于最终产生的"结果"或"成绩",还要认真研究导致这种最终效果的活动过程的表现。

怎样看待"教学成效"

期末考试成绩公布了，初一（2）班的数学成绩名列前茅，学校决定给予重奖，但老师对此事议论纷纷。学校决定听听大家的意见。

赵老师谈了她的看法：这个班的学生成绩在录取时分数就高出其他班级一大截，是学校内定的"实验班"，考试成绩好一些是顺理成章的事，当然我们也注意到老师做出了一定的努力。但我觉得也应当对初一（4）班的老师进行奖励，这个班学生的入学分数最低却提高最快。宋老师紧紧抓住课堂45分钟，讲得精、练得实，学生个个都觉得自己有进步、有奔头……

金老师讲：我们都听过初一（4）班的课，宋老师精心备课、认真上课，学生与教师融为一体，学生精神振奋，个个表现出跃跃欲试的样子，我们听课的老师都十分激动哩！

陈老师补充说：这个班很多学生都制订了自己的"学习计划"，他们都在一步步地努力往前赶。

老师们七嘴八舌地议论起来："要横比，也要竖比"；"看现在的状况，也看起初的条件"；"既要重视结果，也要看师生的精力投入"；"要注意把精力放在改进课堂教学上，脚踏实地地一步一个脚印地逼近目标"。

听了大家的意见，学校决定"多用几把尺子"评量教学成效，不单纯以分数论英雄。

2. 保证一定的活动效率

保证一定的活动效率实际上是从"投入—产出"的角度分析教学，它考虑的是取得一定结果的时间耗费与精力付出，即单位时间内的成效。从教师工作的角度说，教学的时间总是有限的，怎么充分利用有限的时间最大限度地促进学生的学习与发展，自然面临着一定的压力。这实际上即我们常说的如何"减负增效"的问题，或者"教学最优化"的问题。当然，我们所应当持有的效率观，始终是以学生发展为本的，而不是一味追求一时的"快速"。

我们必须改变过去那种陈旧的效率观：

从短效的角度看，课堂完全被教师控制，学习活动成为预设完美、环环相扣、高密度、快节奏的"牵引"。课堂生活失去了师生的多维交往，有的仅仅是以教师为主导的操练，"自主探究""交往碰撞"被视为耗时之举，本应属于课堂主体的意义建构，成了机械识记、"生吞活剥"，学生毫无自主活动权利和空间可言。实质上这是一种纯粹的低效。

从长效的角度讲，则是学生问题意识的泯灭、思维与动手能力的弱化、问题解决能力的沦丧、学习策略与学习习惯的缺失，课堂生活远离了生命的鲜活，嗅不到生活的味道。于是，课堂成了"炼狱"，学生成了机器，学习成了负担。实质上这种"长效"是一种可怕的负效。[①]

（1）合理利用时间

用于学习的时间是影响学习成效的一个重要变量。美国学者克里默斯曾指出有两个决定有效教学的建构性因素：实际的学习时间和教学的质量。他认为，学习时间的实际投入与浪费是判定教学有效与无效的重要因素。我们常讲的"向45分钟要质量"，其实就是要求教师合理地利用时间，把"钢"用到"刀刃上"，不能用烦冗的讲授和无谓的活动去占用宝贵的黄金时间，"有效教学关注的焦点是在规定的时间、规定的内容对学生发展所起的作用"[②]。

在课堂教学中，教师要重视自我监控，避免话语的种种失控：情绪激动时口若悬河，滔滔不绝；讲解重点难点时，旁征博引，喧宾夺主；重点讲完，闲言碎语，填塞时间；讲得顺利，自鸣得意，节外生枝；讲得不顺手，偷工减料，借题发挥；等等。为了克服上述失控现象，教师一定要精心备课，注意教学节奏，并注意几种话不说，即哗众取宠的热门话不说，显示自己的'贴己话'不说，似是而非的糊涂话不说，可有可无的额外话不说，反反复复的'车轱辘'话不说，有伤大雅的污言秽语不说……

同时，要注意减少过多的"形式化"活动，做好时段目标、时间分配、

---

① 彭慧. 课堂教学应树立新的教学观 ［N］. 中国教育报，2008-06-27.

② 成尚荣. 以价值关怀贯穿有效教学全过程 ［N］. 中国教育报，2008-10-17.

时序衔接的预案。总之，教师要从学生全面发展的高度去看待"时效"。

（2）控制精力耗费

与时间利用相联系的是师生的精力耗费的问题，课堂教学如果使得师生都筋疲力尽，生理上的超支和心理上的倦怠必然造成教学的效能低下和发展迟滞。应当看到，教师与学生的生理心理能量都不可能超越一定的限制，高度复杂的教学活动，需要师生集中精力于特定的任务。

苏联教育家巴班斯基认为，教学过程最优化就是"在规定时间内（尽可能在较少的时间内）以较少的精力达到当时条件下尽可能最大的效果"。

教师对精力耗费的控制与教师的效益意识相关，同教师对课堂教学目标的明晰度更有直接联系。对于一堂课来说，应当重点做什么和怎么去做，只有用目标的筛子去剔除烦冗与芜杂才能实现"精要"，才能保证学生的精力饱满，精神健康。

（3）力避游离主题

好的课堂教学在内容上一定会有一个"主题"，在过程上也有一根相应的"主线"，这样，课堂教学才不至于零零碎碎、枝枝蔓蔓，陷入喧宾夺主的境地。课程作为人才培养的"施工蓝图"，每个学科都有自身的规定领域和主攻方向，课堂教学如果游离了学科课程的目标和特定时段的主题，就必然会造成"荒了自己的地，肥了别人的田"，并不利于"形成育人合力，发挥整体效应"。

课堂教学中主题涣散和焦点模糊的情况是多种多样的：有时是目的任务不明确，教学失去了"准星"；有时是内容理解有偏差，教学离开了"重点"；有时是策略措施太繁乱，教学操作上乱了"方寸"。但不论现象是出自何种缘由，其后果是降低了教学的效率。就教师的课堂教学工作而言，叶澜教授讲过，一堂好课应当"真实、扎实、丰实、平实"。因此，我们一定不能去追求虚假的繁荣和表面的热闹。

┌─────────────┐
│ 事例点击   │
└─────────────┘

情境为何而设？

《分数的初步认识》一课，当学生初步认识 1/2 后，教师创设了这样的问题情境："在我们身边有 1/2 吗？请同学们在教室里找一找。"学生们立即积极地在教室里找了起来。汇报时，学生们发言非常踊跃，回答也不错，只是有些大同小异。这时教师又问："有没有同学找到和刚才不同的 1/2 呢？"马上又有一名同学抢着回答："教室里的电视机从中间平均分成两半，每份就是它的 1/2。"教师为了体现尊重学生，期待"多样"，不敢对这个荒诞又不切合实际的说法进行及时的引导和纠正，而是肯定了他的说法。紧接着又出现了好几个类似的说法：把一个人从头到脚平均劈成两半，从腰截成两半，把教室里的柱子平均切成两半……此类说法越来越多，因为学生们对这样的例子乐此不疲。至此，教室里的桌子、椅子、黑板、讲台……"无一幸免"。

综观以上情境，形式化的演绎使问题情境没了"问题"，课堂在学生们不伦不类的汇报中失去了它所应有的价值。其实，情境联系生活不是一种时髦，它的首要功能是必须抽象或提取出问题并为教学服务。如果只是为了联系生活而牵强附会的话，就必然导致创设的情境背离了问题属性。这样，问题情境就成为课堂教学中的一种"累赘"了。

这样的课堂教学"有效"吗？

研究课教的课文是李白的一首诗《赠汪伦》。

一堂课在"朋友啊朋友"的歌声中拉开了序幕。紧接着教师介绍了李白的身世和游历生活，引出了"出门靠朋友"的话题，开始分析"什么是真正的友谊"，在教室的屏幕上不断出现有关"友情"的语录，让学生阅读，然后又是诗中人物和情景的模拟表演……在热热闹闹中，一堂课时间过去了一大半。教师一看时间，不得不加快速度"讲"课文，滔滔不绝地把各种资源倾注给学生。"任务"完成了，这节课在《友谊地久天长》的歌曲声中结束了。

课后的"研究"围绕着以下的要点展开：

宝贵的课堂教学时间应花在哪些事项上，为达成教学目标做这些事情值得吗？

教师为上好这堂课花了不少精力，但这样的耗费，结果是事半功倍，还是事倍功半，这种"花费"是否用错了地方？

快速地直接灌注是不是就真正完成教学"任务"了，学生由此而获得怎样的"发展"？

我们需要一个"虚假繁荣""表面生动"的课堂，还是一个"真实""平实""扎实""丰实"的课堂？

3. 产生积极的后续效应

成长中的学生要在课堂中度过他们生命中的"黄金时段"，教学工作将影响到学生终身持续发展。许多优秀教师都非常深切地理解这一点，他们提出的"教学生几年，关照他们几十年"，"为学生的四十岁、五十岁而教"，其着眼点正是课堂教学的生命成长性和教学影响的深远性。所以，有效的课堂教学应当提出产生积极的后续效应的要求，"育人"这一任务本身其实就带有这样的意蕴，问题在于这样的后续效应是积极的还是消极的。

我们常讲"为学生的终身发展奠基"，"奠基"，需要点点滴滴、一丝不苟地去辛勤浇注，课堂教学正是为学生一生的持续发展积蓄能量和做好准备。当然，学生在中小学阶段的学习都具有"后续"的或"长效"的特征。从智力方面说，牢固的基础知识和基本技能，良好的智慧品质和个性特征，丰富的策略储备和学习方式等，都会在以后的发展中发挥作用。但就课堂教学而言，还有一些非智力因素，常常是比较稳定地产出"后续效应"的深层因素。

（1）展现教学魅力

课堂教学的魅力是对学生掌握知识和投入活动的巨大吸引力，有效的课堂教学常常通过教学内容与学生经验储备的有机关联以及在加工与组织上的"适度新颖"，通过富有情趣和广泛参与的活动过程，使学生的课堂生活生气勃勃，使学生在整个学习活动中充满兴致和热情，常常是浮想联翩、创意迭出。

课堂教学的魅力所带来的后续效应主要表现在三个方面：

一是提高唤醒水平。加拿大心理学家戴斯曾提出一个 PASS 的智力模型，认为智力有三个认知功能系统，即注意—唤醒系统、同时—继时编码加工系统、计划—调节系统。充满魅力的课堂，对于敲开认知的"门户"（注意），激起智慧的波澜（唤醒），发展学生的智力，无疑具有积极的作用。

二是习得反应倾向。学生在长期的课堂生活中会根据其课堂的经历是"生动活泼"的还是"枯燥乏味"的而逐步形成一种习惯化和自动化的"反应倾向"，而这种反应倾向会较长时间影响他们的学习。

三是减轻心理负荷。学生过重的学习负担中很重要的是心理负担，包括紧张、应激、焦虑这三种心理损害，而魅力课堂使学生用不着过多地自我强制和消磨心力，他们学得轻松愉悦，保证了心理健康。

（2）培养认识兴趣

学生对客观世界和智力活动的兴趣，通称认识兴趣或智力兴趣，这是一种带有明显情感色彩的对学习的喜好。对一个人的终身学习来说，培养和发展这种认识兴趣，具有极为重要的意义。苏联著名教育家苏霍姆林斯基曾提出，"知识是照亮道路的光源，要培养学生智力的兴趣和需要"。他特别指出，"人们的劳动越简单，就越需要浓厚的智力兴趣"，"如果认为只有那些有希望升入高等学校的人，才需要深刻而牢固的知识，而其余的学生学得肤浅一些没有什么关系，那将是一个极大的误解"，他更强调，"精神的空虚是教育的大敌"。认识兴趣正是一种追求精神丰富、价值崇高的不竭动力。

就课堂教学而言，认识兴趣是推动学生自主学习的最直接、最活跃的因素，无论是课堂教学内容所揭示的关于客观世界的宏图美景与奇思妙想，还是教学活动所推进的智慧探险与主动实践，或者学生在学习过程所获得的超越困境与功败垂成的体验，都会使学生逐步形成智力兴趣并终身受益。

（3）开发创造潜能

从小开发青少年儿童的创造力是世界各国教育改革的重要追求，我国实施素质教育的重点就是要培养学生的创新精神与实践能力。课堂教学在培养学生独立思考、自主意识和实践探索能力方面承担着极为重要的责任。

有效课堂教学展现的魅力，是开发创造潜能的触发剂。我们知道，创造力是认知、人格、社会、动机等要素的整合体，培养和开发学生的创造潜能，需要创造型的教师作为人格化的榜样。需要教师提高教学艺术水平，把教学安排得生动活泼、有声有色、妙趣横生，不断赋予教材以新意和活力，并努力创设与维护一个易于表现创造力的师生关系、同伴关系和班级风尚。特别是在新课程的实施中，一种开放性的教学模式，赋予空间上的灵活性、学生对活动的选择性、学习资源的丰富性、课程内容的综合性、更多的个人和小组学习等，都有助于促进批判性的探究、好奇心、冒险精神和自我指导学习。同时，有效教学创造的"和谐、民主"的精神氛围，必然给学生带来一种"心理自由""心理安全感"，这也有利于学生创新意识的萌发和创造行为的生成。

学习链接

跟踪调查以后的深思

东风学校决定对教过的学生进入高一级学校的学习情况做一次调查分析。调查除了填写调查表和问卷以外，还进行了深度访谈。一些访谈的录音和笔记令陈校长陷入了沉思。

"你们送来的学生，有的不用'重锤'就不好好地自觉地学。"

"我最头疼的是有些学生在课堂上漫不经心的样子，好像对什么都无所谓，都不感兴趣。"

"希望更加注意培养学生好的行为习惯，那是终身管用的呀！"

有的受访者甚至说：我们不想要"被榨干了油"的学习者。

……

看了这些记录，陈校长在他的"博客"上写道："我们今天上一堂课，要想到学生还将上千百堂课；我们教学生一年、两年，应当让他们受益三十年、五十年。一位教师给学生'打底色''奠基础'的工作，是从每天、每节课做起的。"

三、 课堂教学质量的管理方略

课堂管理理论与管理学、心理学的关系最为密切。现代管理理论认为，管理的目的是实现预期的目的，管理的本质是协调，协调必定产生在社会组织之中，协调的中心是人，协调的方法是多样的。

有些管理者或传统观点认为，课堂管理常被看作处理学生的不良行为（纪律问题）。实际上，课堂管理和纪律的意义不能等同。课堂管理是指鼓励学生课堂学习的教师行为和活动；纪律则是指教师采取某些方法和措施来处理学生的行为问题以减少其发生，它只是课堂管理的一个方面。教学实践表明：有经验的教师的课堂教学很少有纪律问题需要处理。课堂教学效率的高低，取决于教师、学生和课堂情景等要素的相互协调，教师是课堂教学的组织者和领导者，在课堂教学中起主导作用，所以教学管理的关键在于教师。有效的课堂管理来自以下三方面：教师为学生创造专注于学习的条件，教师组织好课堂教学活动，教师正确地处理好教与学的关系，教师对学生怀有真诚的期待。

对于课堂教学管理，按照管理的主要活动是"协调"的观点，课堂管理可分为"人际关系模式"和"群体过程模式"；根据管理者的领导方式，还可将管理模式划分为"权威模式""放任模式""教导模式"。此外，还有针对学生问题的"行为矫正模式"。以上所提出的是六种最为普通的课堂管理模式，反映了不同的管理思想。不同的管理模式采用不同的策略，也会产生不同的管理效果。

（一）教师的自我完善

教师是学校工作的主体。从课堂教学管理的角度说，影响课堂管理的因素有三个方面：教师、学生和教学环境。其中，教师的素质、能力和教学中的种种行为，都直接影响着课堂教学的管理。教师要管理好课堂，就必须赢得学生的尊重。要赢得学生的尊重，除了应具备一定的人格魅力、高尚的道德品质以及作为一位合格教师所必须具备的知识和能力外，教师还应通过一些教学中的行为来赢得学生的尊重。

有效率的教师与效率低的教师的一个重要区别是纵观全局的能力，这与教师的观察力和注意力密切相关。有效率的教师能观察到全班学生的活动：在向一个学生提问时，能注意到其他学生的行为表现；能同时做两件以上的事情，如在阐述理论观点的同时制止学生的违规行为，这样，教师可以在问题还没有产生或还没有扩展时，就加以控制。

1. 组织有效教学

有效的教学活动与课堂管理密切相关。有效教学的组织涉及教学方法、教学内容、课程要素和教学组织形式的选择。有效的管理者会利用各种教学方法来吸引学生，如利用图表和演示等形象的、直观的手段吸引学生的注意力，可称之为"以教学为中心"的管理。这样做，可产生两大功效：

一是吸引学生的注意力，有助于学生的学习；二是能辨认出注意力涣散的学生。

教师在课堂教学中如果偏离了主题，或重复已掌握了的学习材料，或学习的内容只是思想和观点的堆砌，就往往容易产生问题；相反，有逻辑结构的课堂教学能吸引学生的注意力。这说明教师一定要明确自己的教学目标，选择和使用恰当的教学策略，帮助学生实现目标。

另外，学生的学习任务要具有挑战性并富于变化。缺乏变化、缺乏挑战性的任务学生很快就会厌烦，从而导致注意力分散，产生问题行为。

教师需要仔细地设计教学，保证教学有内在的逻辑性和结构性。提问的技能和其他的教学策略都能激发相互作用，使学生卷入学习活动中，这种卷入能提高学生学习的效果，同时能预防管理问题的产生。

在课堂教学中，各教学环节间的过渡是容易出现问题的时候。有时，教师有确定的安排，却不能将其传递给学生。出现这种情况时，教师可通过以下方式改变这种困境：等整个教室安静后，再表达自己的想法，如清晰地陈述过渡中学生的活动；将重要的内容写在黑板上；在过渡中，教师要仔细地检查监督。

学习链接

理解宽容，以身示范
——几位优秀教师的课堂管理艺术

一

一堂公开课上，上课铃早已响过，教师正领着学生朗读课文。某学生大喊一声"报告"，急匆匆推门而入。这已是他连续第三次迟到了。同学们哄笑起来。大冷的天，看到他跑得红彤彤的脸儿，教师打消了严厉批评他的念头，但也不想听之任之，于是微笑着把他拉到身边，弯腰在他耳边小声说："你能不能用个词把同学们的笑形容一下？"他的脸更红了，轻声说："是嘲笑，是挖苦的笑。"教师摇摇头，说："还没这么严重。大家看到你脸上的汗珠是会意的笑，谅解的笑。同学们说对不对？"全班齐声喊："对！"从这以后，这个学生再也没有迟到过。

二

特级教师于永正一进课堂，就发现黑板没擦，一黑板数学题。他略一沉吟，产生了一个念头，就拿起黑板擦，一下一下地擦起来，嘴里说："也许是上节课老师拖堂了，值日生没来得及擦；也许是个别同学的题没做完，不能擦……"话音未落，几个学生快步走上讲台，夺下老师手中的黑板擦。于是，于老师说："咱们合作，优势互补，我擦高的，你擦低的。"于老师对其中的值日组长说："正好有两个黑板擦，其余同学请回座位。同学们真懂事儿！纷纷争着擦。"

这一切不过一分钟，学生们的表情很复杂，有内疚，有自责，也有抱怨。

在一堂课里，这也许只是发生在瞬间的片言只语，但它所体现的人格力量却会使学生终生难忘！

于永正老师上课还出现过这样一个镜头：于老师请一名同学读课文第七节，可那名学生读成第一节了。同学们都向他望去，用目光告诉他读错了。同桌小声说："读第七节。"这名同学连忙说："对不起，我听错了。"于老师笑笑说："说'对不起'的应该是我，是我没说清楚。"

三

在一堂语文课上，执教的一位优秀教师问："谁能用'凡是'说个句子？"话音未落，只听有人大声喊道："凡是上课调皮捣蛋的学生，就不是好学生。"全班哄堂大笑。教师定睛一看，造句的原来正是班里的"捣蛋大王"。片刻，他怔怔地站在那里，脸涨得通红。教师静立在讲台上，默默地注视着同学们。教室里变得异常安静。"同学们"，只见教师缓缓地但充满自信地说，"刚才，××同学造的句子从语法上讲是对的。但是，我觉得这样改一下会更好：'凡是上课调皮捣蛋的学生，只要他勇于改正缺点，就是好学生。'我相信……"教师的话被热烈的掌声淹没了，那名造句的同学已激动得满脸通红。

2. 变革领导方式

1939 年，社会心理学家勒温（K. Lewin）等人在这方面曾进行过"领导与团体生活的实验"。他将教师的领导方式分为专断型、民主型和放任型，以观察学生在不同类型群体中的行为表现，后来，美国密歇根大学的李皮特

（R. Lippitt）等人又将研究对象扩大为四组，将专断型领导方式分为强硬专断型和仁慈专断型。研究结果见表1-2。

表1-2 领导的类型、特征及学生的反应

领导类型	领导特征	学生的典型反应
强硬专断型	1. 对学生时时严加监视 2. 要求即刻无条件地接受一切命令，遵守严厉的纪律 3. 认为表扬可能会宠坏学生，所以很少给予表扬 4. 认为没有教师监督，学生就不可能自觉学习	1. 屈服，但一开始就厌恶和不喜欢这种领导 2. 推卸责任是常见的事情 3. 易被激怒，不愿合作，而且可能会在背后伤人 4. 教师一离开课堂，学习就明显松懈
仁慈专断型	1. 不认为自己是一个专断独行的人 2. 表扬学生并关心学生 3. 专断的症结在于自信。口头禅是："我喜欢这样做"或"你能给我这样做吗？" 4. 以自己为班级一切工作的标准	1. 大部分学生喜欢这种领导，但看穿他的这套方法的学生可能会轻慢他 2. 在各方面都依赖教师，学生身上没有多大的创造性 3. 屈从，并缺乏个人的发展 4. 班级工作的量可能是多的，而质也可能是好的
放任型	1. 在与学生打交道中几乎没有什么信心，或认为学生爱怎样就怎样 2. 很难做出决定 3. 没有明确的目标 4. 既不鼓励学生，也不反对学生；既不参加学生的活动，也不提供帮助或方法	1. 不仅品德差，而且学习也差 2. 学生中有许多推卸责任、寻找替罪羊、容易激怒的行为特点 3. 没有合作，谁也不知道应该做些什么
民主型	1. 与集体共同制订计划和做出决定 2. 在不损害集体利益的情况下，很乐意给个别学生以帮助、指导和援助 3. 尽可能鼓励集体的活动 4. 给予客观的表扬与批评	1. 学生喜欢学习，喜欢同别人，尤其喜欢同教师一起工作 2. 学生工作的质和量都很高 3. 学生互相鼓励，而且独自承担某些责任 4. 不论教师在不在课堂，都能自觉学习

这项研究表明，群体的心理气氛主要是由领导者的方式造成的，因为他向被领导者提供了行为界限的暗示，而且不断通过鼓励、默许、静止、惩罚等来促使群体的态度情绪与行为向特定的（有时是他意想不到的）方向发展；其次，当心理气氛成为风气之后，它会对群体成员特别是群体中的个别新成员或较易从众的心理与行为的形成与改变有相当大的影响力。可见，教师要想对个别学生施加影响，与其把主要精力用在面对面的个别工作方面，不如花大力气去创设一个具有良好心理气氛的集体。而这种气氛绝不是自然而然生成的，它与教师本身的工作方式有着极其密切的关联。

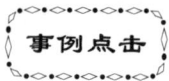

事例点击

正视你的领导方式：别让孩子心灵的天平失衡①
——值得省思的两篇中学生日记

场景1：我是老师眼中的学困生。我早已习惯了老师对我的"优待"。我的班主任张老师是教英语的，而英语也是我学得最差的一门课。今天是星期一，本来我是心情很好地去上课的，可张老师所做出的对我的"优待"令我很难过。因为是周一，按照习惯我们都会串座位，当我走进教室的时候，张老师已经在讲台上站着了。她叫住了我，并对我说："王冰，请你坐到最后面的单桌上去。瞧！那'雅座'多好呀，这回看你还能不能打扰别人学习了。"老师话刚说完，教室里一片哄笑。我往教室后面看，果真有个单桌。我低着头走到了自己的"雅座"，当我再次抬头时已上课了。这时我发现，老师今天排座位是别有用心的，她把学习好的人排在了前面，把学习差的都排在了后面，像我这样最调皮捣蛋的自然要设"雅座"了！我心想这回老师可要彻底不管我了，我可以想干什么就干什么了。由于我英语不好，老师讲什么我也听不懂，我就和前排的小强聊起天来。我俩小声说话，老师并没有批评我们，就这样我们更加放肆了，开始大声说并且发出了笑声。当我们的笑声吸引住了全班人的注意的时候，张老师把我们拉了出去。结果可以想象，我们不仅

---

① 刘晓明. 关注学生的心理成长：教师课堂管理技能训练 [M]. 长春：东北师范大学出版社，2005：11-12.

挨骂了，还被罚站半天。我真想对张老师说："请不要用歧视的眼光看着我，我也想要你的关怀和爱护，我不想做永远的差生。"

场景2：我，一个名副其实的差生，是"生活在边缘的弱势群体"。如果老师的喝彩属于优等生，那么老师的白眼就由我们全盘接收；如果优等生是老师骄傲的资本，那么我们就像是老师不光彩的存在。

在班级里，对我们的要求已被降到最低，只要认真听课，别打扰别的同学就可以了。一次，我找了一道自认为比较有价值的题问班上的一名好学生。她看了一眼题，说："即使告诉你，你也看不懂，还是省省心吧！"说罢便扬长而去。我羞愧得无地自容，但还是怀着一线希望去问老师。老师却说："你还是做一些基本的题型吧！"我真恨不得马上就离开那里，找一个可以好好发泄的地方。

晚上回到家，我一直熬到深夜，终于算出了那道题。当时，我高兴得快流出眼泪了！

第二天，老师把那道题写在黑板上作为例题，让同学们先做，结果难住了很多优等生……

这件事使我振作了起来，开始努力学习。果然，"功夫不负有心人"，我在期末取得了好成绩。所以，我要告诉天下所有和我一样的"差生"：努力吧！不要被别人轻蔑的一句话击倒，你会发现，你也是一颗璀璨的珍珠！

3. 运用教育机智

课堂教学管理需要教师运用教育机智。

加拿大著名教育学专家马克斯·范梅南认为，机智由一系列品质能力构成，并具有独特的性质特点。[①] 机智的构成主要包括：第一，一个富有机智的人具有敏感的能力，能从间接的线索，如手势、神态、表情、体态语言来理解他人内心的思想、感情和愿望。机智也能迅速地看穿动机或因果关系，一个富有机智的人，可以说能够读懂他人的内心世界。第二，机智还在于能够理解这种内心活动的心理和社会意义。因此，机智知道如何理解在具体的情

---

① ［加］马克斯·范梅南. 教学机智：教育智慧的意蕴［M］. 李树英，译. 北京：教育科学出版社，2001：166-195.

况下具体人的诸如害羞、敌意、气馁、鲁莽、高兴、愤怒、温柔、悲痛等情感。第三，一个富有机智的人表现得具有良好的分寸和尺度感，因而能够本能地知道应该进入多深的情境和在具体的情况中保持多大的距离。第四，机智还有道德直觉的特点。一个富有机智的人似乎能感到什么才是最恰当的行动。

教师在课堂教学中的机智通常表现为：细致敏锐的观察力、冷静理智的自制能力、及时有效的调控能力、深刻准确的解惑能力、灵活自如的变通能力、积极熟练的迁移能力、机智幽默的表达能力。这些能力倾向都是实现课堂教学有效管理所必备的品质。[①]

课堂管理中的教育机智集中表现在处理偶发事件中。教师面对课堂中的偶发事件，可以选择以下几种处理方式：

·热处理

热处理是教师对一些刚刚发生的偶发事件就地解决。对偶发事件进行热处理需要教师具有较快的反应速度，当机立断，迅速采取对策，达到既能有效解决事件，又能让偶发事件转化成教学事件，成为对学生进行教育的契机。教师采用热处理来解决偶发事件时，要把握事件的性质，不可期望所有的事件都能就地处理；否则，大量的课堂教学时间就会浪费在对偶发事件的处理上，从而影响教学进度。

·冷处理

所谓冷处理就是教师对偶发事件采取暂时冻结的方式，课堂上不予解决，等到下课后再进行解决或不予理睬的处理方式。偶发事件可能会对教师的上课情绪造成一定影响，比如学生的恶作剧事件等，因此冷处理需要教师具有良好的情绪控制能力，防止带着某种不利的情绪上课。

·因势利导

学生的好奇心比较强烈，偶发事件很容易把学生的注意力吸引过去，此时让学生回到正常的教学进程中来有一定难度，但教师可以抓住偶发事件的

---

① 代蕊华. 课堂设计与教学策略 [M]. 北京：北京师范大学出版社，2005：161-162.

积极因素，因势利导，对学生进行教育。

（二）学生的行为指导

课堂教学管理无法避免的是对学生的行为进行约束、调节和引领。一般来说，学生在课堂上的学习行为应当是有规可循、顺理成章的，但这绝不意味着课堂上学生就不会发生"问题行为"。对于一个善于进行课堂管理的教师来说，最重要的选择应当是着眼于"指导"，并不是要等待出现了什么非常状态才去放"马后炮"。教师行为指导的操作主要集中在三个方面。

1. 建立课堂规则

课堂规则的内容是多种多样的，几乎涵盖课堂的所有方面。依照适用规则的活动性质而言，主要有出入课堂规则、点名规则、上下课规则、课间规则、值日生规则等内容；依照适用规则的项目性质而言，主要有道德方面的规则、秩序方面的规则、人际方面的规则、安全方面的规则和学习方面的规则等内容。课堂规则的制订要依据有关的法令与规章、学校与班级的传统、学生及其家长的期望，以及班级的风气等。

制订课堂规则应遵循一定的原则和满足基本的要求，主要包括：课堂规则应符合四个条件，即明确、合理、必要和可行；课堂规则应通过教师与学生的充分讨论，共同制订；课堂规则应少而精，内容表述以正向引导为主；课堂规则应及时制订与调整。制订规则可采用"自然形成法""引导制订法""参照制订法""移植替代法"等。

要塑造良好的课堂行为，确保良好的课堂秩序，仅有课堂规则是不够的，还必须重视课堂规则的执行。即使是最好的课堂规则，如果流于形式，或执行不当，也是枉然。所以，必须注意以下几点：执行规则前应检查规则是否适宜；执行规则应始终如一，而且坚决、果断；执行规则既要公平一贯，又要灵活而注重差异；执行规则应多采用积极强化的方法，如赞许、表扬等。

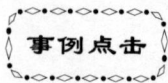

```
事例点击
```

要给课堂立个规矩[①]

随着课程改革的不断深入，新课程环境下课堂教学的模式让我产生了困惑。因为我看到，在很多公开课上，教师高举"以学生为主体""让学生自主学习"的旗帜，课堂上丝毫不顾课堂常规，学生想说什么就说什么，想干什么就干什么，还美其名曰"充分发挥学生的自主性"，甚至搬出国外课堂见闻来证明自己课堂教学模式的领先性。

我不敢也无法认同上述观点。即使是游戏，也有游戏规则。所有参加游戏的人都必须在游戏前熟悉游戏规则，因为在游戏的过程中如果违反游戏规则，轻则影响游戏成绩，重则被罚出游戏队伍，这是妇孺皆知的。我们的课堂教学肩负着育人的重任，更需要有规范。在听了科学学科特级教师张红鸣的一堂课后，我更坚定了自己的观点。

认识张红鸣老师已经很久了，非常仰慕他谈吐的诙谐，更仰慕他有"问不倒哥哥"这个雅号，但一直无缘听他的课。前段日子，忽闻某小学特别邀请张老师去上课，赶紧安排好课务前去听课。听课前我想象着张老师的课堂状况，我想一定是很热闹的，因为张老师活泼开朗。那天张老师执教的是三年级的科学课，课题是"把瓶子里的气球吹大"。铃声响过，张老师对学生说："今天我们一起来做个科学研究，先看张老师做，仔细观察，等会告诉大家，你看到张老师做了什么。"他像变戏法似的从桌子底下拿出一个空矿泉水瓶子，又从口袋里掏出一只气球，将气球放进瓶子内，并吹大了。接着张老师对学生说："大家也有空瓶子和气球，想不想也来试试？"孩子们开心地说："想！"有的学生边回答边动起手来，有不少学生止不住与同学说起话来。见此情况，张老师马上对学生说："我们这节课主要是动手做，动脑想，现在大家的任务就是动手把瓶子里的气球吹大，看谁先把气球吹大。"听张老师这么一说，教室里马上安静下来了，学生们动起手来。不一会儿，

---

① 赵国忠. 透视名师课堂管理［M］. 南京：江苏人民出版社，2007：33-34.

教室里又渐渐有学生的说话声。张老师问："不是说动手做，不说话的吗？"胆大的学生说："老师，我怎么吹也吹不大。""老师吹大了，同学们想想看：你们为什么吹不大？能不能想想办法？不准讨论，只能自己研究。"一会儿，有两个地方有低低的声音传出来了，张老师说："哟，吹大了，不能说话，把你的办法先用图画出来，再写出步骤，等会上台介绍。"教室里又恢复了安静……

按我以往听科学课的经验，只要是有动手实验的，教室里无不充斥着学生的大叫声，可我却看到了张老师能让三年级的学生安安静静地进行实验、思考，得出结论。这一切都源于张老师在上课时向学生明确了规则——我们这节课主要是动手做，动脑想！

"没有规矩，不成方圆。"张老师在课堂上为学生提供了规则，让学生既动手又动脑，两者达到了和谐的统一，所以他的课堂成功了。

作为一名老教师，我目睹了许多新教师经历的教学尴尬。他们在课堂上给了学生充分的学习自主权，却无法驾驭课堂！有新教师哭着对我说："我都对自己失去信心了！学生一点儿也不听我的话。"我下课为他们"会诊"，发现问题的症结在于新教师在给学生下达学习任务之前没有明确学习的要求，所以课堂出现了无法控制的局面。

教室是一个集体场合，是几十个学生共同学习知识的地方，必须要制订一个大家认可的规则。新课程呼唤学生的自主学习，需要教师创新教学方法，让学生在多彩的环境中快乐地学习，但不管我们如何创新课堂教学，课堂教学常规将永远是我们成功进行课堂教学的标准。

（匡慧娟）

2. 注重防患未然

为防止课堂问题行为的产生，教师必须使学生明确应该遵守的规章制度，之后就是如何防患于未然。一般来说，成功的管理者能较好地预防问题。有效课堂管理包括以下四个方面[①]：

---

① 皮连生. 教学设计：心理学的理论与技术 [M]. 北京：高等教育出版社，2000：202.

· 明察秋毫

明察秋毫就是指教师使学生知道，他注意到了课堂里发生的每件事。教师应尽量避免被少数几个学生吸引或只与他们交流，因为这变相鼓励了班上其他人心不在焉的行为。教师总是扫视教室，与个别学生保持眼光接触，这样，学生就会知道他们一直在受教师监督，教师就能预防小面积的捣乱慢慢演变成多数。他知道是谁在捣乱，并且也能准确地处理当事者，不会犯"时机错误"（等很长时间才进行干预）或"目标错误"（批评错了学生，让真正的"肇事者""逍遥法外"）。

· 一心多用

一心多用是指同时跟踪和监督几个活动。这方面的成功，同样需要教师不断地监控全班。例如，当教师不得不检查个别学生的作业时，还要对班上的其他学生说"好，继续"，从而使他们不间断学习。

· 整体关注

整体关注是指使尽量多的学生投入适当的班级活动，而避免把注意力集中在一两个学生身上，使所有学生都有事可做。例如，教师可以要求每个学生写出某个问题的答案，然后再让某个学生回答，同时让其他学生比较他们的答案。

· 变换处理

变换处理是指使班级的授课可以顺利地过渡，保持适当的进度和多样性的变换活动。有效的教师会避免突然过渡，例如，在赢得学生注意之前就宣布一个新的活动，或者在另一个活动中间开始一个新的活动，这样做可以使学生在心理上有所准备，而且能引起学生的注意和激发兴趣，从而避免问题的产生。

3. 控制焦虑水平

焦虑无论发生在教师还是学生的身上，都可能引起一种心理上的不安，成为诱发行为问题的心理原因。

首先要控制教师的焦虑。有的教师由于缺乏课堂管理的成功经验，对学生的纪律问题常常忧心忡忡，经常担心学生违反纪律，干扰课堂教学的顺利进行。于是，他们采取生硬的措施来控制学生，不惜一切代价来维持课堂秩序，课堂里责备声不绝于耳。这样，教师实际上是把学生看作了威胁教学的力量。要知道维持良好的课堂纪律，在很大程度上取决于教师与全班学生的关系，所以，教师要想维持课堂纪律，就必须在课堂里形成相互理解和相互尊重的师生关系。

同时要控制学生的焦虑。适中程度的焦虑对于学生的学习是十分必要的。过度焦虑会使学生过分感受到"任务促成的纪律"和"集体促成的纪律"所造成的压力，容易干扰课堂管理。它可能引起学生的敌意和攻击性行为，也可能使学生沉默或拒绝参与任何积极的学习活动。有效的课堂管理应该帮助学生在焦虑过度而威胁纪律之前降低焦虑的强度。调控学生的焦虑，主要有两种方法：一是通过与学生交谈，让其把烦恼尽情倾诉出来；二是通过改变学习情境来降低焦虑。有时，教师在课堂中还可以通过活动"让学生表现自己的情绪"，达到良性宣泄的目的，以降低焦虑。

事例点击

用爱心与关切鼓舞你的学生

刚接手五年级时，我班的王威同学升级考试语文只有30分，20个词语的听写只对了3个字。看着满篇的红叉，我没有把试卷发给他。没想到，他当堂举手问："老师，没有我的听写纸。"我破例在同学们面前撒谎说："哦，没有你的，下课到我办公室去找。"下课后，我把他叫到一边，从教科书中拿出那张听写纸。他脸红了，低着头，一句话都不说。我问他："你为什么只写对了3个字？"出乎预料，他却抬起头说："不是我不会，是你念得太快。"我心里火冒三丈，但还是不动声色，对他说："你先去练，下午我按你需要的速度给你听写好不好？"他爽快地答应了。下午放学后我去找他继续听写，这次他写对了15个字，于是我大加赞赏，并且告诉他，以后一定按他的速度听写生字新词，希望他继续努力，他高高兴兴地答应了。这只是第一次，在以后的听写和作文中，我总是有意识地提前告诉他，让他先看几遍，先写几遍，然后再进行听写练习。时间长了，不但他的语文成绩提高了，更重要的是他获得成功的机会越来越多。一年后，王威同学的语文成绩提高到了 75 分。

教育不是万能的，但是每个学生都有受教育的权利，个别学生也有自己的闪光点，应加以保护和赞扬。一次作文辅导课上，大家讨论"二十年后的我"。有的学生说二十年后想当医生，为人们解除痛苦。"你的思想很高尚！"我走过去和这名同学握握手，肯定他的无私和伟大，并预祝他成为新时代的华佗。有的说二十年后想成为教师，在三尺讲台上奉献自己，我又和这名未来的"小同行"握握手，赞赏他的奉献精神。正当我肯定这些"好"学生时，我班一向不爱发言的张润严没等点名就站起来说："老师，我想说说。"看着他手足无措的样子，同学们一下子安静下来了。我点了点头，示意他可以发表见解。他吭哧了一会儿说："二十年后，我想做个普通的买卖，买辆小汽车，过一种平淡的小日子。"同学们都哈哈大笑。我径直走到他身边向他伸出手，说："老师祝贺你的勇敢和平淡。勇敢是你这节课的表现，平淡是你一生的生活理想，你真伟大！"让我没有想到的是，他竟然伸出两只手，使劲攥着我的手，眼睛里充满了兴奋和激动，嘴里不住地说："老师……我……老师……"此时同学们才对他的答案报以热烈的掌声。在以后的作文课上，他总是积极发言，阐述自己与众不同的见解。可见，对个别学生偶然一次的激励和肯定，很大程度上可以影响学生的性格和思想。

（三）环境的精心设置

课堂的内外环境是影响学生行为的重要因素，所以我们常讲"环境是行为的容器"。事实上，许多行为问题是由环境因素诱发的，当然环境也可以作为教师课堂教学管理的可操作变量，诱导出学生的许多良好行为。

1. 保持建设性的课堂环境

课堂行为与课堂环境直接相关。有效的课堂行为管理，在很大程度上是以良好的课堂环境为基础的，因为良好的课堂环境不仅可以减少产生问题行为的可能性，而且可以消解许多潜在的问题行为。

保持建设性的课堂环境，首先要保持课堂的整洁、秩序，增强课堂环境的秩序感、责任感。一个杂乱无章和死气沉沉的课堂环境本身就为问题行为的产生提供了土壤。

其次，要科学合理地安排调整学生的座次。必须打破按高矮次序或学习成绩排位的简单方式，要综合考虑学生的生理特点、个性特长、学习习惯、行为特征、同伴关系等多种因素，做到优劣搭配、合理组织，达到以长补短、以优补劣、互相促进的目的，而且要依据学生和学习目标的不同而选择适当的座位排列形式。

最后，要把握课堂的情绪环境。要做好教学设计，在课堂活动之前确定好教学目标、教学方案与教学策略；采用设置悬念和讨论的方法，不断变换刺激角度，集中学生的注意力；合理安排课堂活动的内容和节奏，控制学生的疲劳度。

此外，还要建立和谐的师生关系，打破认为师生间仅仅是上下级关系、是管理与被管理关系的狭隘认识，正确对待教师的权威。教师的权威是示范和行为指导能否生效的保证，但这种权威的基础不是教师的地位，而是他本人的学识、品行与才能。因此，教师要平等地对待学生，应充分尊重学生的人格，对学生充满爱心，尤其要关心"学困生"或"后进生"，实现师生之间的情感互动。

2. 形成正确的舆论与规范

舆论是群体中占优势的见解与意见，它与一定的社会规范相联系，并且总是后者的一种表现形式。社会规范是群体成员间相互作用而约定俗成的行为准则，由舆论加以支持并对群体成员行为具有约束力。班级中存在两种类型的社会规范：一种是由宏观社会移植进来并由学校、班级明文规定的各种行为准则；另一种是学生在自己的群体交往中形成的为大家所认同的不成文的非正式规范。它既无明文规定，又非外力所强加，有时甚至连学生本身也说不清楚他们之中是否有这类规范，但它确实存在，并通过模仿、暗示和顺从等社会心理机制迫使该群体成员遵守。

舆论与规范形成群体压力，对学生的心理和行为产生极大的影响。在群体压力下，成员有可能放弃自己的意见而采取与大多数人一致的行为，即从众。舆论与规范都有对与错、好与坏、妥与不妥之分。正确的舆论与规范促使人积极向上并做出有益的行为，不健康的舆论与规范则阻碍人的进步或诱迫人产生有害的行为。教师是班集体的组织者与领导者，理所应当时刻把握班级风气的方向，在班级中形成良好的舆论与规范。重要的不是矫正，而是预先进行正面的培养。为使培养有效，教师一方面要考虑舆论与规范对群体成员的适应性，争取班级中大多数成员的支持，尽量使群体舆论和规范与成员的个人价值趋同；另一方面，又要考虑群体舆论和规范与社会规范的一致性，使每个学生都能正确处理个体与群体的关系。

3. 营造和谐的课堂心理气氛

心理气氛是指群体在共同活动中表现出来的占优势的、较稳定的群体情绪状态，如群体中人们的心境、情绪体验、情绪波动、人际关系，对工作、学习及周围环境的态度，等等。

课堂心理气氛（或称为班风）主要指课堂里某种占优势的态度与情感的综合表现。它常被比作"组织人格"。正像每个人都具有自己的独特人格一样，每个课堂都有自己独特的气氛，如有的课堂气氛欢乐而积极，有的拘谨而呆板，有的紧张而有序，有的温暖而融洽，等等。即使同一课堂也会形成不同的教师"气氛区"，如有的教师上课，学生可能坐立不安，烦躁乱动；有的教师上课，学生虽有喧哗却热心用功；有的教师一进入教室，就会出现一触即发的对立而紧张的气氛；当班主任上课时，又会出现一切都符合规矩的平和局面；等等。课堂心理气氛是逐步形成的，一旦形成了就又有其相对稳定性。

课堂心理气氛的好坏主要依赖于班级中多数成员对目标与任务是否认同，对教师的要求与作风是否心悦诚服，对工作现状是否满意，师生之间、学生之间是否友好，等等。凡是符合群体中比较一致的观点与共同需要的事物大多能引起积极的、舒展的心理气氛；相反，那些与群体的观点与需要相抵触的事物则会引起消极的、沉闷的心理气氛。在这里，多数人或对群体颇有影响的人物的态度与情感具有举足轻重的作用。这就是为什么要抓班干部、抓积极分子、抓大多数人的工作的原因所在。

事例点击

耐心地化解冲突
——两位教师怎样处理意外

· 我也曾碰到那样的孩子，他特别青睐于用各种怪声朗读课文。刚开始，我采取静默的态度。这样过了几节课后，我发现他没有一点儿悔改的意思。于是，在一节语文课上，我没有多说话，更没有指责这名同学，而是请同学们用纸条聊聊对这件事的看法，最后让所有的纸条都与这名同学"见面"，让他读读同学们的心声，希望他能理解教师和同学们的良苦用心。最终，教室里的怪声消失了。

· 对于化解师生间的冲突，为师者更应持有善意的幽默和智慧。我曾中途接过一个班，第一天去上课时，上课铃已经响过了，学生们还是吵吵嚷嚷，还有一个虎头虎脑的男孩抬起眼迎着我的目光，满不在乎地在桌面上拍打不停。

我当时压下怒火，淡淡微笑着说："同学们，非常感谢大家对我的热烈欢迎。你们看，连桌子也为我鼓掌欢迎！"全班一阵笑声。拍打声停止了，那个孩子稍带不安地端坐着身子。

（中国教育报，2008-12-08）

第二章

怎样加强课堂教学的思想品德教育管理

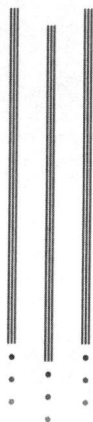

课堂教学是学校教书育人的基本组织形式，学生成长与发展的黄金时期绝大部分是在课堂中度过的。以立德树人为根本任务的学校教育，应当把课堂教学作为道德教育的重要阵地。

　　课堂教学是学校教书育人的基本组织形式，学生成长与发展的黄金时期绝大部分是在课堂中度过的。以立德树人为根本任务的学校教育，应当把课堂教学作为道德教育的重要阵地。学校工作有自身的特点："教育中人生命的完整性规定了道德教育的统摄性，居于统摄地位的道德教育必然是通过渗透的方式而非依赖于独立时空展开的。"① 正因为这样，美国学者诺丁斯说，有"伦理上的考虑的教师将教学视为道德事业"②。因此，课堂教学质量的管理必须以思想品德教育作为全部管理活动的核心与灵魂，在教、学、管的统合中发挥课堂教学特有的价值引领、知识陶养、文化化人、环境涵育等功能。

一、　知识学习的道德观照

　　知识教育是"全部教育的共同基础"（而不仅仅是智育的基础），是"现代教育的中心环节"（我们不能离开知识经验凭空发展什么能力、品德）。知识学习主要在课堂中进行。"课堂教学与学校其他活动的最主要差异，是与其活动构成因素中具有人类精神财富的独特教育式组合——学科内容相关，因而使其承有特殊的具体目的与任务，拥有独特的资源与组合，具有独特的形成渠道、活动形式与过程。"③

（一）课程知识的育人功能

　　学校课堂中教与学的主要内容是课程知识。所谓课程知识，《国际教育百科全书》的解释是"课程知识这个词至少有两种不同的含义：在一门课程中

---

① 朱小蔓. 关注心灵成长的教育［M］. 北京：北京师范大学出版社，2012：10.
② 诺丁斯. 学会关心：教育的另一种模式［M］. 于天龙，译. 北京：教育科学出版社，2003：13.
③ 叶澜. 课堂教学过程再认识：功夫重在论外［J］. 课程·教材·教法，2013（5）.

所讲授或所包含的知识和制订课程时所应用的知识"。广义而言，课程知识即人们在制订课程时所应用的所有知识的统称。我们知道，主知主义道德教育家们十分关注知识的学与教所推动的认知发展。皮亚杰用心理发生的方法揭示道德发展与认知发展的高度关联；柯尔堡认为，道德发展的引导机制本身就是认知的，他强调道德认识在道德发展过程中的主导作用和核心作用；威尔逊提出的道德组成部分就包括了态度、能力、知识、行动和行动特征，他把知识定义为具有与道德选择有关的"不可质疑"的事实的知识。

1. 公共知识的奠基作用

课程知识的一般的、共有的形态和特征是它具有公共性。我国学者余文森认为，学校课程知识的主体是一种公共知识。公共知识往往是可以用语言文字或数字符号明确地表达出来的事实和意义，具体表现为诸如规律、规则、定理、定律、公式等范畴构成的知识体系。哈佛大学社会学家贝尔将知识视为"一组对事实或概念的条理化的阐述，它表示一个推理出来的判断或者一种经验结构，它可以通过某种信息工具以某种系统的方式传播给其他人"。作为学生学习对象的公共知识，一般具有普遍性、确定性、客观性等特征。[①] 这些知识是学生认识事物、解决问题、辨别是非善恶的认识论和方法论基础。

公共知识是理解道德概念和规则、形成道德理性不可缺少的条件，同道德涉及的"意向"与"理由"（威尔逊的分析）紧密相关，知识学习引起的思维发展，也直接关系到学生的道德选择、道德判断和道德行为能力的发展。因此，公共知识对人的发展具有奠基作用。苏联教育家苏霍姆林斯基把它视为"照亮道路的光源"和公民精神文明的组成部分，他还特别强调，"在我们这个时代，没有良好的教养，没有牢固的知识，没有丰富的智力素养和多方面的智力兴趣，要把一个人提高到道德尊严感的高度是不可思议的。[②]"这也正如本质主义所坚信的，只有认识和掌握了万事万物的本质，把握了反映本

---

① 余文森. 论公共知识的课程论意义 [M]. 教育研究，2012 (1).

② [苏] 苏霍姆林斯基. 给教师的建议（上）[M]. 杜殿坤，译. 北京：教育科学出版社，1981：160.

质联系的真理和规律，才能够对人类进行启蒙，帮助他们摒弃各种意见、偏见和迷信，从而在政治行动领域选择合适的、有效的策略。[①]

事例点击

有位教师上"生活中的比"一课时，引导学生联系生活感受"比"的广泛存在。

师（出示图片）：奥运会上，每当五星红旗冉冉升起，每个中华儿女都会心潮澎湃。在珠峰上、在南极点，都有我们的五星红旗高高飘扬。这一切都说明了我们伟大的祖国正日益强大，我们要将祖国的明天建设得更美好。同学们，我们每天面对着国旗，你们有没有注意到其中有什么数学问题？（出示提示语"形式为长方形，长、宽比为三比二"）你们知道这句话是什么意思吗？

生1：五星红旗的长如果是3米，它的宽就应该是2米。

生2：不管是大的五星红旗还是小的五星红旗，它的长宽比都是3∶2。

师（出示图片）：居里夫人用8吨沥青提炼了1克镭，沥青与镭的比是8000000∶1。看到这个比，你有什么感受？

生3：我感受到了居里夫人做实验的艰辛。

生4：我感受到了居里夫人的伟大。

师：是的，居里夫人为提炼镭付出了艰辛的努力，甚至为此影响了自己的健康，但她无偿地把这项技术奉献给了社会，而没有申请专利。因此，居里夫人成为历史上第一位两次获得诺贝尔奖的科学家。

2．教材内容的价值导向

价值导向是道德教育的内核。就教学而言，"任何'教学事实'的背后，或支撑起'教学事实'的，都是教学生活中的人的价值选择"[②]。作为一种"教学事实"，课程内容指向"教什么"，它是指各门学科中特定的事实、观点、原理和问题以及处理它们的方式。当代知识哲学研究早已廓清了知识价

①　余文森．论公共知识的课程论意义［M］．教育研究，2012（1）．

②　李森，潘光文．教学论研究的事实与价值之思［J］．西南大学学报（社会科学版），2008（6）．

值中立的迷雾，课程社会学研究则指出，课程内容的价值特征反映主流的意识形态，并筛选出符合主流意识形态的知识作为课程内容。这也即波普尔所指称的"合法知识"——所有人所必须具有的知识。

一般来说，课程内容主要通过国家课程标准付诸课堂教学实施。2011年我国新修订的义务教育课程标准，突出了教育改革与发展的战略主题和德育的时代精神，注重把科学发展观和社会主义核心价值体系有机融入学科内容，这就使得课程内容的价值负载和价值定位更加明晰，深植于课程与教材中的观点、立场与方法更具有鲜活性和渗透性。可以肯定，课程内在的思想道德意蕴和文化采择倾向，将对教师课程实施的文化自觉和学生知识学习的价值领悟提供资源上的支持和机制上的保证，从而产生深远的影响力。

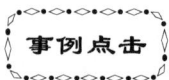

事例点击

一、学习"合成氨"一课的价值引领

在讲述高二重要内容"合成氨"时，上海继光中学化学教师陈寅没有沿用传统的授课方式，而是花了整整一堂课为学生讲述了合成氨的发明者哈伯的故事。

"如果没有哈伯在1909年发明的合成氨技术，世界粮食产量至少要减少一半，他的发明使得数千万甚至数亿万人免于饥饿……但是在第二次世界大战中，哈伯却用自己的所长为德国军方研制化学武器，遭受各国科学家的指责……直到晚年哈伯才幡然醒悟，对科学家来说良知最重要。"

结束时陈寅对学生们说："他的人生很可能就是你们的人生，物质本身没有好坏，全在于使用它的人。"教室里鸦雀无声，学生们陷入了深深的思考。没有过多的强调和注解，但教师所要传递的思想无痕地印刻在了学生们的心中。

二、把"三维目标"统合起来

著名特级教师霍懋征教"聪明"二字，先问学生："你们愿意做聪明的孩子吗？愿意的请举手！"全班学生争先恐后地举起了小手。接着，她告诉学生："每个人都有四件宝。如果学会运用这四件宝，人就会聪明起来。这四件宝是什么呢？我暂时不讲，先让你们猜几则谜语：'东一片，西一片，隔座山头不见面。'（耳朵）'上边毛，下边毛，中间一颗黑葡萄。'（眼睛）'红门楼，白门槛，里面有个嘻嘻孩。'（嘴）'白娃娃，住高楼，看不见，摸不着，缺了它就不得了啦！'（脑）"每当学生猜中一则谜语，她就要学生讲讲这个人体器官的作用。猜谜之后，霍老师就剖析字形说："'聪'字，左边是耳朵的'耳'；右上方两点，代表两只眼睛；右边中间是'口'字，就是嘴；右下方是个'心'，代表'脑'。这四件宝合在一起正好是个'聪'字。'聪'字后边之所以要加个'明'字，是因为这四件宝要日日用、月月用，天长日久，你们就会聪明起来。"

这样教既让学生学会了"聪明"这个词，又让学生领会了汉字的学法——充分利用汉字特点，进行"字理"识字，同时教育了学生"怎样才能变得聪明"。教学活动本身的情趣性也促使学生喜爱学习。

3．课程文化的人性哺育

人之"成人"靠文化的哺育。文化是人认识世界和改造世界的手段，更是人认识自己、改造自己、发展自己的工具。正像卡西尔在《人论》中所说，整体文化的"每种功能都开启了一个新的地平线并且向我们展示了人性的一个新方面"。课程知识是从人类集合中选取的精华。"学校文化也可以转换为课程"。"文化，即指人类的生活方式，它是囊括了集体成员的行为之根基的某种意识、价值观、习惯、风格等一般行为方式的广泛概念。教育活动就是在教师与学生之间形成的文化活动。"[①] 教学正是意义的传递和人类精神的启蒙，也是人类创新生活方式、追寻精神家园的过程。教学本身即文化，教学的一切关乎文化，无论是内在的还是外在的，显性的还是隐性的，教学都蕴含着自觉、自足、自新的教学文化。

增强文化的哺育功能，需要唤起并推动教育者的课程文化自觉。课程文化自觉是人类对课程发展方向的理性认识和把握，并形成主体的一种文化信念和准则，人们自觉意识到这种信念和准则，主动将之付诸实践，在文化上表现出一种自觉践行和主动追求的理性态度。其目的是加强对课程文化转型、

---

① 钟启泉．现代课程论［M］．上海：上海教育出版社，2003：460，646．

取舍、选择和改造的自主能力，以适应新环境、新时代。课程文化自觉体现为主体性的课程文化意识、开放的课程文化胸襟、系统的课程文化结构、鲜活的课程文化生命、超越的课程文化品质等特点。[①] 正是基于这种文化自觉，中华优秀文化传统及其丰厚道德资源，民族精神与时代精神，社会主义核心价值观，都将深植于课程中，发挥"化育"作用。

（二）学科课程的精神涵育

学生在学校中的课程知识学习大多是分学科进行的。"学科"这一概念有两层含义：一是"学术学科"，即人类知识体系中的门类，亦即专门化、系统化的知识，其英文称谓为 discipline 或 academic discipline。二指"学校学科"，或称学校教育中的教学科目，是学校教育中主要的教育内容的门类，其英文称谓为 subject 或 school subject。按照斯滕格的分析，两者虽然互不相同，但是存在着相互联系，彼此互为对方生成的条件。

1. 学科学习具有独特价值

学校的学科课程有自身的特征：第一，以学科知识或文化的发展为课程目标的基本来源，课程开发以学科知识及其发展为基点；第二，课程组织遵循学科知识的逻辑体系。[②] 它也属于公共知识，但按学科组织知识。杜威认为，学科是人类社会行为的舞台；使儿童认识人类的社会行为舞台，这才是高水平的道德教育。他在《教育中的道德原理》中强调，要通过学校中的一切媒介、工具和材料来发展品德。卡西尔把由各种学科构成的文化视为一种新的力量——建设自己的世界、一个"理想"世界的力量。他说："这些力量不可能归结为一个公分母。它们趋向于不同的方向，遵循着不同的原则。但是这种多样性和相异性并不意味着不一致或不和谐。所有这些功能都是相辅相成……不和谐就是与它自身的相和谐；对立面并不是彼此排斥，而是互相依存；'对立造成和谐，正如弓与六弦琴。'"

---

① 王德如. 课程文化自觉的价值取向 [J]. 教育研究，2006 (12).

② 陶本一. 学科教育学 [M]. 北京：人民教育出版社，2002：3-4.

学科育人的要旨在于："任何一门学科的教学，都要认真分析本学科对于学生而言独特的发展价值，它除了指该学科领域所涉及的知识对学生的发展价值外，还应该包括服务于学生丰富对所处的变化着的世界的认识；为他们在这个世界中形成、实现自己的愿意，提供不同路径和独特的视角；学习该学科发展问题的方法和思维的策略、特有的运算符号和逻辑；提供一种唯有在这个学科的学习中才可能获得的经历和体验；提升独特的学科美的发现、欣赏和表现能力。"[1]

2. 学科内涵富有精神营养

学校学科大体可分为自然科学学科和人文社会学科，这些学科的知识是科学精神和人文精神的源泉，学生学习知识不仅获取对客观事物的认识及认识客观事物的能力，而且陶冶、丰富、深化自我意识，启迪、调节、提升、理解人类生存的能力与价值取向。这已经不是一个知识或认知的问题，而是一个信念、理想和人格的问题。

具体说，科学学科描述事件性知识，但也体现科学精神，启发人尊重事实，实事求是，脚踏实地，独立思考，追求真理，修正错误，崇尚创新，拒斥陈规，不唯上，不唯书，不迷信，不盲从，不盲言，不作伪，不哗众取宠，不人云亦云，不搞假、大、空，以科学理性的态度为人、做事、处世。这种彰显人类合理生存经验的知识，会成为人的生活支柱、精神营养、智慧向导，有助于人对人生意义的理解，谋划生活走向。人文学科以及社会学科所蕴含的人文精神，更将引导人追问人生意义，追求人的权益、地位、价值、尊严、自由、幸福和社会民主、社会平等、社会正义、社会和谐，争取人的合理存在，向往人的解放。[2]

【事例点击】

"借题发挥"

——让学生看到知识背后的人

----

[1]　叶澜."新基础教育"发展性研究报告集 [M]. 北京：中国轻工业出版社，2004：21.

[2]　王道俊. 知识的教育价值及其实现方式问题初探 [J]. 课程·教材·教法，2011 (1).

·在教学过程中可以通过"借题发挥"介绍有关知识背后隐匿着的一些可歌可颂、可敬可佩的人物逸事，使学生对这些教学内容产生亲切感，从而使之具有情感色彩。例如，有的教师讲到放射性物质的时候，专门介绍了居里夫人是怎样历尽千辛万苦，克服了物质上、精力上、身体上常人难以想象的困难和煎熬，最后成功提炼出 1 克纯镭，两度获得诺贝尔奖的事迹。教师还讲述了这样一件逸事：有人愿出资五万英镑的巨款购买她的 1 克镭，她却说："镭乃仁慈之工具，故为世界所有。"学生听了无不为之动情，学习有关内容倍加努力。

·例如一位化学教师在教碱金属部分内容时，在先告诉学生金属物是由英国化学家戴维发现的之后说，戴维用电解法将分解得到的生成物倒入盛有清水的大玻璃杯中时，轰的一声，发生剧烈的燃烧和爆炸，戴维从此失去了一只眼睛，但这丝毫没有动摇他酷爱科学、勇攀科学高峰的决心。他十分风趣地说：幸好瞎了一只眼，还有一只眼，还可以继续为化学事业工作。后来戴维加倍努力地工作，成功地用电解法制得了钾和钠，还成功地制得了钡、钙、锶、镁等金属，又制取了非金属硼和笑气（N_2O）等。青年学生要好好向戴维学习，将全部精力用于学习，将来为祖国的建设做出应有的贡献。

·还有的教师在生物课上讲到微生物时，特地介绍世界著名的法国微生物学家巴斯德。巴斯德小时候并不是一个超群绝伦的孩子，他的小学老师甚至认为"他是班级中个子最小、最羞怯、最不见得有出息的一名学生"。然而巴斯德却以顽强的意志和忘我工作的精神奋战在他日后所从事的科研工作中，成为近代微生物学的奠基人。他创造的巴斯德牛奶消毒法，至今还在运用。他在十几岁时就写道，词典里最重要的词是"意志""工作""成功"，并以此作为他终身的座右铭。这些介绍无疑对学生学习有关知识产生良好的情感激发效果。

3. 科学史实充满道德启示

学科知识是人类创造活动的精华，这些知识的产生过程汇聚了许多动人的故事，正像爱因斯坦在悼念居里夫人时所说，"第一流人物对时代和历史进步的意义，在其道德方面，也许比单纯的才智成就更伟大"。事实上，学科知识教学涉及许多人事和史实，从司马迁、李时珍到哥白尼、巴斯德，从居里夫人、霍金到钱学森、袁隆平，他们献身科学、追求真理，为造福人类而奋斗不息的品格，堪称道德楷模。

在学科教学中随机对某些史实进行评价会给学生以深刻的道德启示。一位教师教"合成氨"时向学生讲到发明者哈伯的故事：1909 年法国化学家哈伯发明合成氨技术，使粮食产量大幅提高，亿万人因此免于饥饿……但第二次世界大战中这位"用空气制造面包"的学者，却凭着自己之所长制造化学毒气并指挥化学战，让千万人遭殃。教师说："这面照亮科学家良知和科学终极价值的镜子，值得大家借鉴……他的人生很可能就是你们的人生，物质本身没有好坏，全在于使用它的人。"

（三）个体知识的意义建构

关于知识，大致有两种不同角度的理解，一是把知识视为人类社会历史实践经验的总结和概括，如《中国大百科全书》的解释：知识是"人类认识的成果"，是"在实践的基础上产生又经过实践检验的对客观现实的反映"。[①]二是把知识看作个体头脑中的经验系统，如美国教育家埃贝尔认为："一个人经验（直接的或间接的）和记忆的一切内容，都可以成为他知识的一部分。如果经验和记忆的内容被整合进他自己的知识结构中去的话，记忆内容就成了知识的一部分。但这只能由学习者自己来做，别人无法越俎代庖。"[②] 一般来说，物化在符号载体中的知识属于前者，而活跃在人的思想和行动中的为后者。显然，对学校的知识教育来说，是着眼于把外在的客体化的知识转变为学生个体的精神财富，这实际上是公共性知识向个体性知识的转化。

我国研究者认为[③]，个体知识中包含了个人对公共知识的独特感受、体验和解读的成分，其精神实质在于它是消解了知识客体性的知识，是个体体验

---

① 中国大百科全书：哲学 [M]. 北京：中国大百科全书出版社，1987：1169.

② 埃贝尔. 掌握知识应该是首要的教育目标 [M] // 瞿葆奎. 教育学文集：智育. 北京：人民教育出版社，1993：44.

③ 余文森. 论个体知识的课程论意义 [J]. 教育研究，2008（12）.

到的真、善、美方面的知识，是与个体的认识、情感、意志融合的知识，是一种鲜活生动的知识，是一种生命化了的知识，是个体知识体系中最为自由和最富有个体行为驱动力的知识。

1. 个体经验的有机融入

在课堂教学中，当学生在书本世界跋涉的时候，他面对的是一个个关于"事物本质"和"客观规律性"的领域，这是一个无法直接感受到的"浓缩"了的、离开了自己生活现实的世界。因此，学生要真正理解这些真理和建构起"意义"，就需要与他们的生活经验和实际阅历相融合。列宁就十分赞赏黑格尔关于"真理"的两段话。

黑格尔说："老人讲的那些宗教真理，小孩子也能说，可是对老人来说，这些宗教真理包含着他的全部生活意义……而对小孩来说，这种宗教内容的意义只是这样一种东西，即全部生活和整个意义在它之外。"

列宁：好极了！"绝妙的比较"。

黑格尔说："正像同一句格言，从年轻人（即使他对这句格言理解得完全正确）的口中说出来，总没有那种饱经风霜的成年人的智慧中所具有的广袤性，后者能够表达出这句格言所包含的内容的全部力量。"

列宁：很好的比较（唯物主义的）。

列宁的这一段批语，对我们道德知识的传递很有启发。知识所揭示的客观真理、价值观念、道德意蕴无疑应进入课堂，但更要人脑、人心，这只有联系学生身边鲜活的事例，调动学生生活中的经验和体验，才能真正走向理解、深信和奉行。

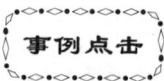

事例点击

一、唤起切身的体验
——《我的战友邱少云》教学片段

师："我的心像刀绞一般"，真的是刀在绞"我"的心吗？

生（齐）：不是的。

师：那么究竟是什么像刀一样在绞"我"的心呢？请同学们细细地读课

文，联系生活实际，用心研究这个问题。

生1：我觉得一种痛苦像刀一样在绞"我"的心。我们平时有过这样的经历，即使不小心手被火柴烧了一下，也钻心地痛，更何况邱少云是烈火烧身呢！

师：说得更明白一些行吗？

生2：烈火在邱少云身上燃烧，也好像在"我"身上燃烧一样，这真是万箭穿心般的痛苦呀！

师：说得真好！邱少云的痛苦让"我"感同身受！还有别的体会吗？

生3："我"当时非常担心。因为在"我"身后埋伏着整个潜伏部队，要是邱少云突然叫起来或者突然跳起来，整个部队就要遭受重大的损失。邱少云还那么年轻，他能忍受烈火的煎熬吗？这种深深的担忧与紧张像刀一样在绞着"我"的心。

生4："我"还感到非常无奈。一方面，"我"不忍心看着烈火把邱少云烧死；另一方面，"我"又根本不能跑过去把他救出来。这种无可奈何的心情像刀一样绞着"我"的心。

师：有心救人，却无力回天，这是一种多么巨大的悲哀呀！

生5：我体会到此时此刻作者感到十分绝望。这种绝望像刀一样在绞着"我"的心！因为"我"盼望火能突然间熄灭，但是"我"心里很清楚，这种奇迹根本不可能发生。

师：同学们再深入地想一想：像刀一样绞着"我"的心的，是否只有痛苦、担心、无奈和绝望？还有什么？

生6：邱少云那钢铁般的意志深深地感动了"我"！这种感动使"我"的心像刀绞一般。

生7：还有敬佩。邱少云为了战友们的安全，为了取得战斗的胜利，宁愿牺牲自己生命的精神，让我无限敬佩！

师：同学们体会得真精彩。作者当时的确是百感交集！那么多复杂的情感纠缠、冲击、碰撞，使"我的心像刀绞一般"。这种感情，不仅仅是作者的，也是在座每名同学的。让我们带着这种感受来读课文，你一定会有更真切的体验。

（生自由读、齐读）

二、以教材为话题的师生平等对话

《〈论语〉十则》教学片段——对孔子的挑战（师生讨论第五则）

师：为什么说"知之为知之，不知为不知"是一种智慧？

生1：知道自己的不足，就会去学习，永远有学习的意识，这是一种智慧。

（同学们对生1的回答点头赞许）

师：说得真不错，有自己独到的理解，其他同学还有对"智慧"的发现吗？

生2（补充）：知道自己的不足，就会变得很谦虚，别人也乐意教你，你就获得了学习的机会。

（生3继续补充……）

师：你们能从多角度看待一个问题，而且理解得很深刻，老师非常欣赏，这是一种优秀的思维品质，你们认为"知之为知之，不知为不知"还是一种什么品质？让我们挑战孔子，试着用一个字概括，并说明理由。

生4：知之为知之，不知为不知，是勇也。我认为在别人面前承认自己有所不足，这需要一种勇气。

师：你们同意他的观点吗？请说说你的理由。

生5（不同意生4观点）：人都有自己不知的一面，在别人面前承认自己有所不知，这很正常，谈不上"勇"。

生6（同意生4观点）：人总是习惯于掩饰自己的"不知"，敢于承认自己不知的确很勇敢。

师：对刚才几名同学的回答，你们有什么看法？

生7："勇不勇"因人而论，对自尊、胆小的人来说就是勇，反之就不是；但他敢于说出自己不知，不虚伪，不做作，这是做人的真实，是"真"也。

师：因人而论，很有见地。其他同学还有补充意见吗？

生8：是"德"也。有"知之为知之，不知为不知"的勇气，我说这是一个人的美德，他可以非常真实地活着。

师（小结）：看来，孔子要免费收你们做徒弟了，如果知道两千年后有这么一群出色的后生，他老人家要颔首称赞了。

2. 深度教学的意义获得

随着教学改革的深化，走向知识的"意义世界"成为教学的必然追求。知识的"教育立场"注重把握知识的文化性和价值性，超越单一的"工具理性"观念，把知识与人类的境遇、命运和幸福关联起来。[①] 按照郭元祥教授的分析，知识具有三个不可分割的组成部分，即符号表征、逻辑形式、意义。在知识的内在结构中，符号是知识外在表达的存在形式。而逻辑形式是知识构成的规则或法则。意义是知识的内核，是内隐于符号的规律系统和价值系统。只有把握住符号、逻辑形式、意义之间的内在关联，才能从整体上理解知识和掌握知识。[②]

知识的意义体现着特定文化的价值观念、思维方式、情感态度和生存境遇。揭示知识的意义有利于提升学生的文化理解力和包容力，培养学生对自由、平等、正义、尊严等民主社会的价值观念和情感态度的认同。通过文化的开启，学生可以学习到如何生活、如何做人，包括他们的理想、信念、精神境界、道德情操、人格魅力、生活方式以及人生观和价值观，等等，也让学生真正懂得人为什么要毕生追求真善美的东西。

3. 课堂生成的价值感悟

"生成"的意思是某物从不存在到存在，从存在到深化的过程。课堂教学的生成性早已受到许多研究者的重视。叶澜教授说："教师只要思想上真正顾及了学生多方面成长，顾及了生命活动的多面性和师生共同活动中多种组合和发展方式的可能，就能发现课堂教学具有生成性的特征。"[③]

在课堂教学中，"教"的方面可能生成的是某种课程资源、某种教学活动过程，而"学"的方面，则主要是生成对所学内容的种种意义方面的领悟。我国道德教育研究专家威立国曾讲过，"意义即价值"。实际上，这些由实体性知识引起或触发的意义领悟不仅是一种"开掘"，有时甚至"超越"知识本身，如产生对人生的哲思、价值的追问、生活的思考、社会的关切、美善的

① 赵汀阳. 长话短说 [M]. 北京：东方出版社，2001：189.
② 郭元祥. 知识的性质、结构与深度教学 [J]. 课程·教材·教法，2009 (11).
③ 叶澜. 让课堂焕发生命的活力：论中小学教学改革的深化 [J]. 教育研究，1997 (9).

追求以及自我的审视等，其发生的心理机制也不只是推理或迁移，还可能有联想、启示、感悟、创生等。这些伴随知识生成的意义，会深深烙印在学生意识中，甚至成为终生的价值与道德信条。

事例点击

回到自我的审视

有一次，在上"水质污染对植物生长的影响"的活动课时，我在课前准备了一些相关资料制作成演示文稿，准备一边播放一边讲解。结果课刚上一半，学生们的反响就非常激烈，并且讨论的主题也转移了。

生1：老师，我们每天用餐巾纸，要浪费很多纸呢。

生2：我每天在小摊上吃早饭用的全是一次性的筷子。

生3：还有修正液，那股味道可难闻了。

生4：对对对，还有那个圆珠笔芯，同学们用完了都随手一扔。

生5：这有什么，我每天洗澡还要用掉很多水呢。

生6：我妈才浪费呢，晚上家里每个房间的灯都开着。

听到这里，我心中为之一动，活动课的最终目的，除了教会学生操作技能和科学知识以外，更重要的是应该使学生了解正确的生活方式，树立科学的环境观。因此，我立刻因势利导，激发学生进行关于生活与环境的探讨。

师：非常好！大家的环境危机意识很强，那么，我们可以从身边的小事做起，并在日常生活中转化为积极的行动，投身到保护家园的活动中。我们能够为环保做些什么呢？请同学们讨论一下。

生7：我以后要节约用水，用妈妈洗菜的水来冲马桶。

生8：我要把家里的废电池收集起来，分类放到垃圾箱里。

生9：我再也不用一次性的筷子了……

师：同学们说得都非常好！这只是一小部分，我相信你们能够想到和做到的会更多。地球只有一个，生命只有一次，只有我们都从自我做起，从小事做起，我们的地球家园才会变得更加美好！

二、 教学活动的道德陶养

在课堂学习中，课程内容只有经过教学活动这一中介才能转化为学生的精神财富。教学活动的过程要选择一定的方法和形式。从教学的方法和形式来看，教育和教学都是道德事业，不仅具有道德的目的，而且必须以道德的方式进行，即"以善致善"。教师因此是道德主体，教师的教育实践是道德性的实践，教师的日常教育行动必须有道德原则的约束，必须符合道德要求，必须承担道德责任。[①]

（一）交往互动的师生关系

西方哲学家哈贝马斯认为，人类的存在并非以独立的个人为基础，而是以"双向理解"的交往为起点，在建构社会结构体系的同时生成个体人格，使每个人过上一种有意义的生活。

1. 教学交往具有道德属性

教学活动过程是师生交往互动、共同发展的过程。这种交往有不同于一般人际交往的地方，它是以促进学生发展为目的、以人类的文明成果（课程）为中介的一种社会性相互作用。而道德的产生和发展也正是这种交往的性质（民主、平等、友善、关爱、相互尊重和真诚合作等）所孕育的。

教学交往有一系列的特点：

从交往的目的看，交往双方都是"自觉"的，其目标主要指向促进学生的全面发展，教师发展则是由这一目标派生出来的。从交往的主体看，学生与教师都是活动的主体，他们在人格、权利和自主性方面是"平等"的，但

[①]　金生鈜. 何为好教师［J］. 中国教师，2008（1）.

在信息的拥有和交往中的作用方面却又是"不对等"的。从交往的内容看，其主题是被"规定"了的，具有教育性和"规范"意义的，因此，教学的交往是以教材为"话题"的师生相互作用。从交往的结构看，这种交往常常是有计划的、相对"有序"的，或者说，是被精心组织起来围绕一定目标而展开的。

可以说，这种具有社会性的交往关系，实质上是一种道德关系，其伦理内涵是十分明显的。

2. 师生关系蕴含道德价值

以交往互动为特征的教学活动赋予师生关系一种新质。教师的多元角色带给学生一系列的道德体验（如下表所示）。

表 2-1　课堂道德交往中教师的多元角色列举①

道德价值	教师角色	要点	学生的体验及可能成效	期望传达的道德品质
真诚	榜样	将自己真实的一面展示给学生	归属感、感同身受	真诚
平等	伙伴	平等对待学生；为学生提供平等的机会	安全、分享、自尊	平等
尊重	聆听者欣赏者	重视学生当下的感受；不伤害学生的自尊心；给学生以更多的自主权	自由表达意见、敢于质疑、独立见解、责任感	尊重
公正	提问	将评价的原则、立场、理由向学生公示	安全感、正义感	公正
宽容	引导者导师	将学生的错误看作其成长过程中的正常现象；为学生的成长"留有时间"	合作意识、创造力	宽容

① 朱小蔓.关注心灵成长的教育［M］.北京：北京师范大学出版社，2012：33.

续　表

道德价值	教师角色	要点	学生的体验及可能成效	期望传达的道德品质
同情	关怀者照顾者	丰富的情感，为处于困境（学习、心理、交往等方面）中的孩子提供帮助	依恋感、关注他人、感恩	同情
关爱	赞助者激励者	表扬与批评对事不对人；称赞只指向德性本身	感恩、积极改正、不骄傲	关爱

3. 学习共同体促进道德养成

课堂中的交往互动推动教师与学生形成学习共同体。这种学习共同体基于合作又超越合作。"如果说合作学习是学习策略的选择，那么学习共同体则关乎学习文化的重建。"其文化取向体现在以下方面：推动学校或班级成员成为积极的行动者；促进学生对学校和班级的归属感和关联感；促进权利与责任的分享；重视差异的价值。[①] 显然，这种课堂学习中的社会性安排，对培育和养成集体主义的道德意识和道德行为具有重要作用。

（二）教学对话的价值承载

对话在一般意义上指人们的言语交流，但在特定的语境中它有更深的内涵。按照雅斯贝尔斯的说法，"对话是真理的敞亮和思想本身的实现"，是一种"在各种价值相等、意义平等的意识之间相互作用的形式"。对话是一种平等、开放、自由、民主、协调，富有情趣和美感，时时激发出新意和遐想的交谈。

---

① 赵健. 学习共同体的建构 [M]. 上海：上海教育出版社，2008：46，25-27.

对话被克林伯格视为优秀教学的一种本质性标识。① "对话是一种融教学价值观、知识观与方法论于一体的教学哲学，对话教学是师生基于关系价值和关系认知，整合反思与互动，在尊重差异的前提下合作创造知识和生活的话语实践。该实践旨在发展批判意识、自由思想、独立人格、关心伦理和民主的社区。"② "对话性使得价值、善、真理都是显示在对话过程中的……在对话性教育共同体中，这些价值渗透在教育的各个方面，展现着自己的视野，求教者进入到教育生活中，他自己的成长视野相遇着教育中的价值，从而使得个人的成长向着价值去创造自己的精神。"③ 对师生而言，对话的价值承载更为具体。

事例点击

充盈着民主、平等、尊重精神的对话教学
——特级教师高万祥教作文课"如何谦让"

下面是选自特级教师高万祥给学生上作文课"如何谦让"时的一个片段。

上课后，高老师首先对学生说道："同学们，小学我们学过'孔融让梨'的故事，但大家知道这则故事的关键在哪个字眼上吗？"

学生们异口同声地回答道："让。"

"好，同学们，千百年来，'孔融让梨'的故事一直流传下来，成为谦让品德的典范。如今社会竞争非常激烈，有人认为还需要谦让精神，有的却认为谦让'落伍'了，再也不能适应社会了。那么，我们到底还需不需要谦让精神呢？同学们可以各抒己见，尽情回答。"高老师看着大家说道。

同学们都认真地思考起来，有些人甚至还露出了担心的表情。

过了一会儿，第一名同学说道："当今社会还需要谦让精神，有谦让才能适应社会。比如，开学发新书时，往往都会有一两本破损或起皱的。如果同学们没有谦让精神，人人都不要破皱的书，那么这本破损或起皱的书怎么处

---

① 钟启泉. 对话与文本：教学规范的转型 [J]. 教育研究，2001.
② 张华. 对话教学：含义与价值 [J]. 全球教育展望，2008 (6).
③ 金生鈜. 规训与教化 [M]. 北京：教育科学出版社，2004：201.

置呢？幸好有些同学站起来说：'老师，请把那本书给我吧！'所以，社会需要谦让精神。"

第二名同学则提出了不同的意见："我反对。在公共汽车上，你把座位让出来给老人、孕妇坐，反倒被一些不讲礼貌的人抢先坐下了。这种谦让还有什么意义呢？"

第三名同学说道："学习成绩在班里名列前茅的同学，你能对他说'请把你的名次让给我'吗，或者说'我的第一名这次就让给你了'？这明摆着是不可能的。因此说，谦让精神已不适应社会的需要了。"

第四名同学说道："我觉得这个观点应该看环境而定，有些无所谓的小事可以互相谦让，但是在一些重要的事情上，就必须寸土必争。比如在学习上，就应该展开竞争，这样才能起到互相促进的作用。"

第五名学生说道："我认为当今社会竞争很激烈，但是无论在学习上、工作上、社会上都需要这种'谦让'的美德。学习上有了谦让才能互相促进，共同进步，否则就可能会故步自封；工作上有了谦让则能更好地开拓事业，没有它便会争个鱼死网破、两败俱伤；社会上有了谦让，便能推进社会文明的进步，没有它整个社会则无法发展，不进则退。"

高老师又问道："对于谦让，大家都抱有不同的意见，那么我们又该如何来解决关于这个'度'的问题呢？"

这时，有一名同学说道："我认为这应该视具体的对象而定。我以前看到过这样一个故事：

三个中国人正在打篮球，这时有四个美国人跑来要与他们三对三地对打比赛。显然，四个美国人中有一个人只能站在旁边观看，他们没有说谁不应该上场，而是主动地拿起篮球站在罚球线上准备投篮，结果投中的三个人参与比赛，没投中的人就自觉地退到一边观看，这个过程中他们一句话也没说，但很自然地解决了谁该上场、谁不该上场的问题。大家既不需要违心地谦让，也避免了因激烈竞争而伤害友谊。

所以，我觉得有时当你不知道是否该谦让时，就可以找一个裁判或者旁观者，来帮助你解决这个问题。"

高老师听后，对大家的回答非常满意，欣慰地说道："同学们能踊跃发言，各抒己见，这真是太好了！大家都能开动脑筋想问题，由一个问题延伸到另一个问题上，特别是有很多同学能很全面地谈论带有现实意义的社会问题。不过，老师想补充一句，竞争和谦让精神并不矛盾，竞争中你大可当仁不让，但竞争无论如何激烈，都必须学礼、识礼、守礼，方能提高效率。无论你持有的是什么样的观点，只要能言之成理，自圆其说，就可以形成一篇好的文章。今天，我们的作文题目就是'谈如何谦让'。"

说完，同学们都开始认真地写了起来。

1. 信任与尊重

弗莱雷认为，对人的信任是对话的先决要求。如果"离开了对人的信任，对话就不可避免地退化成家长式操纵的闹剧。能够把对话建立在爱、谦逊和信任的基础之上，对话就变成了一种水平关系，对话者之间的互相信任是逻辑的必然结果"[1]。在教学过程中对话所体现的不仅仅是一种教学的民主与平等，更能投射出人与人之间的尊重与理解，体现出一种教学伦理关怀，彰显着一种教学道德精神，或者其本身就意味着一种道德教育理念。[2] 伯布尔斯认为："作为交流过程的对话概念是与在讨论中包涵、尊重和关心自己的合作者的价值密切相关的。它意味着人人平等的精神和对他人观点的开明态度是值得欣赏的。"[3]

2. 关爱与悦纳

爱集中表现了对话教学的关系性质。爱世界、爱人类的过程即与世界和人类展开对话和交往的过程。弗莱雷指出："如果没有对世界、对人类的深爱，对话就不可能存在。""爱既是对话的基础，同时又是对话本身。""爱是一种对他者的投入、奉献与责任。爱是一种充满勇气的行为、勇敢的行为和

---

① 保罗·弗莱雷. 被压迫者教育学 [M]. 顾建新，赵友华，何曙荣，译. 上海：华东师范大学出版社，2001：40.

② 黎琼锋，何洪. 对话，不仅仅是对话 [J]. 全球教育展望，2009 (10).

③ 王向华. 对话教育论纲 [M]. 北京：教育科学出版社，2009：10.

自由的行为。爱是负责任的主体的必要任务，它不可能存在于主导关系之中。"① 在对话中关爱必须是真诚的，这是布贝尔对于对话态度的一个要求：真诚意味着我们在交流与当前主题相关的信息和感情时是直接的、诚实的和坦诚的。我们努力避免虚假的外表形象或"看起来是"实际上却不是的什么东西，把通过不恰当或欺骗作用所形成的交往最小化。

关爱在教学中经常表现为一种悦纳的态度和谦虚的精神。"自满与对话是不相容的。"对话作为那些投身于学习、于行动这一共同任务的人之间的接触，如果对话双方（或一方）缺乏谦逊，对话就会破裂。弗莱雷强调："在接触这一点上，既没有安全的无知者，也没有完美的圣贤；他们只是一些一起努力，学会比现在懂得更多东西的人。"②

3. 生成与创造

鲁洁把创造性看作人的一种德性，认为创造在于对美好生活的追寻和不断赋予生活以新的价值和意义，创造的本质就是给予。在她看来，教育所要敞开的创造性的"要义在于：促使人去过一种创造性的生活，是在养成一种对待整个生活的积极、肯定的创造性态度，是在使创造性人格得以普遍生成"。对话最有利于"敞开"创造性。从词源学上分析，对话本来就有"意义之流动"的意思，这就促成课堂教学中师生的参与和意义分享，从而萌生新的理解和共识。所以国外有学者指出："对话是一种创造行为；决不能将之用于一个人主导另一个人的老谋深算的工具。为世界命名，即一种创造和再创造的艺术。"③

"对话性沟通超越了单纯意义的传递，具有重新建构意义、生成意义的功能。来自他人的信息为自己所吸收，自己的既有知识被他人的观点唤起了，这样就有可能产生新的思想。在同他人的对话中，正是出现了同自己完全不同的见解，才会促成新的意义的创造。"④ 在对话精神的指引下，教师与学生、

---

① 黎琼锋，何洪. 对话，不仅仅是对话 [J]. 全球教育展望，2009 (10).
② 黎琼锋，何洪. 对话，不仅仅是对话 [J]. 全球教育展望，2009 (10).
③ 鲁洁. 创造性是人的一种基本德性 [J]. 教育研究与实验. 2007 (5)：1-3.
④ 张华. 对话教学：含义与价值 [J]. 全球教育展望，2008 (6).

学生与学生，就教学内容进行平等交流、真诚沟通，互相借鉴，取长补短，在合作的氛围中，各自生成或建构了自己的认识和知识，整个教学过程充满了创造色彩。

事例点击

营造宽容悦纳的心理氛围

一次，上海特级教师于漪讲公开课，学习《宇宙里有些什么》。课程讲解一段时间以后，她让学生看看书，提提问题。

这时，一个学生站起来问："课文中有这样一句话，'这些恒星系大都有一千万万颗以上的恒星'，这里的'万万'是多少？"话音刚落，全班学生都笑了。问问题的学生很后悔，责怪自己怎么问了一个这么蠢的问题，谁不知道"万万"是"亿"呢？没等老师让他坐下，就灰溜溜地坐下了，深深地埋下了头，懊悔自己不该给老师的公开课添这样的麻烦。

于老师笑着说："这个问题不用回答，可能大家都知道了。可是我要问：既然'万万'是'亿'，作者为什么不用一个'亿'字，反而用两个字'万万'呢？谁能解释？"教室里静了下来，学生们都在思考。

于老师的学生毕竟是养之有素的，随即便有人举手。于老师叫一个学生站起来回答。学生说："我也不太懂，不过我想说说看。我觉得用'万万'读着顺口，还有，好像'万万'比'亿'多。"于老师说："讲得非常好，别的同学还想说什么吗？"当于老师确认没有不同看法后总结说："通过对'万万'的讨论，我们了解到汉字重叠的修辞作用。它不但读起来响亮，而且增强了表现力。那么，同学们想一想：我们今天这个知识是怎样获得的呢？"全班学生不约而同地将视线集中到刚才发问的学生身上。这个学生如释重负，先前那种羞愧、自责心理一扫而光，仿佛自己一下子又聪明了许多。

（三）练习作业的意志磨砺

练习作业是课堂教学活动的重要组成部分。在课程改革的背景下，课堂作业具有提升课程意义的重要作用。作业已成为学生成长的"履历"，激发着学生成长的积极感情、态度、价值观，每次作业都成为学生成长的生长点。学生在生成问题、解决问题，又不断生成问题、不断解决问题的探索中成长；在知识的不断运用中，在知识与能力的不断互动中，在情感、态度、价值观的不断碰撞中成长。可见，作业是学生具有鲜明的价值追求、理想、愿望的活动，作业应当成为学生课外、校外的一种生活过程和生活方式，学生对待作业的态度也就应该成为一种生活态度，让学生在做作业的过程中体验幸福和快乐、苦恼和辛劳。[1]

1. 锻炼意志品质

道德教育是引领学生向善的过程。但是，"善的问题并不是一个人能力或才能的问题，而是一个意愿或意志的问题，或者说，善的问题是应然问题，而非实然问题。因此，道德行为不是有没有能力去做的问题，而是愿不愿意去做的问题"[2]。我国学者赵志毅教授强调，人的道德行为的价值，在于道德行为的意志；意志自律是道德教育的最终目的。德育的根本在于意志力的培养，在于使学生认同，形成一种责任、一种指向灵魂的"善"，在道德行为中依据主观的道德法则拥有道德判断及道德选择的能力。[3]

我们知道，课堂练习作业是学生应当担负的、最经常、最直接的课业任务，需要学生按时地、保质保量地和持之以恒地去完成。在这一过程中，不可能不遇到客观上的困难，不可能毫无意念方面的干扰。对于学生来说能够日复一日地克服内外的困扰，需要增强动机，需要意志努力，需要行为自律，这无疑对他们自觉性、坚毅性和持久性都是一种最好的锻炼。

2. 增强责任意识

培养学生的社会责任意识是当前学校德育的紧迫任务。黑格尔曾讲过："道德之所以是道德，全在于具有知道自己履行了责任这样一种意识。"但正

---

①　王培峰，于炳霞. 面对新课程，作业怎么做 [N]. 中国教育报，2003-04-05.

②　苑秀芹. 康德的实践理性与道德原则 [J]. 咸宁学院学报，2001 (3).

③　赵志毅. 德育的"意志"转向 [J]. 教育研究，2012 (2).

如有研究者所指出的，道德责任感的培养既需要外在良好的制度依托和舆论氛围，更需要教育活动的主动介入和个体实践的主动参与，其主要生成路径是外在规范与内在自觉的统一，理性认知与实践体验的统一。[①] 学生练习作业正是以规范的要求与自主履行为特征的。

道德责任本身具有层次性，在逻辑上可区分为对自己的责任、对他人的责任、对社会的责任、对国家的责任、对人类的责任和对生态的责任等。在这些责任意识中，对自己负责是责任教育的起点。因为只有对自己负责的人，才能是一个对自己置身于其中的各种关系持积极的负责态度的人。

3. 获得情感体验

练习作业是学生亲历亲为的一种自主践履，会使学生获得多方面的体验。心理学认为，体验有三个特征，即情感性、意义性和主体性。体验是一种全身心"卷入""浸入"学习并在亲身经历中感悟的心理活动，是在丰富的、真实的情境生成中的心领神会。学生获得切身体验，即唤起求知的热情、领略知识的意义、推动行为的投入。体验以生活经验为基础，立足于精神世界，个体对事物的意义进行自我建构，是"对经验带有感情色彩的回味、反刍、体味"。它通过个体的想象、移情等使经验生命化和个性化，"在体验世界中，一切客体都是生命化的，都充满着生命的意蕴和情调"[②]。体验具有过程性、亲历性和不可传授性，是充满个性和创造性的过程。

体验不仅是道德行为产生的动因，而且体验的内容，如义务感、理智感（对认知和真理的渴求）、美感（对艺术美、社会生活美和行为美的领会）都是道德的内生要素。

[①] 梅萍. 现代价值困境与道德责任感的培养 [J]. 教育科学研究，2009 (8).

[②] 石欧，侯静敏. 在过程中体验 [J]. 课程·教材·教法，2002 (8).

三、 学习环境的道德涵育

学生总是在一定的社会环境中生活和学习，并且在同环境的互动中建构起自身的道德观念和行为。环境也是"发展性"德育中情感机制的有机组成部分。这里的环境是指个体之外的大大小小的社会共同体，小到一个班组、家庭，大到国家、民族。这些大大小小的社会共同体为个体所提供的足够的、支持性的道德环境，是德性发展的重要保障。个体在环境所构成的生存状态，以及个体对此适应所带来的情绪上的感受，是德育的重要前提和条件。如果提供了支持性的道德环境，他就表现为顺遂，当然这是指比较健康和公正的社会环境对于同样健康的道德需求的满足。人在好的生存关系中容易产生出安全、依恋、归属、自信、自尊的生活感受，而这些感受构成了他德性成长的基础。[①]

课堂作为学生经常生活于其中的重要环境，对学生的德性形成具有不可忽视的作用。

（一）制度情境的道德规约

制度是社会环境的重要组成部分，制度作为一种文化存在，也可以视之为文化情境。制度的存在与运行总要体现一定的道德标准和伦理精神。"每一制度的具体安排都要受一定的伦理观念的支配，制度不过是一定伦理观念的实体化，是结构化、程序化的伦理精神。"因此，制度环境的建设必然被赋予伦理思想和道德观念，体现着"驱恶""扬善"的道德评价功能，接受道德的监督与评价。[②] 总而言之，制度之于道德教育，既是合伦理性又是合目的

---

① 朱小蔓. 关注心灵成长的教育 [M]. 北京：北京师范大学出版社，2012：65.
② 冯永刚. 制度道德教育论 [M]. 北京：北京师范大学出版社，2011：64.

性的。

1. 德性制度的教化

有研究认为，道德教育通常由两部分构成，一部分直接由教师实施，另一部分由制度情境来实施。德育不仅仅是由人做或负责的，还是受某种超主体的匿名过程约束或推进的。或者说，道德教育过程在根本上是一个社会过程。[①] 要使制度成为道德养成的载体和手段，首先要求制度本身是善的、合伦理的、合规律的，杜时忠教授把这称之为"制度德'性'"，认为"制度德性比个体德性更具普遍性，制度德性是个体德性的基础和前提"。[②] 也可以说，制度德性是建立制度或制度安排的普遍要求。

制度可划分为两个层次：广义地说，制度是协调人与人、人与社会、集体之间行为规范和准则的总和；狭义地说，是指人们的日常行为规范。课堂教学中的规章制度通常是指后者。作为一种文化的表现形式，它将人类积累的道德经验、道德信息等道德知识通过规章、守则、条例等表现出来，并通过修订和补充推动道德知识的除旧布新。我国的《学生守则》和《中小学行为规范》就体现了这一点。其很明确地表达一系列的道德观念和道德要求，如文明、守礼、友善、尊重、诚信、负责、勤奋、自觉等。这些规定清晰地界定了是非、美丑、真假、善恶的衡量标准和评价准则，规定了个体权益和责任的边界，为个体提供了何者可为、何者不可为的界限，有利于澄清人们在道德问题上莫衷一是的认识，使人们对道德和非道德、是非真伪等问题的判断逐渐明朗化。研究表明，用制度德性来培养个体的德性，方可引发人们对制度文化的认同感与归属感，才能使个体将外在的制度规约和内在的道德自主有机地结合在一起，实现制度教化和德性培育的统一，达成外在规范和内心遵从的共契、融通与合一。[③]

2. 行为规则的内化

制度包括了规则及其运行。"制度是系列非正式规则和正式规则及其实施

① 康永久. 制度情境：隐形的德育力量 [J]. 中小学德育，2013（3）.
② 杜时忠. 制度德性与制度德育 [J]. 教育研究与实验，2002（1）.
③ 冯永刚. 制度道德教育论 [M]. 北京：北京师范大学出版社，2011：49.

机制的有机结合物"。也就是说，有了系列的规则，还得靠一种机制来付诸实践。所谓机制，一般是指各个部分之间的相互关系及其运行方式。从课堂中规则实施的情况看，系列的规章制度总是镶嵌于日常的学习生活中，经过"认知—践履—评价—调节—修订"等循环往复、螺旋上升的过程而逐步精细化和习惯化的。当一定的行为规则或规范在不断的练习和反馈中成为个体的习性时，外在的规则就会转变为内在的品质（内化），这时也就获得道德上的"自由"。

行为规则的内化会促进一个人对现实的态度形成。态度内含认知、情感和行为三种成分。它是在生活际遇中习得的对特定事物做出行为选择的有组织的内部状态或反应倾向，其形成机制大体为"奉行—认同—内化"。按照克拉斯沃尔的分析，态度是从"接受（注意）"开始，经过"反应""评价""组织"而达到"性格化"的。其实，这种对态度达成目标梯次的解析，可以为促进规则内化提供一个具体操作的参照框架。

3. 纪律秩序的强化

纪律是维护课堂秩序并要求集体成员都必须遵守的规定。纪律在课堂运行中具有基础性、保障性作用。从育人的角度说，纪律具有五个方面的功能：一是促进学生个性社会化，使学生了解在各种场合赞同或默许的行为是什么。通过这样的教育和训练，学生逐渐掌握行为规则，学会自律，学会调节自己的言行以适应学校和社会的要求。二是培养学生良好的个性品质。它可以培养学生的独立性、自觉性、自控性、坚持性、忍耐性等个性品质。三是有助于形成道德责任感。通过课堂纪律管理，学生逐步把外部的道德要求化为自己的道德需要，有助于形成道德责任感和义务感。四是稳定情绪、降低过度焦虑。严格而自觉的纪律是学生产生情绪安全感、消除惶惑和浮躁行为、降低过度焦虑的重要条件。五是集体主义的养成。纪律是集体的面貌、集体的声音、集体的美妙、集体的活动、集体的姿态和集体的信念。集体中的一切，归总起来，都摆脱不了集体的形式。

纪律是一种美德，也是一种道德教育手段。法国社会学家和教育家涂尔干认为，"调节行为乃是道德的一种根本的功能"，因此他把纪律视为"强有力的"，"无与伦比的道德教育手段"，他甚至断言，"纪律就是道德"，"纪律是教室的道德"。① 在涂尔干那里，纪律，指他律的道德，是道德内在的底层；而由道德价值观、道德规范转为行为习惯是从"纪律"发展到"自主"的过程，这一过程即社会道德内化的过程。在课堂教学中，纪律实施是在说理和训练的基础上，通过褒贬和奖惩，防控和抑制越轨，强化优良行为。

（二）管理行为的道德影响

课堂教学管理是指教师为保证课堂教学的秩序和效益，协调课堂中的人与事、时间与空间等各种因素及其关系的过程。课堂教学管理对实现教学目标既有"工具性"的意义，即起支持与保证的作用，同时还有"目的性"的意义，即它本身就是教育人、培养人的一种活动。学生在这种"潜在课程"中习得的是某种价值、精神与德性，如学会为人处世，感受民主与公平，体验和谐与美感等。

1. 机敏的群体调节

课堂教学管理面对的是学生群体。提出"涟漪效应"的库宁，强调课堂管理中教师有三种行为：目击者行为、复合行为、群体焦点行为。他要求教师以保持群体焦点为主，这可以通过使学生对学习处于积极状态和负责态度来完成。重要的是让每个学生都感到教师清楚每个学生的进步程度，并经由参加多样性活动把学生置于确保"成功"机会的长时段期待中。库宁的群体聚焦理论与群体过程模式可以说是异曲同工。群体过程模式认为，有效的课堂行为管理就在于创造一个拥有目标导向的、规范的、富有内聚力的群体。有了这个群体，就能实现两方面的行为管理功能：一是促进，即达成共识与合作，建立行为标准与合作程序，改进课堂条件和改变已建立的群体行为模式；二是维持，即维护课堂气氛、控制冲突和减少问题行为。

机构的群体内部调节要求重视人际沟通。人际沟通是指人与人之间为消

---

① 涂尔干. 道德教育［M］. 上海：上海人民出版社，2001：145.

除互动中出现的对彼此行为的不一致理解，增进相互谅解和达成共识而进行的信息双向交流。作为一种课堂管理策略，人际沟通的关键在于：积极地倾听，了解行为发生的真实原因；信任诉说者改进自己行为的能力，并让其承担起行为改进的真实责任。[①]

2. 有效的问题处理

课堂管理要直面课堂中出现的各式各样的问题，特别是学生的问题行为。这些问题常常是认识问题、品行问题和心理问题交织在一起，教师应辨明其原因有针对性地处理。由于课堂问题的出现具有突发性、同时性、干扰性等特征，教师需要以一种道德上负责任的方式、着眼于引导去积极地加以化解。

首先，多法并举。学生违反课堂规则往往有多种原因，解决问题就应多法并举。美国心理学家林格伦认为，课堂纪律可分四种类型：教师促成的纪律，集体促成的纪律，任务促成的纪律，自我促成的纪律。教师应综合地、有机地运用各种方式。课堂中的行为有积极的、中性的和消极的，也应分清轻重缓急，区别对待。

其次，最小干预。最小干预原理由斯莱文（R. E. Slavin）提出。他认为，当正常课堂行为受到干预时，应该采用最简单的最小值的干预纠正违规行为。如果不起作用再逐步增加干预值。例如，发现学生开始对上课失去兴趣或者开始走神的时候，教师首先可以提供"情境帮助"；如果学生不久又走神了，教师可以选择"温和反应"；如果"温和反应"仍无效，教师可以采用"中等反应"；如果以上反应方式都不能奏效，这时候教师才能采取"强烈反应"。

最后，促进认同。提出"现实疗法"理论的美国心理学家格拉塞提出，学生的不良行为就是学生未能获得成功认同的直接结果。学生认同过程中，透过自己与他人的关系及自己对自己的看法，会产生成功或失败的感觉。他人对自己的爱与接纳程度会直接影响自我认同。被爱与被接纳则易获得成功的认同。为了在课堂中获得成功的认同，就必须发展社会责任和个人价值，

---

① 李森，潘光文. 行为分析理论视角下的课堂管理策略［J］. 课程·教材·教法，2003（1）.

而社会责任和个人价值是学生与其同伴及成人之间良好关系的结果。因此，教师要利用学生的点滴进步和某方面的优势行为，为学生提供成功经验，培养学生集体的悦纳意识和发展眼光。

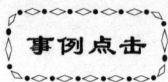

事例点击

用活动增强实践的能力
——放错地方的资源：垃圾[①]

学生虽然对生活垃圾有不同程度的认识和了解，但是在中小城市，整个居民的环境意识差，生活垃圾对生活、工作的影响大，而学生基础不均衡，家庭条件悬殊。所以，在设计教学活动时，教师结合当地的教学资源和学生实际，决定采取开放性可选择的学习方式，让学生依据自己的实际情况来研究探讨"垃圾—资源"的关系。

"调查取证环节"是为了引导学生收集垃圾，认识垃圾。我们以往的做法是帮助学生设计好调查表，让学生以小组为单位到自己所在的家庭和小区去调查，完成调查表。而本次活动为了能让学生更加充分地认识到垃圾的来源广泛，亲身体验垃圾对我们生活和学习的影响，教师决定帮助学生根据自己的家庭条件选择适合自己的调查取证方式来完成调查表格的填写。如有的同学家有数码相机，就可以利用它来拍摄自己所在家庭和小区的垃圾来源情况；有的同学家有摄像机，就可以采用摄像的方式把垃圾现状展现给大家；有的同学家庭条件不好，可以通过样本采集的方式把相关的垃圾样本带来。这样，让小组都来直观感受垃圾来源的广泛。通过开放可选择的学习方式，教师为学生展示了一个立体的自由的空间，学生主动学习和自主学习的意识增强了，不再是被动地完成调查表来应付作业。调查活动的结果是资料充实，大量的数据和充分的图像、实物给学生最直接的视觉冲击——垃圾的量一下子便在学生眼前呈现出来。这种来自学生自己手头的材料最真实，也最具有说服力、感染力，达到了相互的教育和自我教育的目的。

---

① 华国栋. 差异教学策略 [M]. 北京：北京师范大学出版社，2009：326-327.

"个性化的展示"彰显了学生多元智能的特色。在深入研究的过程中学生明确了垃圾是可以利用的资源。教师引导学生利用手头的一些资料来搞创意。为了能开发学生的多元智能，教师没有对材料的选择以及设计方案做出任何暗示和规定，而是让学生依据自己的爱好、优势、特长来选择材料、设计利用的思路。同样一张旧挂历纸，在不同小组的设计中呈现出不同的思路：有的同学擅长绘画，就设计出一幅粘贴面；有的同学擅长手工，就制作出了一个个精致的笔筒和宝塔……

"创新实践显奇才"，在"我为社区献计策"环节，我们指导学生把课堂上形成的"垃圾是资源"的意识应用到实践中去，帮助家庭和社区设计垃圾处理、利用方案。由于实际运用中学生能力的差异可能会造成不同的效果，所以我们在活动前就建议学生在实际运用中一定要发挥自己的特长，能绘画的可以为社区提供图画，能制作实物的可以把作品样本提供给相关部门，实在不行的也可以口述自己的想法，让他们结合建议来施行。结果令老师们出乎意料，反馈的信息是孩子们的创意很有前瞻性，富有想象力。

这一案例利用社区开放的教育环境和资源，尊重学生的不同智能特点，引导学生自主学习探究，培养学生解决实际问题的能力，同时在此过程中增强了学生为社区服务的意识。

（三）心理生活的道德浸润

课堂是师生的一个生活空间，课堂生活属人类生活实践总体中的一种生活，主要是一种精神生活、心理生活。叶澜教授说："教师和学生的学校生活大量在一节节课中度过。他们在其中创造和收获，感受成功的喜悦，经受失败的挫折，慢慢积淀着难忘的同学缘和师生情，且滋长着对日常生活之外广袤的天地和世道人事的向往，增强着坚持的意志和成长的力量……这是课堂生活给予'在其中者'心灵的终身馈赠。"①

---

① 叶澜.课堂教学过程再认识：功夫重在论外 [J].课程·教材·教法，2013 (5).

1. 和谐的心理气氛

心理氛围是一种看不见却笼罩在课堂上的精神环境，突出表现在课堂的社会交往和心理反应之中，如拘谨程度、灵活性、焦虑、教师的控制、主动性以及激励作用，等等。课堂气氛由师生之间、学生之间的情感交流与认知活动构成，它既反映了师生关系的性质，又影响着师生关系。不同的班级有不同的课堂气氛，即使同一个班级，也会存在不同的"气氛区"。

课堂心理气氛是道德关系的反映。一般情况下，课堂心理气氛可以分为积极的、消极的和对抗的三种类型。积极的课堂心理气氛的特征是：课堂纪律良好，师生关系融洽、友善；学生学习责任感强，精神饱满，积极思考，反应敏捷，发言踊跃；课堂呈现热烈活跃与严谨祥和的景象。消极的课堂心理气氛的特征是：课堂纪律问题较多，师生关系疏远、冷漠；学生无精打采，反应迟钝，多数学生处于被动应付教师的状态；不少学生做小动作，情绪压抑等。对抗的课堂心理气氛的特征是：课堂纪律问题严重，师生关系紧张；学生兴奋过度，随心所欲，各行其是；教师上课时常被学生打断或不得不停下来维持课堂纪律，基本上是一种失控的课堂状态。

2. 深切的人文关怀

教育作为一种人性提升的活动，必须以人为本，以人的发展为依归，充满一种人文关怀。我们知道，美国教育家内尔·诺丁斯曾提出一种以关怀为核心的道德教育理论，他认为，所有的教育行为过程和方法都应具有道德性，即关怀性。诺丁斯指出："关怀是一种'投注或全身心投入'的状态，'即在精神上有某种责任感，对某事或某人抱有担心和牵挂感'。关怀意味着对某事或某人负责，保护其利益，促进其发展。"[①]

诺丁斯在关怀教育上提出的具体做法包括：教育的目的应当是培养有关怀意识和能力的人，尽可能让师生、生生相处在一起；放松控制的冲动；让教师和学生更多地自己做出判断；教师不必为教学成功而无所不知；把专业定义得更为宽泛实用；鼓励自我评价；让学生参与管理自己的教室和学校；

---

① 侯晶晶. 关怀德育论 [M]. 北京：人民教育出版社，2005：65.

为所有学生提供出色的、丰富的、有深度的课程；每天至少有一部分时间从事关怀主题；自由讨论现存的问题，包括信仰问题；帮助学生以道德的方式彼此相待，给他们实践关怀的机会；帮助学生理解团体和个人如何产生对立和敌对，使他们学会如何"站在双方的立场上"解决问题；鼓励学生关心动物、植物、自然环境以及人类创造的物质、精神文明的世界；帮助学生深切地关心自己的思想；告诉学生在任何领域的关怀都需要有能力；关怀意味着责任，发挥我们的能力，使接受我们关怀的人、物或思想观念从中受益；关怀绝非可有可无，它是人生中牢固而富有弹性的支柱。[①]

① 朱小蔓. 关注心灵成长的教育 [M]. 北京：北京师范大学出版社，2012：191.

第三章

课堂教学的信息资源管理聚焦哪些环节

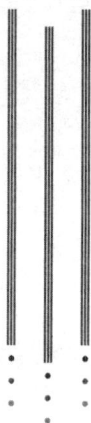

课堂教学中的信息，包括认知信息和管理信息。其中的认知信息，主要是从人类文化宝库中选取出来的课程内容。课堂教学中的信息管理主要归结为对教学内容的管理。

　　信息是一个社会概念，它是社会共享的人类一切知识、学问以及从客观现象中提炼出来的各种消息的总和。信息有六大特征，即可扩充性、可压缩性、可替代性、可传输性、可扩散性、可分享性。

　　课堂教学中的信息，包括认知信息和管理信息。其中的认知信息，主要是从人类文化宝库中选取出来的课程内容。有的学者认为："教学内容是贮存于一定媒体中有待加工转化为教学目标的信息。"其外延相当于课程改革中提出的"课程资源"的概念①。这里，我们不妨将课堂中需要传递的信息简化为"教学内容"，这样更贴近教学实践。在教师的日常用语中，教学内容指向的就是"教什么"的问题，"是各门学科中特定的事实、观点、原理和问题，以及处理它们的方式"。教学内容中最基本、最重要的一部分是"教材内容"。因而，课堂教学中的信息管理，就主要归结为对教学内容的管理。

　　有研究者认为，教师对教学信息的编码主要有如下三种形式，它们共同构成一个完整的教学信息编码系统。

　　一是知识信息的加工。

　　教师根据教学任务和学生实际把教材编码转换为教学工作计划和教案的内容。这实际上是对由一定文字、符号和逻辑构成的知识做出的主观设计，并以适当的语言和逻辑顺序做一次改造。这种编码要求教师明确教学目的和要求，准确理解教材内容，熟练掌握学生身心特点、发展水平和状态。对教学信息编码的突出要求是"清晰明了"。

　　二是活动信息的形成。

　　教材或教案都是知识信息的静态集合，要使教学信息产生效用，还在于要把静态信息编码成动态信息，课堂交流是实现这一过程的主要环节。对形成活动信息的编码过程的突出要求是"生动易懂"。

　　三是效绩信息的体现。

　　教学信息编码的目的就是要有效地促使信息交流的双方获得最优的效绩。教师要不断地根据课堂教学信息反馈，有效地控制和调整教学信息的发送，保证课堂交流的顺利进行和教学任务的圆满完成。这个教学信息编码过程的

---

　　① 王小明. 教学论：心理学取向 [M]. 上海：上海教育出版社，2005：148.

突出要求是"切实有效"。

一、 课堂教学信息的加工处理

教学活动是一种信息传输的活动。在教学过程中，传播者教师首先要准备好需要传递的信息，并将这些信息进行编码。再把信息内容转换为可以传递的信号（如口头语言的声音，书面形式的板书，体态语言的动作与表情，以及图像信号、挂图、投影、幻灯片等），通过一定的媒体传递出去，使各种信号作用于接受者学生的感官（眼、耳等），到达他们的大脑。在这里，接受者要首先进行译码，把接收到的信号还原为信息内容，然后理解这些内容，并进行编码，将其纳入自己的知识系统。至此，完成一个单向的信息传递过程。

教学过程不同于一般的传播过程，要使教学获得预期的效果，还必须采用多种方法使学生参与到教学中来，让他们对所传递的信息内容做出反应，以便了解信息被接受的程度。教学过程正是教与学双边相互作用的过程。

教师在教学活动中的信息传输，首先要依赖教师对所传递的信息进行加工处理，即通常所说的教学设计。然后，在课堂中以教师与学生相互作用的形式进行信息的交流，这个过程即课堂教学。教师必须采用一系列有效的教学行为方式（如导入、讲解、提问、板书、演示、变化、反馈、调节、组织管理、结束等），以提高信息交流的效率。最后，还应对信息传输的效果进行测量、诊断和评价，采用回授或补救的措施。

（一）课堂教学信息的解码

解码或译码，通常是指对信息的理解或分析。课堂的教学信息是蕴含在教材内容中的，所以解码的过程其实就是研究教材的过程，这也是对课堂教学信息做好加工处理的前提。

　　教材是部分课程内容的物化形态，是学生借以获得课程经验的中介和手段。从不同角度界定的"教材"概念，可以概括为：①旨在构成课程而选择出来的具有文化价值的信息性素材；②在教学过程中运用的具有教育价值的信息性素材或选择出来的具体材料。为了让学生有效地掌握教材中最重要的信息，教师要认真钻研教材。

　　新课程借鉴了国际上通行的"标准取向"或"标准驱动"型改革策略，根据国家对不同年龄段学生在某方面的素质要求，制定了各学科的课程标准，并推行"一纲多本"的教科书编写制度。同时，"教材"也不限于"教科书"，还包括其他的课程资源。这对我们研究教材提出了新的要求。

1. 逐步深入

　　教材中蕴含的教学信息，需要信息的传递者步步深入地研究。研究可分三步走：

　　第一步，通过读教科书，了解教材体系的安排，掌握教材的内在联系，研究它的科学性、思想性和系统性，以便向学生传授规律性的知识。

　　第二步，根据各部分教材的不同性质和特点，将基础知识和基本技能进行初步排队，确定整个教材的重点、难点和关键。

　　第三步，通览课本的插图、例题、练习、实验、注解、附录和索引等，研究教材的深度和广度，明确哪些内容尚缺乏完整性，需要补充；哪些内容应当进一步拓展，需要强调其特殊性；哪些内容还需要进一步探讨，加深认识；对学生进行怎样的思想教育，发展什么能力等。

　　从要求上看，钻研教材要达到懂、透、化。

　　一是"懂"。"懂"就是对教材的基本思想、基本内容、基本概念，以及每字、每句都弄清楚。

　　二是"透"。"透"就是对教材不仅要懂得，而且要很熟悉，能够融会贯通，运用自如。这就要求对教材进行精读细钻。

　　三是"化"。"化"就是教师的思想感情同教材的思想性、科学性"融化"在一起，这如同蜜蜂酿蜜一样，是一个消化吸收的过程。到了"化"的境界，整个教材内容已经了然于胸，变成了有机整体。

　　总之，钻研教材要做到既能钻进去，又能走出来。钻进去，就是要领会教材的精华，全面、准确地掌握教材的知识内容；走出来，就是要全面审视、整体把握，做到讲课时能够深入浅出、左右逢源、灵活运用。

2. 多点透视

教材携带的信息具有多方面的含义与功能，需要教师多角度地把握。其中最重要的是以下三个方面：

首先，把握教材的地位和作用。分析某段教材在全局中的地位和作用，以及这段教材对后续学习的影响，这段教材对形成学生认知结构、训练技能和发展能力、培养品德的作用。

其次，通晓知识的结构和特征。从教学信息的构成看，任何教材都储存着三类认知信息：知识性信息，这是人类认识成果的总结与概括；结构性信息，反映知识信息之间的联系；方法性信息，知识创造与知识学习的过程和方法。进一步从知识自身的类型看，我们所教的知识有陈述性知识（"是什么"与"为什么"的知识）、程序性知识（"怎么做"的知识）、策略性知识（"怎么做得更好"的知识）。这些都需要教师了然于胸。

最后，确定教学的要求与要点。确定每段教材的教学目的，一方面必须按课程标准、教科书和学生的实际情况确定每课时的教学要求；另一方面，要有发展观点，即同样的内容在不同教学阶段其要求是不同的。

此外，还需找出教材中最基本、最主要的具有统摄性、概括性，能举一反三、广泛迁移的知识（重点）；学生难以理解、掌握和运用的知识和复杂技能（难点）；能"牵一发而动全身"，对知识与技能的掌握和后续学习最有影响的知识（关键点）。

3. 任务分析

任务分析是在研究课程内容和学生情况后，对完成教学任务所必须掌握的先决条件进行的分析。它要解决的问题是：确定完成新的学习任务所必需的学习准备；分析从学生已有的学习准备到完成新的学习任务之间要铺垫哪些过渡性的目标或从属性的技能，才能逐步"逼近"目标；分析先前获得的哪些智慧技能（特别是概念和规则的学习）可以支持新的学习任务的完成。任务分析中，一般将为达到终点目标而必须先行掌握的过渡性目标称为"使能目标"。

教学任务分析是一项复杂的教学设计技能。如果说教学任务分析是教学过程的"路线图"，那么要绘好这张"图"，教师可以从以下几方面操作：①首先确定具体清晰的终点目标。②接着提问："为了达成终点目标，必须先掌握哪个过渡目标？"③再提问："为了掌握这个过渡目标，必须先知道什么或先会做什么？"如此逐级推演，一直到找出全部过渡目标和先决条件为止。④按照"终点目标—过渡目标—先决条件"的层级进行排序。⑤考虑用什么样的方法、途径才能最有效地完成每项学习任务。⑥根据学生的起点行为确定"可能的教学起点"。从以上操作中我们可以看到，教学任务分析比以往单纯确定教学重点和难点的做法更为全面和科学。

事例点击

吃透教材，吃透学生实际

我们这学期教《聪明人和傻子和奴才》，这是选自《野草》的一篇散文诗。根据写作当中"对话"对人物性格塑造的作用和教材本身的特点，我选定教"对话"。我做了这样一个开头，我说："京戏是很讲究脸谱的，脸谱的颜色、线条都很讲究。比如，红脸表示赤胆忠心，如关公；黑脸表示憨直无私，如包公；白脸表示内心奸诈。由此可见，肖像描写对揭示人物的思想性格是很有作用的。"紧接着，我巩固学生的旧知识，谈了《孔乙己》中的肖像描写对刻画人物性格的作用。然后说："艺术的高手不用肖像描写，只用人物对话也同样可以起到揭示人物思想性格的作用。鲁迅先生的《聪明人和傻子和奴才》就是如此。它没有一笔肖像描写，哪些人是高的、矮的、胖的、瘦的、男的、女的，读者都不知道，可是通过对话描写，我们对奴才毕竟是奴才，傻子的可爱和他的不足，聪明人的可憎，完全都清楚了。"接着我让学生读一读这篇课文中的三场对话，了解什么是个性化的语言，咀嚼体会，从中受到启发。

[选自于漪《语文教苑耕耘录》（有删改）]

胸有成竹，水到渠成

如何在上课前做到胸有成竹，著名特级教师徐斌"解决问题的策略"一课的教学片段为我们提供了很好的借鉴。

"解决问题的策略"一课的教学重点是如何教会学生解决问题的策略。虽然问题的数量关系不是很复杂，但问题情景中呈现的信息比较多，学生难以理解，需要学生先进行整理，然后选择相关的条件进行解答。徐老师是怎么教学生解决问题的策略的，又是怎样进行数学思想方法渗透的？请看下面的一个教学片段：

师：刚才在解决问题时，在寻找有关条件时要注意什么呀？

生：要注意其中的隐藏条件。

师（点点头）：对，有时候条件还需要经过转化。

（出示书上的题目）

一个足球56元，一个篮球48元。我带的钱正好可以买6个足球或8个排球。一个排球多少元？如果都买篮球能买几个？

（同桌之间商量，并进行计算）

师：56元是一个足球的价格，6个是足球的个数，$56 \times 6 = 336$，算出来的也应该是足球的钱，怎么又变成是老师带的钱呢？

（学生也急了，争着说明理由）

师：哦，336元既可以表示6个足球的钱，又可以表示8个排球的钱，也就是老师带的钱。我们把这样的信息从足球的钱变成老师带的钱，再变成买篮球的钱，经过了——

生：转化。

师（继续）：你还能补充吗？

生：336除以48没有学过，但是可以先除以6得56，再除以8得7。

师：好！你回答得真好！老师把掌声送给你！那么，同学们，今天我们学习了解决问题的策略，主要应用了怎样的策略？

生（齐声）：列表。

师：那么，你们觉得用列表的策略解决问题的时候要注意些什么呢？

生1：要注意隐藏信息。

生2：要选择相关信息。

生3：要注意互相对应。

生 4：还要注意转化信息。

（学生叽叽喳喳，讨论很热烈，感触很……）

（刘沁秋）

（二）课堂教学信息的处理

在现代文化的背景下，教材是教师为实现一定教学目标，在教学活动中使用的，供学生选择和处理的，负载着知识信息的一切手段和材料。从表现形式上讲，它既包括以教科书为主体的图书教材，又包括各种视听教材、电子教材，以及来源于生活的现实教材等。

随着新课程的发展，教材的观念出现新的转向，这种转向的根本特征是"范例性"，即把教材看作引导学生认知发展、生活学习、人格建构的一种范例，而不是学生必须完全接受的对象和内容。它是引起学生认知、分析、理解事物并进行反思、批判和建构意义的中介，是案例或范例。因此，新课程的教材观念强调教材是学生发展的"文化中介"，是师生进行对话的"话题"。师生进行教学活动的目的不是为了记住"话题"本身，而是为了以话题为中介进行交往，获得发展。因此，对教材中存在的信息进行一定的选择、增补和调整，也就成为课堂信息管理重要的一步。

1. 认真选择

选择的目的是把握精义和凸显要点。教学内容的选择应该注意以下方面：

· 内容质量

要达到"四性"，即科学性，教学内容必须是正确反映客观规律的知识；目标性，必须围绕教学目标选择教学内容；启发性，教学内容必须具有启迪智慧、开发智力的价值；思想性，要尽量选择对学生思想品德有积极影响的内容。

· 内容深度

要求立足于目标，把高难度与量力性有机结合起来。内容的深度是学生通过努力可以接受的，使其成为学生可以消化的精神食粮，成为他们智力持续发展的催化剂。这样，学生在学习中才会有一种"跳跳摘果子"的满足感和成功感，从而不断激发兴趣，追求成功。内容太深、太浅都无法激发学生的学习热情，难以调动他们的积极思维。

· 内容广度（容量）

要求围绕目标，把"博"与"精"有机结合起来。所谓"博"，要求教学内容的选择不仅限于既定教材，还要适当加以延伸、补充（包括理论联系实际、丰富学生表象、增加感性材料、恰如其分地比喻等），使其尽量宽广一些，让学生在课堂里有一种充实感、生动感和趣味感；所谓"精"，要求教学内容的选择必须是经过精心筛选的，使其具有基础性、范例性、结构性和典型性，这是教学内容的重点所在，掌握这些内容可以使学生取得以纲带目、以简驭繁的效果。

2．注意增补

教材内容的增补实质上是整合和开发课程资源的问题。在通常情况下，教学时要考虑增添和补充的材料有以下几类：

· 背景性材料

当学生缺乏某种相关的知识就难以理解某一教材内容的来龙去脉或事理依据时，教师要介绍或指导学生觅取与阅读有关的背景性知识。有时，一些特殊的名词、术语也应补充解释。

· 经验性材料

学生自身的表象和知识储备是学生掌握书本知识的基础。当学生对教材内容比较陌生时，教师要引导学生调动头脑中的表象，积聚有关的现象事实，联系学生的生活经验和体验，促进书本知识与学生经验的相互作用。经验性材料还包括一些实际事例。

· 活动性材料

提供各种使教材内容活动起来的操作、游戏、演练等形式。

· 练习性材料

主要是使学生巩固知识并形成熟练的各种变式作业和实际操作性训练。

· 扩展性材料

旨在促进学生延伸学习、开阔眼界或进行自主探究、合作学习的各种课内外联结为一体的材料。

3. 合理调整

教材内容的调整是指在教学过程中对教材做某种小的变动，进行教学时，应尽可能考虑得周详一些。

· 顺序的调整

一是课本中已有的内容，或因安排欠妥，或因叙述混乱，需要进行调整或剪裁，使之前后连续、条理分明、层次清楚，符合逻辑顺序。例如，旧人教版初中语文第一册（1987—1988 年）写景单元安排了五篇课文，先后顺序是：《春》《济南的冬天》《海滨仲夏夜》《香山红叶》《野景偶拾》。按照一般思路，是从第一篇依次教起，然而有些教师却做了灵活变动：《春》→《海滨仲夏夜》→《香山红叶》→《济南的冬天》（《野景偶拾》是课外自读课文）。这样，按照春、夏、秋、冬季节的自然变化编排教学顺序，既顺应了学生的认知心理，又有效地发挥了单元教学的整体功能，是教师创造性教学的体现。二是为了内容的完整。如高中地理"地球的运动"一节中，"四季更替"这一标题及其中的内容与"地球运动的地理意义"这一标题是并列的，为了内容的完整，应当把"四季更替"归纳到"地球运动的地理意义"之中来讲。

· 时间的调整

例如，教育科学出版社出版的三年级上册《科学》教材中有《蜗牛》一课。按照正常进度一般排在 10 月左右，但 10 月的北方已经较难找到蜗牛了，可以将这一教材的教学时间提前。

· 方式的调整

例如，某科学教材在对学生使用温度计的方法进行说明时，列举了"平视，看好刻度，准确读出"等要素。教师在实际教学中发现，眼睛平视，看刻度，读刻度，一定要等水银柱不再上升后再进行。"水银柱不再上升后"是一个重要的条件要素，必须提醒学生。这说明我们的教师在教学中应该时刻树立通过自己的实践来验证、完善教材的意识，要克服权威定式中对教材、教参、教研员和专家的依赖，实事求是，勇于思考，勇于创新。

·素材的调整

例如，股票指数走势图对于没有炒过股的大多数教师来说是陌生的，农村学校的学生更找不到感觉，因此许多教师把它改成本地气温变化曲线图，或改成本校历年初中招生人数折线图等，这样做既贴近了学生的生活实际，又打破了学科界限，扩大了学生的知识面。在教"立体图形的展开图"时，有教师到学校附近的包装印刷厂搬来包装盒的半成品让学生折叠操作，把课堂的数学与生活中的数学紧密相连。在教"生活中的轴对称"及其他几何图形时，许多教师充分利用学校的多媒体、网络资源辅助教学。学校的校情校史、乡土地理、人文景观等都成为可利用的教学资源。

（三）课堂教学信息的加工

对课堂教学信息的加工，是为了使教材中存储的信息更好地为学生所内化，真正变为他们的精神财富。

学生对教材的理解是一种认知加工的心理历程，这一心理活动的历程包括感知、记忆、想象、思维等一系列活动。

施良方教授指出："学生在教学中的认知加工，是由学生认知加工系统与课程和教学的相互作用而组成的。"只提供课程信息而不提供任何教学线索，学生无疑也能学到一些信息，但是如果在传递课程信息时辅以教学线索，就可以提高学生认知加工的质量。施良方教授曾在《学生认知与优化教学》中对教学过程中学生的认知学习提供了一个模式，这里略做修改，如图 2-1 所示。

课堂教学环境

课程		教学
组块		与目标有关的线索
序列		适应计划的线索

学生的任务
学习课程
使用教学的线索

认知加工系统

感觉系统		感应系统	
记忆系统		加工系统	
场所	内容	内容	过程
短时记忆	概念	目标	注意
长时记忆	命题	计划	编码
			复述
			联结
			监控

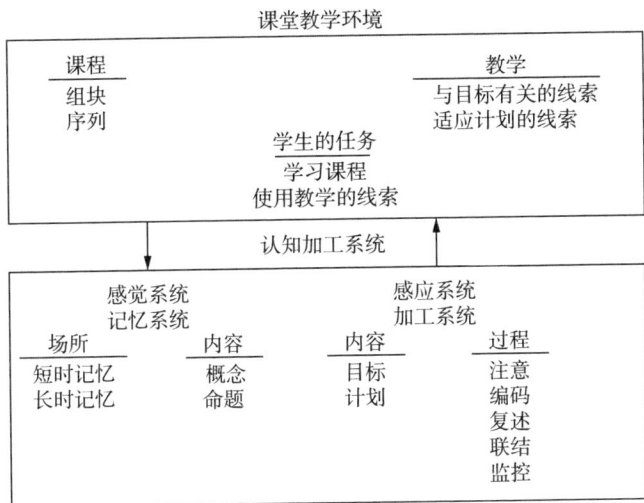

图 2-1　教学过程中学生的认识学习模式

1. 提高可懂程度

学生已有的知识经验是其学习新教材的基础。为了让学生能够很好地理解新教材，教师要善于激活与新教材相关的知识信息，通过"从已知到未知，从旧知引新知"，使学生的已有知识经验从大脑库存中迅速地提取出来，接近将要学习的教学内容，并活跃地进行新旧知识的相互作用。对教材内容的预热，很重要的一点就是要从学生已有的知识中找出学习新知识的支撑点，通过复习、揭示、蕴含、铺垫、引申等方式，激活那些与学习新知识有关的旧知识，促使其建立起稳固的联系。

· 提供进行预习的线索

教师可以在学习新课前布置预习任务，并给予指导提示或给出预习提纲，让学生写出预习所得，在课文中做出标记，提出疑难问题……总之，要让学生养成一种自学和预习的习惯。

· 定向积累相关的信息

这通常是指导学生通过有目的的观察、调查采访、实地踏勘、动手实验等实践活动来获取新内容学习的相关经验，也可以充分利用学校的图书室、实验室，以及校外的青少年活动基地、儿童之家、博物馆等社区资源，或者上网搜集有用信息，作为学习新知识的储备。

·引导学生尝试和探索

教师有时可以通过学生的尝试性练习，通过主动地涉及一些与新学习内容有关的活动预热，使学生在探索中有所获取，有所体验，有所发现。

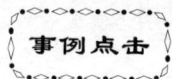

事例点击

活用教材，使学生学会探索

教学"按比例分配应用题"时，我在讲解例题前先在黑板上出示一道复习题："小营村有耕地100公顷，种植小麦和玉米，玉米的面积是小麦的2/3，玉米和小麦的面积各是多少?"然后将问题改为："你能通过计算来说明其中两个数量间的关系吗?"学生读题后，我鼓励他们抢答。在学生说出了近10种数量关系后，又让他们思考：(1)各种数量关系的异同点；(2)从中你发现了什么?学生各抒己见后得出结论：比和分数可以互相转化。接着我要求学生把题中小麦和玉米的公顷数用比来做条件改编应用题，成为例1。有了前面的探究基础，对于例1的分析解答学生便迎刃而解。在得出多种不同解法后，又让学生比较各种解题思路。这样，学生既掌握了解题方法，又拓展了思维。

教师只是对复习题的问题稍稍改动，使之成为开放式问题，就充分调动了全体学生主动思考、探索、创新的积极性，教学过程便发生了质的变化，有旧知的回顾和应用，有新知的猜想和探索，学生创新能力的培养就得到了有效的保证。

2. 发掘情感因素

情感是学习的一种动力，也是兴趣的基础。苏联教学论专家休金娜曾经说过："如果认识活动是枯燥的、纯理性的，缺乏深刻的印象、满足感和智力活动的快乐，那么这种认识活动的发展性意义就是不完备和不充分的。"正因为如此，苏联教育家苏霍姆林斯基、斯卡特金、奥舒尼克等都把培养人的精神需要、认识兴趣、智力情绪和学习态度看作教学的重要目标和要求。从智能发展的角度来说，诚如皮亚杰所言："情感的发展和智力机能的发展是紧密吻合的，因为它们是动作的两个不可分割的方面。"表达最高平衡状态的理智乃是智力与情感的重新统一。

· 激起情感共鸣

许多教材中都融会了作者丰富的思想感情，这些教材内容中的显性情感因素能激起学生的共鸣，形成正确的价值倾向。无论是喜、怒、哀、乐，还是优美、壮美或者崇高的感情，都会对培养学生具有社会性的高级情感产生积极的影响。如果能够展示课程内容中这些直接抒发的情感，就可能激起学生对真、善、美的追求，对高尚理想的向往，就可以唤起人的本质力量，不断超越自我。

· 揭示情感意蕴

当教材中的情感因素未能直接表述和倾诉出来，而只是潜藏于字里行间，隐匿于事件、实例、数字和道理的背后时，我们应当充分发掘和利用这些情感因素，全面实现情感态度目标。例如，史地类教材内容需要客观、公允地记录有关资料，真实地反映客观事实，但编写者在记叙历史事件、人物，以及描述地理面貌、资源时，总会有一个基本的态度和立场，这便使其在撰写有关内容时不免将有些情感渗入事实陈述之中。这种情感虽不洋溢于字面，却已隐含于句后。又如，自然科学中发明创造的过程与意义，科学家的际遇与奋斗等，无不富含情感教育的价值。这些都需要教师或点染，或感慨，或寓情于说理，或抒情于议事来启发学生。

· 重视"寓情于境"

俗话说，"情由境生"。根据教材内容的特点，运用一定的情境氛围，可以使学生产生一系列的情感体验，促进学生智力情绪的发展。苏联教育家巴班斯基在谈到"教学上的感情刺激方法"时说："艺术性、形象性、鲜明性、趣味性、惊奇、精神上的感受可以使一个人情绪兴奋。情绪兴奋可以激励人积极地对待学习活动，这是形成认识兴趣的第一步。"他建议教师采用能激发学生认识兴趣的心理效应的方法，如内容、形式和方法的"新颖效应"，不同看法的"冲突效应"，出乎意料的"惊奇效应"等。

· 诱导智力情绪

智力情绪是学生从事学习活动过程中产生的情感体验，是指向智力活动本身或由认识活动唤起的情绪状态，如获得知识的满足感、成功感，对新颖事物的惊奇和激动，追求真理时的兴奋和坚定等。在教学设计中，教师要对教材内容进行情趣化加工，激发学生的好奇心和求知欲，使之变成学习的兴趣和要求。

事例点击

深情学习《十里长街送总理》

《十里长街送总理》这篇课文，以饱蘸深情的文字，抓住人物的神态、动作和心理活动，逼真地再现了1976年1月我们敬爱的周总理的灵车经过北京长安街时首都人民与周总理告别时的感人情景，抒发了亿万人民衷心爱戴和深切怀念周总理的思想感情。

有位教师在教这一课之前做了大量工作：让学生阅读有关周总理的故事书，组织观看电影《周恩来》，让学生搜集有关周总理的图片，并将图片贴在教室墙上展览……在学生了解了周总理，对周总理产生由衷的崇敬之情以后，他才教这一课。因此，一上课，同学们就入境动情，仿佛自己就是长安街上送灵人群中的一员。

课文的最后一节，情感达到高潮，是这样写的：

灵车缓缓地前进，牵动着千万人的心。许多人在人行道上追着灵车跑。人们多么希望车子能停下来，希望时间能停下来！可是灵车渐渐地远去了，最后消失在苍茫的夜色中了。人们还是面向灵车开去的方向，静静地站着，站着，好像在等待周总理回来。

这位教师是这样教这一节的：

师：（声音低沉、缓慢，语调充满哀伤）灵车缓缓地前进，渐渐地远去，它牵动着亿万人民的心！当时究竟是怎样一种情景呢？你们都出生在敬爱的周总理逝世以后，没有目睹那催人泪下的场面，但是电视屏幕可以把我们带到1976年1月11日的长安街上。（播放人民群众在长安街上送总理灵车的实况录像）

（学生看得很投入，有的噙着泪水，有的流下眼泪）

师：（含着泪，悲切地）同学们，此刻，你就站在为总理送行的队伍里，看到灵车载着总理的遗体渐渐远去了，你会怎么想，怎么说，怎么做呢？

生：（含着热泪，动情地）我会挥手喊着："灵车啊，你再慢一点儿，让我再看一眼周总理!"

生:(泪流满面地)我追着总理的灵车跑了很远很远,边跑边喊:"周爷爷,您最关心我们少年儿童了,您不能这么早就离开我们!"

生:(泣不成声地)"周总理,我们的好总理!我们不能没有您,全国人民不能没有您啊!"

师:(流着泪,动情地)同学们,让我们带着对总理的一片深情来读最后一节吧!

(学生们很投入地练习朗读)

师:谁能读出自己的真情?

生:(含着泪读)"灵车缓缓地前进,牵动着千万人的心。许多人在人行道上追着灵车跑。人们多么希望车子能停下来,希望时间能停下来!(读到"希望时间能停下来"时,学生停住了朗读,流下了眼泪。教室里,好几个同学在抹眼泪。停了五六秒钟,学生继续流着泪往下读)

生:(泪流满面地)"灵车缓缓地前……(读得缓慢而充满深情,读到最后,泣不成声。教室里,响起一片抽泣声。教师和许多同学都在流泪,听课的教师也在流泪)

生:(流着泪深情地背诵)"灵车缓缓地前进……(背到"静静地站着,站着,好像在等待周总理回来"时,声音颤抖。他泪流满面地背完后,仍沉浸在悲痛中)

师:(见许多同学举手)想读的同学就直接站起来读吧!会背的就背。

生:(全班同学都站起来,深情地、缓慢地、轻声地背诵起来)"灵车缓缓地前进……(全班同学表情悲伤,有将近一半的同学是流着泪背完的)

3. 融进操作活动

新课程倡导学生"主动参与,乐于探究,勤于动手",强调要转变学生的学习方式,引导他们自主、探究、合作学习,这对教学设计中提高教学内容的操作化水平提出了新的要求。心理学大师皮亚杰把获取知识的活动分为两种——以内在心理活动为特点的"逻辑运算"和改变客体的"经验活动"。他还认为,正是这两种活动"构成了我们科学知识的起源"。所以,在现实的活动中,人的内心活动与行为操作是相互联系和相互作用的两个方面,它们统一于同一活动的过程之中。提高教材内容的操作化水平，就是围绕教材内容，综合运用包括语言交流在内的动手操作、体验、模拟尝试、社会实践、角色仿效等各种方式，将"操作—动作"结构转化为内部的预演规则和认知图式。

· 重视在"做中学"

通过精心设计，引导学生动手、动口、动脑，在做中学、用中学，使知识内化为学生头脑中的经验，这在新课程实施中具有十分重要的意义。教材内容的操作化，其实就是将那些能够让学生通过活动操作而掌握的知识尽可能地编织在一个有序的活动中，用"动"的方法来转化"静"的知识。

· 设计模拟与尝试

在书本知识的学习中，有时设计一种模拟生活原型的情境，让学生承担其中的一个准角色，推动他们置身于其中去完成假设的任务，这样做既可以唤起学生亲近生活的感受和介入生活的积极性，又能在张扬自我天性的活动中内化知识和技能，发展智慧和人格。美国学者乔伊斯、威尔把这种做法归入社会交往教学模式，意在以生动的、与社会生活相接近的形式，有效促进学生分析和解决问题能力的形成与发展。有时，也可以引导学生在讲授以前进行尝试性的学习与探索。

· 强调亲力亲为

教材内容是人类社会历史实践的概括和总结。这些抽象化的规律性的知识常常需要学生以亲身经验与体验来支持、充实和补充才能获得真正的理解，也才能变得真切、有魅力和有意义。所以，在一堂好课的内容设计中，要尽可能地为学生的亲力亲为提供机会，促进间接经验与直接经验的相互融合。

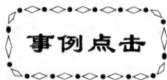

事例点击

促进学生行为投入　多种形式表征内容

—

著名特级教师李吉林教古诗《宿新市徐公店》用板画诗意的方法，发挥形象思维来读懂课文，便是"寓讲于画"的生动教例。

师：请你读读诗，想一想，如果概括诗意作画，画面上要画些什么。

生：要画篱笆。

师：篱笆画得密一点儿还是松一点儿？要说出理由。

生：要画得松一点儿。因为诗中说"篱落疏疏"，"疏疏"就是不密的意思。

生：还要画小路。

师：为什么要画小路？要画一条什么样的小路？

生：要画一条细长的小路，因为是"一径深"。

学生们个个跃跃欲试，还有的说，树上只画些小树枝，树下要画些落花，因为是"树头花落未成阴"。讲到画面上要不要画蝴蝶时，学生们争论得更有趣了。一个说："要画蝴蝶，不画怎么说明'儿童急走追黄蝶'？"一个说："不画蝴蝶，诗中已经说了'飞入菜花无处寻'。"为了帮助学生对诗的意境理解得更深些，李老师给出提示："注意是'追黄蝶'，而不是'追蝴蝶'。"一个学生从中得到启发，说"飞入菜花无处寻"是因为菜花是黄的，黄蝶也是黄的，分辨不清哪是黄蝶、哪是菜花，所以还是要画蝴蝶的，不过要画在菜花丛中"。又有一个学生补充："蝴蝶最好被菜花遮住一部分，露出一点儿翅膀，就更有意思了，也才能表现出'飞入菜花'中'入'的意思。"

二

一位教师在教学《中国石拱桥》时，课前让学生准备一块长方形的硬纸板和两个硬纸板做成的桥墩。上课时，首先让学生自行动手做实验：先让学生把纸板平放在两个桥墩上，然后再放上文具盒，"桥"塌了；接着教师让学生把纸板弯成弧形后再放在桥墩上，然后放上文具盒，"桥"没有塌。这一实验让学生自己得出了"拱桥比平桥结构坚固、形式优美"的结论。在这样的情境下再去学习茅以升的《中国石拱桥》，自然驾轻就熟，容易了许多。

二、 课堂教学信息的展示呈现

所谓"课堂教学信息的展示呈现",是指课程内容用什么方式展示在学生面前。这既指教科书呈现课程内容的方式,也指教师在教学情境下怎样创造性地使用教科书、组织教材,并以有利于学生学习的方式呈现课程内容。随着新课程的实施,按照国家课程标准编写的新教材一改过去那种以现成的、不容置疑的定论方式把课程内容给予学生、让学生接受的方式,淡化了教材的同质性和规定性,增强了挑战性、生成性和创新性,这样就为教师的教学创新和专业自主提供了极好的条件。

有学者指出:"在新课程标准与新教材之间,仿佛是一片不确定的开阔地,它让因循者困惑,但也让真正的改革者释放了智慧的源泉。"如今,课程标准不那么具体,不那么精确,却多了些弹性空间;教材也不再是经典,不再是记忆的库房,而只是教学使用的材料。"教材如同乐谱,标准却是音乐,背谱不等于音乐;教材如同建材,标准却是建筑,备料不等于房屋。"[①] "面对新课程标准,教师和学生不是'材料员',而是'建筑师',他们是材料的主人,更是新材料和新教学智慧创生的主体。"[②]

(一)呈现教学信息

把学生应当获得的信息呈现出来,以便于学生顺利地吸收它、储存它、运用它,这需要教师精心的谋划和切实的运筹。这项工作涉及许多方面,但从各种实践的结果看,在教师构想教学信息的呈现时,有三项操作是应当认真考虑的。

---

① 杨启亮. 课程改革:呼唤新的教学智慧 [J]. 江苏教育,2002 (9).
② 杨启亮. 教材的功能:一种超越知识观的解释 [J]. 课程·教材·教法,2002 (12).

1. 以旧知引出新知

"以旧知引出新知"这一古老的命题在当代学习理论中有了新的阐释。美国心理学家奥苏贝尔提出了"同化学习"理论，强调要使新知识与学生原有认知结构中适当的观念建立起实质性的、非人为的联系。他主张通过新旧知识的相互作用，使新概念"植入"到学生业已形成的认知结构中去。因此，应当通过对学生已有知识经验的提示、复习、导引、融通、会聚，促进新旧知识的相互联系、相互渗透和相互作用。这既巩固和整理了原有知识，又使原有知识得到了改造和发展，获得了新的意义。

苏联教育家苏霍姆林斯基曾经说过："教给学生能借助已有知识去获取知识，这是最高的教学技巧之所在。"因此，"新旧知识相互作用"的呈现教材的方法，已经超越了原来"复习"的意义，成为教会学生学习、学会获取新知识的一种重要方法。

2. 运用先行组织者

先行组织者简称"组织者"，是奥苏贝尔于 20 世纪 60 年代初提出的一个概念。根据奥苏贝尔的解释，组织者是先于学习材料之前呈现的一个引导性材料，它在概括和包容的水平上高于要学习的新材料，但它以学习者易懂的通俗语言呈现。它是新知识与旧知识相互联系的桥梁。按照奥苏贝尔的同化学习理论，在呈现学习材料时，要遵循概括水平由高到低不断分化的原则。同时，在分化的每一层次上，教师提供或由学生自己举出足够的事例证明，以保证每一层次的新知识综合贯通，达到充分巩固。"不断分化"和"综合贯通"是奥苏贝尔提出的两条重要教学原则。就其实质来说，这种策略属于一种演绎式学习的模式。

总体来说，先行组织者是一些陈述，这些陈述是在学习材料本身之前介绍的，并且是帮助学习者学习和保持新材料的。它为学生提供一个概念的构架，并把这节课的内容、观点、概念和事实，以一种有组织的方式放进构架中。

按照奥苏贝尔的提高教材可懂度的策略和技术，在教学过程中，可以用来组织教学信息的形式，可以是陈述式的，也可以是比较式的，还可以是模型式的。

事例点击

把题目或标题作为"组织者"

如教授《如果人类也有尾巴》时，我是这样导入的："同学们知道，很多动物有尾巴，有没有想过如果人类有尾巴会怎样啊？"学生的注意力一下集中起来。我又说："人类的尾巴该是什么样子的？我们可不可以让人类的尾巴也像动物尾巴一样有很多功用呢？我们要怎样打扮我们的尾巴呢？"同学们兴趣高涨起来，纷纷发言。

再如教授《基因畅想》时，我从克隆羊说到未来的转基因产品，然后说："让我们来畅想基因技术的蓝图。"学生发言也很积极。这样导入不仅极大地激发了学生的想象力，还培养了学生的创造性思维能力。

除了利用文章的题目直接导入外，我们还可以对标题进行换序、改词、扩充等来导入新课。比如教《济南的冬天》时，我问学生："'济南的冬天'和'冬天的济南'有什么不同？"这样就可以让学生加深理解文章写作的重点。再如教授《懒惰的智慧》时，我让学生把"懒惰的智慧"和"懒惰与智慧"进行比较，从而使学生明白文章的观点并不是反对勤奋，而是鼓励人们对身边的事情多思考，是鼓励创造。有些标题要让学生扩充，如教《小溪流的歌》时，我就在黑板上写下这样一道题："小溪流的歌是_____的，小溪流的歌是_____的，小溪流的歌是_____的，小溪流的歌是_____的。"然后对学生说："看谁写得最多。"学生就会带着问题有方向地阅读课文。

于漪老师说过："在课堂教学中，要培养激发学生的兴趣，首先应抓住导入课文的环节，一开课就要把学生牢牢地吸引住。课的开始好比提琴家上弦、歌唱家定调，第一个音定准了就为演奏和歌唱奠定了基础。上课也是如此，第一锤就应敲在学生的心灵上，像磁石一样把学生牢牢地吸引住。"

[摘自《传道：让教学更有效》]

3. 给出支持性素材

为学生提供一定的支持学习的素材而并不奉送某种现成的结论，这是一种促进学生学习，对给予的信息进行加工、提炼、概括的策略。美国著名学者兰本达教授讲的"材料引起经历"，其实就可以这样来施行。当然，这些素材都是精心挑选和组织起来的有结构的材料。很明显，这种教材呈现方式的着眼点并不在于要记取某种"定论"，而是要为学生从材料中去寻绎意义提供种种机会，让他们在对材料的思维加工过程中学会学习，发展其思考力。在国外的研究中，无论是布鲁纳等人的"概念获得"模式，还是塔巴的"概念发展"模式，都要通过提供素材去引起学生的推理。当然，这里的推理有别于奥苏贝尔强调的"具有同化新概念的上位结构"从而导致的演绎推理，素材处理策略更看重在归纳推理过程中学生得到的思维锻炼，以及由此进行的多向探究、发现。

素材处理策略呈现给学生的学习材料，从形式上看一般有两种类型。

第一种是积木式材料。这种方式所呈现的材料看似一堆散乱的"积木"，但其中却"隐藏"着共同的概念或原理。

第二种是案例式材料。案例学习是一种代理式学习，它早就在医学教育、管理教育等领域得到广泛应用。因为案例既有"情节"或"故事"，比较接近实践中的情境，又是精心加工和编选的典型实例，所以这种教材呈现方式颇能唤起学生探索的热情，发展学生思维的灵活性，同时有利于学习的迁移。当然，案例式的教材呈现也要求有与之相匹配的一套教与学的方式。

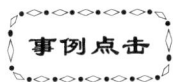

事例点击

为学生提供理解教材的相关信息

有的课文由于距离现代生活比较远，悟性较差的学生理解起来有一定的困难。对此，教师可以讲解写作背景，让学生根据当时的社会背景去理解文意。

例如，一位教师讲朱自清先生的《荷塘月色》。这是一篇优美的散文，可是这里却有许多疑团。比如，先生为什么要在深夜里独自出来走走？学生很快就说出了理由——"这几天心里颇不宁静"。但是，随后"他为什么心里不宁静，到底发生了什么事让他不宁静"这个问题却难住了学生，因为这个问题的答案是不能从课文中直接找到的。于是，这位教师为学生提示了一下朱自清写作时的社会大背景，一下子就把学生的疑惑全部消除了。

教师说："《荷塘月色》发表于 1927 年 7 月，作者时任清华大学教授，住在华西院，而文中描写的荷塘就在清华园。当时正值大革命失败，白色恐怖笼罩着中国。朱自清非常彷徨，当时他有三条路（参加革命、参加反革命、逃避）可以选择。最终，先生选择了暂时逃避，专心在家搞学术研究。可是，他毕竟是个爱国者，面对黑暗的社会现实，他怎么可能安心地在家搞研究？于是，他在一篇文章里写道：'这几天似乎有些异样，像一叶扁舟在无边的大海里，像一个猎人在无尽的森林里。心里是一团乱麻，也可以说是一团火。似乎在挣扎着，要明白什么，似乎什么也没有明白。'"

经过教师这样的提示，学生就理解了朱自清当时的那种不宁静实际上是他想超然而又挣扎的矛盾心情。

让学生事前搜集一些准备性信息

师：课前老师要求大家搜集一些含有百分数的资料，你们准备好了吗？我也搜集到几条消息，和大家先交流一下好吗？

（课件出示：消息 1：我国的人口约占世界人口的 22%。

消息 2：我国的耕地面积约占世界耕地面积的 5%。

学生齐读消息后，教师引导分析：从这两条消息中，你知道了些什么？我们应该做些什么？）

生 1：从第一条消息中，我知道了我国的人口非常多。

生 2：我感觉同人口相比，我国的耕地显得比较少，人多耕地少。

生 3：我认为我国耕地的人均占有量少，当前我们要特别注意保护好耕地，合理开发利用荒地。

师：最近詹老师又在报纸上看到另一则消息。看了这则消息你想说点儿什么？

（课件出示：消息 3：我国每年约有 0.02% 的土地被沙漠侵吞。附沙漠图片）

生：我认为我国的土地荒漠化情况非常严重，我们要保护环境，植树造林，防止土地进一步沙化。

师：你们知道哪些植物适合在沙漠环境中生长吗？

生：我知道，有仙人掌、胡杨、沙棘、骆驼刺……

（课件出示：绿丰农场在毛乌素沙漠进行种树实验，情况如下：）

树　　名	成活棵数
白　杨	18
胡　杨	22
沙　棘	46

师：看了上表，你认为哪种树最适合在毛乌素沙漠中生长？说明你的理由。

生1：我认为白杨最不适合在毛乌素沙漠中生长，因为这三种树中白杨成活棵数最少。

生2：如果三种树栽的棵数相同的话，沙棘成活的棵数最多，所以它最适合在毛乌素沙漠中生长。

生1（抢说）：我们目前还不知道这三种树分别栽种了多少棵，所以还不能确定哪种树最适合在毛乌素沙漠中生长。

（教师顺势出示完整的表格）

树　　名	成活棵数	种植棵数
白　杨	18	20
胡　杨	22	25
沙　棘	46	50

（要求4人一组讨论一下，看是否能够确定哪种树最容易在毛乌素沙漠中成活）

（二）展示教学信息

我们知道，新近的教学研究出现了一个很重要的走向，那就是为了便于教师的教学操作，尽量把教学原理与教学过程阶段的理论结合起来。其中最值得我们借鉴的是美国学者梅里尔的"首要教学原理"。梅里尔的首要教学原理包括五项：

- 当学习者介入解决实际问题时，才能够促进学习；
- 当激活已有知识并将它作为新知识的基础时，才能够促进学习；
- 当新知识展示给学习者时，才能够促进学习；
- 当学习者应用新知识时，才能够促进学习；
- 当新知识与学习者的生活世界融于一体时，才能够促进学习。

这五项原理中，中心环节是"展示"。从课堂信息管理的角度说，展示教学信息应当做些什么呢？

1. 提供例证信息

梅里尔在谈到展示信息时，特别指出，无论用什么方式，都应与学习的目标（即预期结果）保持匹配一致。他的具体要求有四个要点：①提供概念的正例和反例；②展示程序的递进逻辑；③尽量直观形象地提示出"过程"；④示范行为样式。他用了"刻画"一词来说明"充分展示"。梅里尔引证了一些研究表明：展示实例比仅仅呈现信息更有效，展示实例再加上练习提示比单纯操练更有效。[①]

另一位心理学家冯·梅里伯在回答"展示"问题时指出，首先呈现的应该是如何完成该任务的"工作样例"。随着学生学习过程的推进，还要及时呈现或展示其他信息，这包括依据具体情境需要的部分任务操练。对即时需要的信息而言，"展示"通常需要说明规则或程序如何应用，以及举例说明在解决问题中正确应用规则或程序所需要的概念、原理或计划。要向学生示范熟练的业绩表现者在解决问题中所使用的启发式方法。当然，应该指出的是，所有的展示都应该将学生置于完成整体任务或解决问题的情境中。[②]

---

① 盛群力，马兰，主译. 现代教学原理、策略与设计 [M]. 杭州：浙江教育出版社，2006：92，103.
② 盛群力，马兰，主译. 现代教学原理、策略与设计 [M]. 杭州：浙江教育出版社，2006：92，103.

用动画助理解

张老师在政治课堂上展示他用计算机制作的一组动画：一个壮汉用力拉住牛的尾巴，怎么也拖不动它，而一个小孩用绳拴住牛鼻子拉它走，似乎毫不费力。惟妙惟肖的画面和妙趣横生的动画效果活跃了课堂气氛，让学生的兴趣大增，使他们在愉悦的气氛中理解了"牵牛要牵牛鼻子""擒贼先擒王"的哲学寓意，并在此基础上进一步明确了在诸多矛盾中一定要抓住主要矛盾这一马克思主义辩证法的现实意义。张老师巧妙地用妙趣横生的动画引导学生进入对"解决问题的关键在于抓住事物的主要矛盾"这一主题的理解，并进而使学生较为深刻地理解了"主要矛盾和次要矛盾"这一抽象的哲学命题。

2. 注重问题链接

教育心理学家们提出的"以问题为中心"的设计，就是以"问题"的形式来组织教学信息。这一方式的特点在于呈现一个"问题"，或者附带呈现解决这一问题的线索。不管这个问题是用语言陈述的、模型表征的，是典型情境中的，还是结构不良的，总之，它是指向问题解决本身的。有了问题，就能激发"主动参与、乐于动手、勤于思考"的需要，就能唤起一系列的探索研究的行为。这些行为有的只是引起了一种对现有知识的有意义的接受学习，有的则可能导致更为高级的综合性探究。也就是说，这种以问题为特征的教材呈现方式，有不同的目的要求和不同的层次水平。

我们知道，就学习者的内部体验而言，"问题"是一种欲知而又未能知的状态；就问题的外在表现而言，是一组引起学习者"不平衡"的刺激。这即英国科学家玻兰尼讲的，"问题只有当它使人疑惑或焦虑时，才成为一个问题"。

问题设置策略的采用要求教师首先要对教材进行处理，从中提取出或构造出问题，然后在此基础上进入课堂情境中以"问题研究"形式呈现教材。

3. 采用标志技术

标志技术是指突出文本的内容或结构而没有增加文本内容的一种"显示"技术。例如，列小标题，用第一、第二、第三之类的序列数字指出内容要点；

使用表示概括作用的"本章将讨论……";表示总括的"总之""这样""由此可见"等语词,以及画线、加黑、用色、居中等标志。这些技术虽不提供实际的信息,但使材料的结构更为清晰,使人一目了然,因为它们为读者选择适当的信息,并将这些信息组成一个彼此关联的整体提供了一个概念的框架。

除了上述教材内容呈现方法外,还有教师较为熟悉的使用图片、图表、多媒体等,在此不赘述。

学习链接

别具一格的教材讲解①

特级教师华应龙以往讲分数的初步认识时,都是分苹果、分梨、分月饼,这回他想做一些改变,于是他从测量入手教新课。

1. 看连环画听故事

教师:大家喜欢听故事吗?那么我们一起来听个有关大头儿子的故事吧!

旁白:天热了,小头爸爸到商场买凉席。到了卖凉席垫的柜台,他遇到麻烦了……于是给他的大头儿子打电话。

小头爸爸:儿子,我忘了量床有多长了,你找把尺子量一量床有多长。

大头儿子:噢!

旁白:大头儿子在家里找来找去,就是没找到一把尺子,怎么办呢?(停3秒~5秒)突然他想到了个好主意。

大头儿子:爸爸,你今天打领带了吗?

小头爸爸:打领带?哦,真是个聪明的大头,快量吧!

旁白:大头儿子拿来一根爸爸的领带。他用领带一量,嘿!巧啦,床正好是2个领带长。

大头儿子:爸爸,床是2个领带长。

小头爸爸:儿子真有办法!我知道了。儿子,再量一下沙发的长度吧!

旁白:大头儿子再用这根领带去量沙发。唉,沙发没有一个领带长。怎么办呢?大头儿子把领带对折来量。唉,沙发又比对折后的领带长一些。大头儿子再想办法,他将领带对折再对折。一量,巧啦,沙发正好有3个这么

① 赵国忠. 透视名师课堂管理 [M]. 南京:江苏人民出版社,2007:208.

长。大头儿子真高兴啊！可是，他又碰到难题了。

大头儿子：（自言自语地）床是 2 个领带长，现在我怎么跟爸爸说沙发是多少个领带长呢？

2．帮助解疑

大头儿子：怎么跟爸爸说这个沙发有多少个领带长呢？

教师：你有办法表示出这样 4 份中的 3 份吗？

（学生在纸上创作，教师巡视，指名展示）

3．揭示分数

教师：小朋友们很会动脑筋，用自己喜欢的方式表示出这样 4 份中的 3 份。你认为哪种表现方式最好？你想知道大人们是怎样表示的吗？嗯，与这名同学想的一样。（红笔框）你知道这样的数叫什么吗？（板书：分数）

教师：3/4 是什么意思呢？任选一张你喜欢的纸片，想办法表示出 3/4 的意思。可以折一折，也可以画一画。

学生用不同的方法表示了 3/4。

教师板书：平均分，分 4 份，取 3 份……

（略有改动）

（三）传输教学信息

教学信息的传输是教学信息管理中一个最重要的环节，这实质上就是教师将已经加工处理过的教学信息怎样"教"给学生的问题。这首先要求教师把握信息传播过程的一般规律，注意以下几点：

·教育者发出的信息应是符合学习者预定的学习目标，学习者感到需要的和有兴趣的信息。这样的信息，才易激发起学习者的学习动机。

·教育者发出的信息，应是适合学习者知识水平和接受能力的。这样的信息，才易为学习者选择接受。

教育者发出信息后，应引导学习者进行仔细的观察、思考，这样才能使学习者实现最佳的信息选择，对所学对象得到本质的认识。

教育者在发出信息时，既要注意新异性，又要注意可感受性，要同时从这两个方面进行考虑；否则，虽新异但不能为学习者所接受，也是无效的。

在教育传播过程中，既要注意消除多余度，又要注意可靠性。在有些情况下，为了保证和提高可靠性，有点儿多余度也是可以的、必要的。

在教育传播过程中，既要保证信息传递的可靠性，又要保持一定的信息传递效率。教育传播过程应该非常重视通过适当的编码方式来提高通道传递信息的效率，力求做到用较少的时间传递较多的信息。

在具体的课堂教学活动中，教学信息是通过一定方式来达到有效传输目的的。

1. 教与学相匹配

教学信息的传输并非一个单向的由教师向学生发出信息，学生被动接收的过程。学生是一个智能系统，即不是一个简单的信息储存库。教学信息传输的最终目的就是通过"教"与"学"的匹配，增强学生这一系统进行信息加工的有序性、主动性和有效性。关于这一点，我国心理学家皮连生提出过一个"广义知识"的学习模型，即包括陈述性知识、程序性知识、策略性知识的过程模型，它很好地把"教"与"学"的活动联结起来，如图2-2所示①。

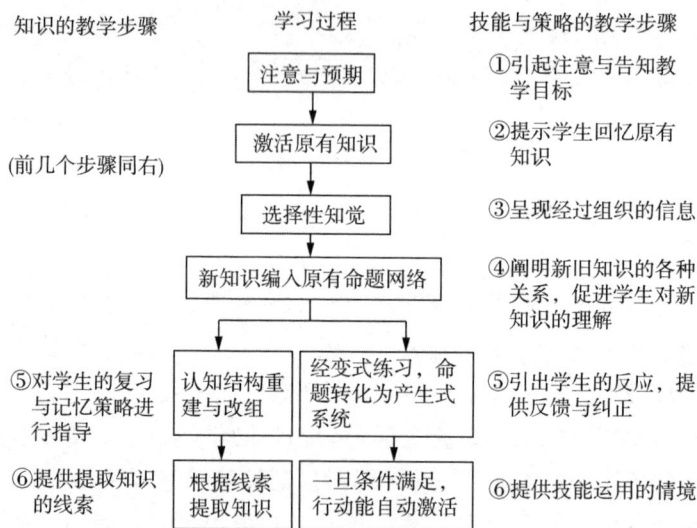

图2-2　广义知识的学习模型

2. 促进信息编码

在教与学相互匹配、相互作用的过程中，信息管理的一项重要工作就是

---

① 皮连生. 智育心理学 [M]. 北京：人民教育出版社，1996：267.

进行学习指导，更具体地说就是促进学生对内容信息进行"编码"。一般来说，有意义的编码主要涉及新知识和原有知识的联系及其间的组织，以便在心理上以一定的形式被记载下来。

在教学中，教师可以做到以下几点：①教师通过教学组织，使学生在新旧知识之间建立联系，从而增加知识的有意义性；②通过精致化技术，即把学生复杂的新知识和原有的图式联系起来，这样也能增加知识的有意义性；③重视学生学习的主动性，这是因为积极加工将有利于建构意义。因此，教师可以运用以下三种策略：[①]

· 组织化策略

图表和模型图，即将大量信息组织成有意义的模型，如教师在上有关太阳系的课时，可以把太阳系的模型图挂在黑板上为学生讲解，这可以帮助学生把有关太阳系各行星的知识组织起来。

层级结构，用来表示新信息内部，或新信息与原有知识之间的上下位关系，如月亮与地球的关系，地球与太阳的关系，太阳与银河系的关系，银河系与宇宙的关系，等等。

实物模型，用来表征不能直接观察的事物之间的关系，如上面提到的太阳系。教师还可以把太阳系的实物模型带入教室，让学生观察，这可以帮助学生学习。

概要，即对有关知识做一概述。比如，教科书每章开始都有一个概要。

· 精致化策略

帮助学生对新信息进行自我推论，以一种或两种方式增强信息的意义。

提示学生回忆先前上课的内容。

针对新信息，向学生进一步提问。

提供或帮助学生自己形成类比，即比较不同观念的相同（相似）和不同。

运用技术，对没有逻辑联系的知识可以人为地赋予意义。

· 活动策略

以问题解决的形式来掌握知识，而不仅仅去记忆这些知识。

---

① 胡谊，郝宁. 教育心理学［M］. 上海：华东师范大学出版社，2009：136-139.

教师提出的问题应该是要求学生去分析，而不是去回忆有关信息。

要求学生对得出的结论提供有力的证据，而不仅仅是得出结论。

学习概念要结合例子并注重应用，而不是仅仅下个定义。

考试要强调知识的应用，而不是考学生的机械记忆能力。

事例点击

巧妙而有趣地让学生记忆与掌握知识①

在教学氢气爆炸实验时，顾老师提醒学生在点燃氢气前，一定要检验氢气的纯度。在完成氢气验纯后，他给学生写下了这样的韵语：点燃氢气要小心，贸然点火定伤人；取支试管收满气，管口向下移向灯；"哨"声是在发警报，"扑"声才是放通行。

在教学氢气还原氧化铜实验时，步骤操作要点是通氢、点灯、熄灯、停氢。顾老师将它总结为：氢气早出晚归，酒精灯迟到早退。韵语就是：实验开始先通氢，通氢以后再点灯；由黑变红先撤灯，试管冷却再停氢；先点后通要爆炸，先停后撤要氧化。

顾老师让学生比较在实验室制氧气与氢气还原氧化铜实验中酒精灯的使用有什么区别。学生回答后，顾老师总结出如下韵语：酒精灯，怪怪怪，制取氧气多勤快。氢气还原氧化铜，它却像个大懒虫。

正是这样几句韵语启发了学生的进一步思考，使他们逐渐明白酒精灯在制取氧气时之所以那么勤快，是因为它来得早出得迟。实验开始来回移动酒精灯使试管受热均匀，实验结束后才撤走它；氢气还原氧化铜时酒精灯为什么成了大懒虫，是因为它来得迟出得早。

在教学化学实验的基本操作时，考虑到操作步骤较多、不易记忆以及枯燥，顾老师将每项操作归纳成操作要点，并用韵语来表达。

①托盘天平的使用分解动作为取、放、夹、移。韵语是：用前调零点，称的放左盘。砝码大到小，称完要归原。

②酒精灯的使用分解动作为：装、开、点、盖。韵语是：三比二量装酒

---

① 周维强. 让知识变得更易学：名师改造难学知识的优化艺术［M］. 重庆：西南师范大学出版社，2009：18-19.

精，点火要用火柴引，熄灯要用灯帽盖，不用应盖用再开。

③过滤器的准备分解动作是：折、放、湿、贴。韵语为：一圆滤纸折半圆，四分成锥下端尖，放入漏斗低边缘，润湿贴紧器算完。过滤操作要点为："一贴、二低、三靠"。

④在讲用量筒量取液体读数时，学生往往会产生仰视和俯视两种不正确的读数方法，从而使读数与实际体积出现偏差，于是他通过画示意图得到：仰视时读数小于实际值，俯视时读数大于实际值，为了使学生记忆深刻，顾老师使用"羊小虎大"的韵语让学生在趣味中掌握技巧。

在做试管实验时，顾老师经常发现学生握住试管的部位不准确，大多数学生握住试管底部，摇动试管的操作也不规范。顾老师通过边实验边讲解的方式，运用"拿着试管靠近'口'，轻捏滴管橡皮头，溶液竖直往下滴，切忌滴管靠'管口'"的韵语，让学生正确掌握了试管实验的基本操作：拿、注、摇、放。

3. 推动应用拓展

学生获得的信息，只有在应用与拓展中才能活化、迁移，也才能融会贯通。在课堂教学中通常采取的措施是[1]：

· 引发业绩表现和进行反馈性调节

梅里尔引证的研究结果表明：加强对信息和例证进行操练能增进学习。大多数教学设计理论都把知识和技能的应用作为有效学习的必要条件。加涅指出，引发业绩表现和提供反馈是基本的教学事件。加德纳等人都强调为业绩表现提供多种机会的重要性。各种基于问题的教学模式都强调积极介入在完成实际任务或解决问题中的重要价值。

· 精心设计一致性练习及变式

加涅和梅里尔提出了针对不同的知识技能类型所要求的适当操练方式。当操练与目标匹配时就能促进学习。当然，只对某一个问题应用知识，这对掌握一项认识技能来说是不够的。必须为学习者提供在变式问题中运用新知识和技能的多种适当操作练习机会，即运用不同侧面和不同形式的例证与多

---

① 盛群力，马兰，主译. 现代教学原理、策略与设计［M］. 杭州：浙江教育出版社，2006：94-95.

样化的练习。

·引导学生不断反思完善和有所创新

按照梅里尔的首要教学原理，学习者受到鼓励将新知识与技能融会贯通（迁移）到日常生活中去时，学习才能够得到促进。首先，有效教学必须提供一个机会让学习者展示其新学到的知识技能。其次，学习者需要有机会反思、辨析和分享他们已经学习的东西，这样才能使之成为个人的财富。最后，依据自己的特点调整新知识（包括创造、修正、综合、重新聚焦等），正是学习者超越具体教学情境并将新知识与技能融入生活世界所需要的。

事例点击

别出心裁的应用作业

一

浙江省特级教师杨明明教《不合群的小蝌蚪》一课，在学生学完全篇课文后，布置的作业是写一则青蛙妈妈或癞蛤蟆妈妈的《寻儿启事》。学生兴趣很浓，经过一番紧张思索，写下了这样两则启事：

（1）我儿身长 2.5 厘米，身穿青灰色衣服，喜欢独游，如有发现者请与青蛙妈妈联系。联系电话是 1234567，面谢。

青蛙妈妈

（2）我儿身穿黑色外衣，个头矮小，现已走失两天，本人万分着急，希望知情者速与我联系。联系电话：5656784。

癞蛤蟆妈妈

二

"为古诗配画""本月我当家""购房理财计划书""我为学校规划未来"，还有学生自己动手制作的知识卡片、剪纸和手工艺品……吉林省长春市宽城区的个性化家庭作业，不仅提高了小学生的学习兴趣和实践能力，而且改变了教师传统的教学方式和学生的学习方法，促进了教与学两方面的变化。

三

我们曾布置过"五个一"计划：游一处名胜古迹（拟写导游词），和父母做一次深刻的谈话（写谈话记录），看一场有意义的电影或者戏剧（撰写一篇小评论并参加市报纸的征文比赛），帮助弟弟妹妹或者其他小朋友学写一篇作文，给老师写一封信（必须实寄）。这次活动作业很好地锻炼了学生的作文能力，得到家长的一致好评。后来的几年，我们在此基础上进行了完善，去年还进行了一次"幸福生活从哪里来"的小型"迷你课题"调查研究，行动方案获得了省级奖励。

四

这几年来，我们针对不同类型的学生布置过许多兴趣化作业，譬如课本剧编写、相声小品创作、影视作品赏析、地方风俗研究、青少年新语言汇总等。我们发现一名同学十分喜爱看动画片，说起来头头是道，却不爱写作，就让他利用假期做了一个"中外动画片比较研究"的"迷你"课题。他十分认真，写了一万多字，后来还获得了奖励，他自己也渐渐迷上了写作，还成了一名"小记者"。

三、 课堂教学信息的传媒运用

所谓教学媒体是指直接加入教学活动，在教学过程中传输信息的手段。从某种意义上说，有了教学活动，就有了教学手段和工具。传统的书本、黑板以及随后出现的幻灯机、投影仪、电视机、互联网等教学媒体在教学中主要发挥教学手段的作用，辅助教师传递教学的信息。目前迅速发展的多媒体技术、虚拟现实技术、人工智能技术等不只是单纯的教学手段，还可以为学生创设多种学习环境，提高学习的效率，可以作为学生的认知和学习工具，培养学生的思维能力和解决问题的能力。因此，在现代教学中，媒体发挥着愈来愈重要的作用。

由于不同教学媒体的特征不同，各种媒体都有自己的优缺点，不存在对任何教学目标都最优的"超级媒体"。换句话说，没有一种媒体能对任何学习目标和任何学习者发挥最佳的作用。因此，就有了媒体选择的必要性。所谓教学媒体的选择是指在一定的教学要求和条件下，选出一种或一组适宜可行的教学媒体[①]。

（一）课堂教学信息传媒的选择

现代教学媒体包括视觉媒体、听觉媒体、视听媒体、交互媒体和多媒体系统。随着电子、通信、计算机技术的发展，教育技术正在发生日新月异的变化，现代教学媒体的发展走势表现为媒体设备小型化、微型化，存贮容量大型化，媒体功能综合化，信息交流国际化，以及媒体使用和制作简单化等特点。

1. 选择的原则[②]

教学媒体的选择是一项比较复杂的工作，原因在于它涉及很多影响因素，既有来自教学目标、教学活动、教学内容和教学方法选择方面的影响因素，又有来自学习者的特点、教师态度、技能方面的影响，也有来自管理方面的影响因素，如实施教学的地点、对象、时间、资金及可行性等因素，还有教学环境因素的影响，如教学的空间、光线等。因此，媒体的选择是在综合考虑众多影响因素的基础上做出的谨慎抉择。

·目标控制原则

教学目标不仅规定教师进行教学活动的内容和方式，指导学生对知识内容的选择和吸收，而且决定媒体类型和媒体内容的选择。

·内容适合原则

学科甚至章节的内容不同，适用的教学媒体也不同。对教学媒体的选用和设计应以适合教学内容为原则。

·对象适应原则

在进行教学媒体的选择与设计时，必须充分考虑不同年龄阶段学生的认知特点，决不能套用某种固定的、僵化的模式。

2. 选择的程序

我国学者李克东等人提出的媒体选择的工作程序（如图 3-3 所示），将

---

① 何克抗，郑永柏，谢幼如. 教学系统设计 [M]. 北京：北京师范大学出版社，2002.
② 何克抗，郑永柏，谢幼如. 教学系统设计 [M]. 北京：北京师范大学出版社，2002.

媒体使用目标的确立及媒体的硬件和软件的选择相结合，比较全面地反映了媒体选择的各个方面，对媒体选择具有一定的指导意义。

该媒体选择工作程序主要分为三个步骤：

第一，在确定教学目标和知识点的基础上，确定媒体使用目标。具体包括：创设情境，引发动机；反映事实，显示过程；示范演示，验证原理；提供练习，训练技能等。

第二，媒体类型的选择。可借助前述媒体选择的原则和方法进行。

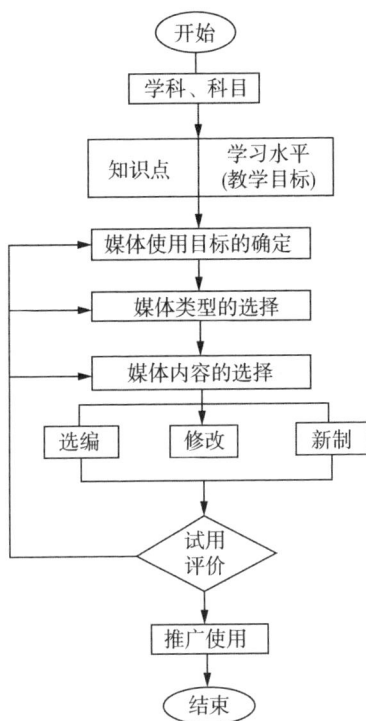

图 3 - 3 媒体选择的工作程序

第三，媒体内容的选择。媒体内容是指把教学信息转化为对学习者的感官产生有效刺激的符号成分。具体包括画面资料、画面组合序列、教师的活动、语言的运用、刺激的强度等内容。媒体内容选择可通过选编、修改、新制三种途径进行。

3. 选择的方法

依据媒体选择的原则和影响因素所做的媒体选择，更具有主观判断的性质。为了使我们在选择教学媒体时所做的主观判断更为客观、准确，我们还可以借助一些有效的媒体选择方法，使我们尽可能做出较为客观的选择和判断。目前已开发出的媒体选择的方法较多，如问题表、工作单、矩阵式、算法式和流程图等，其中比较实用和易于掌握的是矩阵式中的两维矩阵方法，见表3-1。

表3-1　教学媒体选择两维矩阵表

教学媒体	学习目标种类					
	学习 事实信息	学习 直观辨别	学习原理、 概念和规则	学习 过程	执行技能 的知觉运 动动作	发展所期 望的态度、 观点和动机
静止图像	中	高	中	中	低	低
电影	中	高	高	高	中	中
电视	中	中	高	中	低/中	中
三维物体	低/中	高	低	低	低	低
录音	中	低	低	中	低	中
程序教学	中	中	中	高	低	中
演示	低	中	低	高	中	中
印刷的教材	中	低	中	中	低	中
口头表达	中	低	中	中	低	中

┌─────────────┐
│ **事例点击** │
└─────────────┘

恰当选择传媒，促进深入理解①

在讲授三年级语文课文《瀑布》时，唐老师首先放映静态幻灯片，展示瀑布生动的画面，并结合课文，有选择地重点展示瀑布的细部并进行讲解，使学生对瀑布有了初步的认识和理解。当学生对风吹瀑布"如雾、如烟、如尘"不能理解时，唐老师撤下了幻灯片，开始播放风吹瀑布的录像，动态的瀑布便呈现在学生的眼前。之后，唐老师关上录像机，让学生闭上眼睛，想象瀑布各种动人的景象。

（二）课堂教学信息传媒的演示

课堂教学传媒的应用主要借助于"演示"的行为方式来实现。演示，是指教师展示实物、标本、模型、图表等直观教具，运用板书、板画或数字化媒体，进行演示实验操作和动作示范等类方法的组合、调控和灵活运用。按照日本学者佐藤正夫的分类，这些行为都属于提示型教学方法。在美国学者克林伯格进一步的区分中，它们包括了"示范""显示""展示"等内容②。

在我国中小学教学中，演示的手段大体分为三类：第一类是实物或模型、标本、图片、图表、图画等的演示，目的在于使学生获得关于某一事物或现象的外在感性认识；第二类是教师系统呈现的或随机的板书板画、多媒体课件演示、幻灯或影视放映等序列性的演示，目的在于展示客观事物和现象，使学生了解其发展过程，展示客观事物和现象的内部结构，使学生从动态上获得感性认识；第三类是进行有关事物和现象的演示实验、动作示范，它可以是单项的，也可以是多项的，目的在于使学生了解客观事物的运动和变化。

---

① 东洲小学课题组."运用电教媒体，发展中小学生的思维能力"实验研究报告 [J]. 电化教育研究，2001（1）.

② ［日］佐藤正夫. 教学原理 [M]. 北京：教育科学出版社，2001：291-294.

演示的最大特点是加强教学的直观性。它不仅为学生有目的、定向地感知事物创造了条件，同时拓展了认识空间，扩大了信息来源。随着教学手段的现代化，演示的内容大大扩充，它的作用也日益重要。教师的演示已成为影响教学效果的重要因素。演示在教学中具有的功用是：促进学生对知识信息的理解和掌握，发展学生的观察能力、思考能力和实践动手能力，激发学生的学习兴趣、科学态度和创新精神。

演示要符合以下三点要求。

1. 明确目的，充分准备

演示要"有为而做"，不能为演示而演示，追求形式上的繁荣和热热闹闹的效果。要依据课程与教材的特点，分析学生的实际需求，认真设计板书板画，制作或采集多媒体软件，选择演示实验和展示的实物、模型或影视作品，明确演示要解决什么问题。选择的原则要有利于突出教学的重点和难点，有利于培养学生的观察、分析和综合能力；选择的实验应为教师所进行的概念、理论教学服务。同时，要使学生明确演示的目的、要求与程序，让他们知道要看什么、怎样看，需要考虑什么问题，引导他们主动、积极、自觉地进行观察与思考。

教师应在演示前做好准备，这包括板书板画的事先构想、课件的制作与信息资源的选编整合，以及各种典型的实物、教具的收集。对学生观察起来有困难的演示物件，教师要进行加工处理（包括着色、放大、简化、改造等）；对于演示实验，教师应先试做一遍。教师要掌握好各种演示技术，操作要具有示范性，要准确、简捷、稳定。

2. 遵循规律，促进感知

演示最基本的特点是能为学生提供直接感知的形象，帮助他们积累直观经验。演示只有通过人的感官才能产生作用。人对客观事物能够迅速获得清晰的感知，这与感知的基本规律、知觉的基本特性分不开。我们知道，感觉的基本规律包括感觉强度对刺激强度的依存性，感受性的变化（适应、感觉的相互作用，实践与感受性的变化）等，知觉具有选择性、整体性、理解性和恒常性等特点。教师在演示过程中，应当遵循和运用以下感知规律：

· 观察的目标越明确，感知越清晰

在演示过程中，要提出明确的观察任务和具体的观察目的，观察的目的任务越明确、越具体，效果也就越好。此外，教师还要注意进行观察顺序与方法的指导。

· 观察对象在背景中越突出则越容易被感知

从背景中突出对象是与知觉的选择性相联系的。为了在演示时从背景中突出对象就必须遵循差异律、组合律和活动律，尽量扩大观察对象与背景的差异，注意揭示事物的结构、关系和联系，努力让观察的对象"动"起来，使学生能发现事物的发展变化和性能。

· 形象与言语的结合越正确则感知将更迅速而完善

人的感知是在两种信号系统的协同活动中实现的，第一种信号系统指具体事物，第二种信号系统指语词。其中，第二种信号系统起着重要的作用。词语的辅助，可以使得我们的感知更迅速、更完整，大大提高感知的效果。在环境相当的情况下，言语在感知中的作用更为显著。所以，在教学中，教师一定要使形象与言语结合起来，演示操作与讲授提问结合起来。研究材料表明，让学生感知难度相同的两组画片，当两种信号系统都参加感知活动时，学生记住的内容要比仅靠第一种信号系统作用多 10%，十天以后仍能保存的记忆内容要多 25%。

· 多种器官的协同活动可以提高感知的成效

研究表明，在感知教材时，尽可能多的感官参加活动，可以使大脑皮质的分析和综合活动更充分。同时，学生还可以从不同角度和方面，从教材的各种不同性质和特点的总和中去获得足够的信息，从而使感知更精确和有效。

随着现代信息技术的发展，选择和运用信息传播媒体已成为演示策略的重要环节，因此我们必须认真研究各种媒体的特性，为我们采用演示策略提供科学的参照。

3. 提升经验，发展能力

演示能把许多复杂的问题简明化、抽象的问题具体化，使学生对书本知识易于理解、易于接受；演示也可以把事物之间的关系和联系展现出来，便于学生发现事物的本质和规律，获得科学的知识。特别是对于年幼的儿童，在这个过程中，他们可以沿着"形象—表象—抽象"的阶梯拾级而上，掌握那种理性化的概念和原理。俄国教育家乌申斯基说过："一般说来，儿童是依靠形式、颜色、声音和感觉来进行思维的。""逻辑不是别的东西，而是自然界的事物和现象的联系在我们头脑中的反映。"所以，演示的目的并不仅仅是提供一些感性的经验材料，而且通过有目的地呈现和组织材料，有计划地控制引起变化的条件，有意识地引导学生发现现象的种种关系和联系，精心地指导学生的思维加工，使学生真正掌握规律性的知识。

实物直观活动（直接观察实物、标本和动作，观察演示实验等）让学生产生了鲜明的第一印象，容易为他们开展思维活动创设生动而富有启发性的学习情境，教师要从学生的心理特征出发，积极引导，勿使学生陷入"看热闹"的状态，要引导学生正确分析观察到的结果以及各种变化之间的关系，通过分析、对比、归纳、综合得出正确结论。模象（图解、图表、模型、影像制品等）是实物的反映或模拟。在展示模象时，教师要引导学生进行联想或类比，运用抽象思维把握各种模象的本质属性（特征）。板书、板画多媒体演示除了其生动的直观性外，还能将知识信息以简要的、"特写的"、结构化的形式展现出来，这有利于对信息重新编码，并在此基础上通过概念、命题的联结而形成"组块"和序列，形成知觉的组织者图式。图式常常被看作框架、结构、方案和组织者的同义语，它更能反映事物的发展变化、事物之间的关系和联系，这对于帮助学生将知识结构化和系统化并从而转化为一定的认知结构是极为有利的。

任何形式的发展都离不开活动。学生的智力就是在学习过程的认识活动中不断发展的。美国教育心理学家布鲁纳曾提出，认识发展中有三种再现形式：表演式（动作式）、肖像式（图像式）、象征式（符号式）。他认为，教学过程遵循这一认知发展的再现形式，就能有效地教给儿童知识，促进儿童发展。显然，演示很适合表演式、肖像式再现形式的儿童学习知识，并促进他们向象征式再现形式发展。苏联教育家赞科夫提出，教学应促进学生的"一般发展"。他还提出促进"一般发展"的三条线索，即观察力、思维能力、动手操作能力。应当说，通过演示培养学生的观察力、思维能力和动手操作能力，进而促进学生的"一般发展"是十分重要的。

事例点击

运用多媒体获取"替代"经验

学生对于小学语文课本《圆明园的毁灭》一课中描绘的圆明园这一"园林瑰宝""建筑精华"较难体会；对于英法联军毁灭圆明园的罪行，也难以理解和想象。当教学进行到这里时，我是这样做的：

首先，借图画想象。出示圆明园平面图，让学生观察，弄清圆明园的大概方位及其周围小园的分布；再结合"众星拱月"的理解远观图画，分辨哪里是"月"，哪里是"星"。在此基础上，让学生借图想象，体会圆明园的宏伟壮观。

其次，借音乐想象。指导学生朗读第三自然段，在理解"金碧辉煌""玲珑剔透"等词语的基础上，配乐朗读这一段。学生微闭眼睛，边听边想象，跟随着乐声，思绪从热闹街市的喧哗声到清脆的泉水叮咚、流水潺潺声，再到鸡鸣犬吠声……音乐把学生带入所创设的情境中。然后，让他们自己选择感受最深的一点，以"我仿佛进入到金碧辉煌的殿堂……""我好像来到风光秀丽的山村乡野，看到……"等句式为开头练习说话，以领略圆明园景观的辉煌。

最后，借影视想象。"侵略者是怎样毁灭这座艺术宝库的——1860 年 10 月 6 日，英法联军侵入北京，闯进圆明园"——随着低沉、悲愤的"旁白"，我放映了电影《火烧圆明园》中侵略者"抢掠""毁坏""放火"等片段。然后，让学生说说侵略军抢掠、毁坏这座艺术殿堂的"镜头"，结合对课后练习题的理解，谈谈从中体会到什么，以加深对侵略者野蛮、强盗行径的认识。

（三）课堂教学信息传媒的采用

课堂教学传媒是传递内容信息的工具与媒介，其作用发挥既取决于信息本身的质量以及信息与媒体特性的适合程度，也与教师的运用方式及操作技术相关。

1. 基本模式①

选用现代教学媒体进行教学的基本模式有三种：

·辅助式

这种模式的做法是：教师主要借助现代教学媒体，向学生传递教学信息，师生进行交互反馈，媒体通常是作为课堂教学中的辅助手段运用的。它的特点是将教师的面授与辅助手段紧密结合。常用的媒体使用方法有两种：演播法和插播法。这是目前教学中最常用的模式。

·直接式

这种模式的做法是：学生直接向现代教学媒体学习，现代教学媒体对学生的反应做出反馈。该模式一般是在使用程序教学机器学习和计算机辅助教学时采用，它的特点是"电授"，不需要教师做中介。采用这种模式，对教师的要求主要是编制和提供足够的、优质的成套程序教材；对学生的要求是要有高度的独立、自主的学习精神。

·循环式

这种模式的做法是：学生向现代教学媒体学习，媒体主要是通过广播、电视等的声音与图像传递教学信息，主讲教师不（或者很少）和学生直接见面。采用这种模式，除了要有足够的合格的教学条件外，还要注意通过多种渠道，如采用填写媒体使用调查表、学生作业、考试等，及时获得学生的学习效果和反馈信息，以调整教学内容，改进教学。

2. 规范操作

毋庸置疑，演示必须依靠教师的操作。从一般情况看，演示操作涉及三个要素：

·媒体

它是指教师借以进行演示的信息载体，如实物、图表、模型等直观教具

---

① 皮连生. 教学设计：心理学的理论与技术［M］. 北京：高等教育出版社，2000.

以及板书板画、动作和电子教育媒体等都属于此类载体。媒体应当服务于演示，媒体的优劣是影响演示效果的重要因素。教师应当参与媒体的设计并且了解各种媒体的特点，熟悉其操作规范。

· 操作

这里指教师对媒体的使用。教师对媒体的选择、组合、设计以及运用是否合理、正确、熟练，是演示技能水平的重要标志，也是影响演示效果的主要因素。

· 言语指导

这主要指教师演示前的导入、启发、提问，以及结合演示进行的说明、指点、讲解、推证，还有演示结束时的总结、引申、应用指导等。

任何类型的演示都有一个过程，一般都开始于学生做好心理准备，结束于对学生的理解核查，其间要经过出示媒体、指导观察、提示重点等几个步骤。这就构成了演示的程序，即"心理准备—出示媒体—介绍媒体—指导观察—提示要点—理解核查"。

总之，教师的演示，从大的要素把握、过程控制，到小的动作要求、细节处理，都应力求做到遵从规范，对学生起示范作用。

另外，还要特别强调的是，演示是为达成教学目标服务的，它必须契合教学的内容，跟随教学的进程逐步展开。演示应动态地进行配合，包括板书板画的逐步呈现、多媒体课件的顺次播放、直观教具的即时展示与收捡、动作的不断变换等。演示的及时以及各种活动的协调一致，应当有利于学生学习教材。教师过早拿出直观教具或用完后迟迟不收藏好教具，都会分散学生的注意力。演示过程中教师要向学生提出问题，或做适当讲解、指点，引导他们边看、边听、边思考、边讨论，以获取最佳教学效果。

3. 讲求效益

教学传媒作为一种"硬件"，其购置是要付出一定成本的，因此要十分注重讲求运用中的效益。

· 满足教学需要

要根据教学的目标、教材的特点和学生的需要，确定演示的必要性以及演示的具体形式。不计"投入"、追求花哨的做法并不可取，有时因地制宜地选取或自制一种教具、设计一种实验，可以产生事半功倍的效果。要注意，演示的效果是以学生的"所得"来衡量的，应当想想，学生能感受和体悟到什么，他们能不能看清楚、看明白、理解好。对于多媒体课件，如果演示变成了一套固定化的框子，从头到尾不容学生介入地照本上演，一切都按教师事先设定的内容与程式播放，没有随机的变化、必要的修正与补充，这样的演示就将失去"生命活力"，也不具有相互作用的意义。

• 引导学生参与

演示并非教师的独角戏，教师要千方百计地引导学生参与，并提供条件和机会使演示的作品成为教师与学生的共同创造物，让演示的过程成为教师与学生共同参与的过程，如师生共同构造板书，学生以板画表达自己的理解，学生参加和协助教师创制课件或其他教学软件，学生上网搜寻信息并在教学时展示，学生各类作品的展出及研讨……总之，教师要从发展学生智慧与能力的高度，尽量使演示成为学生投入实践、展现才华与创意的一种最具吸引力的活动。

• 不断探索创新

现代科学技术特别是信息技术的飞速发展，使教学媒体和教学传递方式出现了许多新创造，广大教师必须不断更新观念，提高自身的教学技术素养。但是，无论使用什么媒体和技术，教学过程仍然是传递信息、师生互动的过程，是学生认识与发展的过程。我们应当研究的是，当过去的"人—人"系统变为"人—机—人"系统时，教师如何让新媒体、新技术介入促进学生学习与发展的教学中来，这无疑又为我们开辟了一个创新的空间。

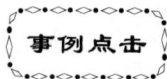

事例点击

教具就是一个铜钱

学习《卖油翁》一课，其中说陈尧咨善射，十中八九，很骄傲，可卖油的老头子说："无他，但手熟尔。"陈尧咨不以为然，于是卖油翁就表演给他看，把葫芦放在地上，"以钱覆其口"，油自钱孔沥入而钱孔不湿。在揭示文章中心主题时，关键的一个词是"沥"。讲这个词的时候，我使用的教具就是一枚铜钱。一经出示，小男孩们就说："呀，这么小呀！"钱小，它的方孔就更小了，还要覆在葫芦孔上面，油还要沥进去！于是我就讲这个"沥"字用得怎样精当：由无数的点正好形成一条线的时候就叫"沥"，如果换成"倒"和"灌"都不行。

第四章

课堂教学的运行管理

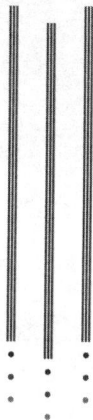

课堂教学管理的一项重要工作是使课堂教学运行有序化，这实际上是对课堂教学的活动过程进行有效管理。一堂好课是在教师有效的调控下趋向目标的过程。

　　课堂教学管理的一项重要工作是使课堂教学运行有序化，这实际上是对课堂教学的活动过程进行有效管理。

　　一堂好课是在教师有效的调控下趋向目标的过程。教师的教学智慧在于，根据学生心理动力变化的规律和对特定教学内容的认识顺序组织好课堂教学活动。一些心理学家曾经根据学生在课堂学习中的动力结构和认知活动的变化，建立种种模型，加涅的九阶段理论就是一个典型例子。我国学者依据国内外的众多研究和主张，将上课的调控分为启动、导入、展开、调整和结束五个组成部分。其出发点是将教师的上课（教学）看成激发、支持和推动学生学习的外部条件，从而使学习过程有效发生和学习结果顺利实现。

一、 起始环节的驱动

　　起始环节的教学管理，其主要作用是调动学生的积极性，为整个课堂学习做好认知和参与的准备。启动环节常常有非认知因素在教学中起作用，能够恰当体现教学活动的目的性和知情意的一体化。除了启动教学的作用之外，起始环节还对整个教学活动具有保障作用。

（一）调动学生学习的积极性

　　对于如何激发学习动机和调动学生学习的积极性，教学设计专家们曾经进行过一系列的研究。如凯勒提出的 ARCS 动机模式就包含"激发和维护学生注意力、突出针对性、建立自信心、创设满意感"四个因素。沃特科沃斯基的 TC 动机设计模式则把主要动机因素置于连续的教学过程中加以考虑。他提出，在教学中，开始阶段相应的动机因素是态度（需要），教学的展开阶段相应因素是刺激（情感），教学的结束阶段动机的相应因素是能力（强化）。斯皮策的动机情境观则强调，"有效学习的发生取决于以往的学习体验及现有学习情境提供的诱因"，因此，"应创设一个富于激励性的学习环境"。

根据各方面的研究，我们认为，在起始环节应重视以下几点。

1. 利用外部的刺激

在凯勒修改的 ARCS 模式里，激发和维护学生的注意力是动机设计的第一要素。这个模式提出的注意力激发与维护的途径主要有三个：一是唤起感知，即利用新异的、惊奇的、不合理的、不确定的事情来激发和维护学生的注意力；二是引发探究，即通过激发或要求学生产生要解决的问题（疑难）来刺激寻求信息的行为；三是利用变化力，用丰富多彩的教学活动来维持学生的兴趣。

注意是意识的门户，是主体的选择性过滤器。知识信息只有被学生注意选择，才能有效地被吸收。研究表明，引起注意选择的主要因素是客观刺激物的特征。美国心理学家 N. L. Gage 把这些特征分为四类：

· 刺激的心理物理特征

强度、密度大的刺激物，活动变化的刺激物，形态多样、色彩丰富鲜艳的刺激物，均易引起学生的注意。如上课时教师讲话声调的抑扬顿挫、节奏的错落有致、丰富的表情和姿态，教师板书的清晰美观、合理布局，各种教具的合理选择和变化使用，以及各种方法的恰当交替和配合等，都能引起学生的注意。

· 刺激的情绪特征

凡是能引起学生兴趣和较强情绪反应的刺激物也易于引起学生的注意。如上课时教师富有感染力的情绪和表情，教师生动、形象的语言描述，幽默的类比，潇洒自如的讲课风格，教师会说话的眼睛，富于表现力的姿态，各种引起学生兴趣的教学媒体和演示操作等，都是很好的刺激。

· 刺激的强调特征

强调总是在比较中显示出来的。语句和语调的变化，着意加重或形成相对强度的指令语、强调语，如"请注意""这点很重要""跟我读"等以及板书形式上的变化（如画线、加点、加圈、勾连，某种媒体的特别显示和采用等），都能通过强调引起学生的注意。

· 刺激的新异特征

新颖、独特、对比强烈的刺激物能吸引学生的注意。如课堂教学中出示学生未见过的教具，开展别开生面的教学活动，教师采用的新材料、新信息、新方法等，都能够吸引学生。

在课堂教学中，学生不仅要对教学刺激产生注意，而且要保持这种注意的稳定性。注意的稳定性既取决于刺激的特点，也与主体的心理状态相关。学生对学习活动的目的、任务的深刻理解，他们的兴趣、态度和意志努力，都是注意稳定的重要条件。因此，把由刺激直接引起的无意注意引导和转化为有意注意，也是变化刺激的目的之一。

事例点击

学习《荷塘月色》时的刺激组合

语文课上，一些具有诗情画意般意境的抒情散文就是对学生进行文化熏陶的好教材。朱自清的散文名作《荷塘月色》创设了一个宁静而幽美的情境，有诗情，也有画意。为了让语文课堂洋溢浓厚的文化气息，充满高雅的文化情调，教师在讲授课文之前先播放一段杨善乐作曲的小提琴曲《夏夜》进行情境教学，因为《夏夜》描写的湖光月影、睡莲垂柳以及小桥流水的那种宁静、安详的自然美，正与《荷塘月色》中所描绘营造的那种情景相吻合、相协调。在此背景音乐的渲染下，再配乐朗诵，顿时便把学生带进那种氛围当中，产生一种如临其境的真切感受。在分析第四段"荷塘"、第五段"月色"时，教师出示几张《荷塘月色》的相关图片，这样就让学生有了一种直观的感受，让他们更深入、更真切地感受到荷塘的宁静、月色的优美。视觉感受的是美的画面，听觉感受的是美的乐曲，音乐的旋律丰富了视觉的感受，在这优美的情境中，学生的想象悄然展开，学生在浓厚的诗意中精神振奋、体验丰富、感悟良多，理解也自然深刻而具有个性。

善于根据教材的特点，把各种有意义的刺激组合起来，这种"变化"着的学习材料，将给予学生全方位的感受，提高学生学习的积极性和有效性。

2. 激发内在的需求

动机是直接推动一个人进行活动的内部动因或动力。人的绝大部分动机都是需要的具体表现，或者说是需要的动态表现。需要可以表现为兴趣、意向、意图、信念等形式。

心理学的研究表明，由学生内在需求所决定的认识兴趣对学生学习的推动力是持久而强烈的，因此，唤起学生的好奇心和求知欲，引发学生的惊奇感和认知冲突，就能激起学生的学习积极性。苏联教育家巴班斯基在谈到诱发那些成绩不佳学生的好奇心和求知欲，使他们对学习有兴趣和要求时，建议教师采用能激发学生认识兴趣的心理效应的方法，如内容、形式和方法的新颖效应，不同看法的冲突效应，出乎意料的惊奇效应等。巴班斯基的意见可以为我们打开一条思路。

教师设置和提出学习目标也是唤起学习需求的一种方式。学习目标是学生对学习结果的预期，具有很强的引导、召唤和激励作用。运用目标调动学生的学习积极性，就是要使学生明确学习的目的，即认识学习的个人意义和社会意义，并且设计出一步步逼近目标的合理而又可行的目标序列，让学生在一个个小的成功的鼓舞下，在学习结果的"诱惑"下，始终保持适当的学习预期和激情。凯勒的动机设计模式中的第二个要素是"突出针对性"，即要注意解决学习内容的实际意义问题，这对我们运用目标的激励效应是颇富启发意义的。凯勒设计的"突出针对性"包括以下三条途径。

（1）有熟悉感：运用具体、通俗、明白的语言以及与学生本人的经验和价值观相联系的例子和概念。

（2）目标定向：教师向学生解释和列举有关的学习目标及教学的效用。

（3）动机匹配：运用与学生动机特征相一致的教学策略。

事例点击

目标指引

某个班级正在学约分，教师开始上课就说："假如你回家后，你的母亲已经为你做好了一个让你垂涎三尺的蛋糕，你想要吃一些，可母亲告诉你只能吃全部的百分之二十五，那么，你知道吃多少吗？"大部分学生不知道答案。教师接着说："好吧，让我们假设母亲说你能吃四分之一的蛋糕，那么你知道吃多少了吗？"这时学生都表示知道。"这就是我们今天要学习的内容——将复杂的分数化简为简单的分数。"教师说。

新奇激发

教授"运动和静止"时，教师首先问学生："你们听说过用手抓子弹的故事吗？"待学生凝神倾听后，教师便开始介绍这个故事：第二次世界大战时，一名法国飞行员在 2000 米高空飞行时，发现一只小虫在身边蠕动，伸手一抓，大吃一惊，原来是一颗正在飞行的子弹。"这名飞行员为什么能用手抓住飞行的子弹呢？现在我们来学习"运动和静止"，通过本课的学习，你们就可以弄明白其中的道理。"教师接下去讲课，学生的注意力自然集中了。

兴趣唤起

以引发学生兴趣作为课堂教学的开头。教授《蜘蛛》一文时，教师首先设问："同学们，你们知道人类有史以来最早的丝织品是件什么东西吗？（稍停片刻）那是一副用蜘蛛丝织成的手套，现在珍藏在法国巴黎博物馆。"这不禁使学生产生了浓厚的兴趣，接下去学习《蜘蛛》这篇课文，效果自然很好。

3. 巧借成功的推力

苏联教育家苏霍姆林斯基将给予"学习者取得成功的欢乐"看作"教育工作的头一条金科玉律"。他告诉教育者："成功的欢乐是一种巨大的情绪力量，它可以促进儿童好好学习的愿望。请你注意无论如何不要使这种内在的力量消失。缺少这种力量，教育上的任何措施都是无济于事的。"心理学的大量实验证明，在学校情境中，学生的学习积极性同他们的成就动机以及与此相联系的抱负（志向）水平密切相关。因此，在教学实践中尽力去诱发学生的成就动机，提高抱负（志向）水平，使他们产生自我效能感，就成为很重要的一种激励策略。从内在机制来看，学生的成就动机、抱负水平和效能感主要是通过人格的最高调节器"自我"去获得内发动力的，它使个体的许多人格心理要素（如自信、自尊、有力感、归因等）都从积极的方面促进了学习。

凯勒动机设计模式中的第三个要素是"建立自信心"。他提出，当学生感到达标的可能性甚小的时候，通常会放弃追求，因此，对成功是否抱有期待是激励学生的关键。凯勒提出的建立自信心的途径有三条。

（1）期待成功：让学生明确掌握要求和评价的标准。

（2）挑战性情境：提供多样化的成就水准，使学生建立个人的达标标准，保证每个学生都有表现机会和成功的体验。

（3）归因引导：向学生提供作为成功标志的有关能力和努力方面的反馈信息。

事例点击

不要吝啬你的赞许与鼓励

学生田昌阳，基础差，好动，厌学。在上"一元一次不等式"第一节课时，我便开始注意他。估计这一章比较简单，他感到新鲜，前半节课听课还好，接下来他有点儿坐不住了，开始开小差，做小动作，我很自然地让他回答一个十分简单的问题。开始时他感到有些意外（也许其他老师因为他成绩差，从不让他回答问题），慢慢地站起来，一声不吭（因为他没听，不知道老师让他干什么）。我并不计较，重新把刚才的问题讲了一遍。这次他看了看书，把问题回答出来了（因为问题十分简单）。我抓住机会，微笑着对他说："不错，你的回答老师很满意。"他坐下来，我发现他脸上有一丝喜悦。

第二天，在走廊上，我碰到了他。我拍拍他的肩，说："小帅哥，好样的，你昨天的作业全做对了，继续努力，你行的！"他冲我笑笑，走开了。接下来一段时间，他在课堂上的表现都不错。转眼快到期中考试了，我把他叫到办公室，对他说："这次期中考试有没有信心？"他面露难色。我对他说："只要你努力，不懂就来问我，我相信你有能力考好的！"他点点头，轻轻地说："我试试。"期中考试成绩下来，他考了 55 分，这对他来讲已经相当不错了，所以我在全班同学面前大大表扬了他。期末考试，他竟考了 82 分的高分，这是他好久都没有考到的好成绩。看到分数他高兴得跳了起来。与此同时，他的其他学科也都有不同程度的进步（他的生物还考了满分）。通过这件事情，我深深地体会到，孩子毕竟还小，只要你多鼓励，多表扬，就能让孩子找回自信，燃起学习的激情，这就是赏识教育的巨大作用。

（袁学军）

信任的力量

最近，李某好像变了一个人：原本在课堂上好像浑身爬满了蚂蚁，总要动个不停，现在居然也能坐得端端正正；以前作业中错误百出，现在两级验收后居然都能过关；特别是以前根本就听不进老师和同学的劝告，现在居然也能知错就改……

究竟是什么原因促使他发生了这种转变呢？我把他叫进了办公室。

"老师，你还记得上周五在路上你把家中的电话号码给我的事吗？"

哦，经他提醒，我想了起来：上周五，在去教室的路上，我接到了母亲的电话，她说胃痛得厉害，我不放心，急于想回家看看，但又怕班上有事。正在犹豫不决的时候，忽然看见李某正在去学校的路上（其他同学当时肯定都已到班上了），我就把他喊了过来，要他帮我看班，如果有事就往我家里打电话。其实我以前也经常找他，不过都是为他违纪或成绩差的事，对他的态度自然也好不到哪儿去，所以我刚喊他的时候，他还吃了一惊，以为又要批评他了。等知道是让他办这件事时，他立刻高兴地答应了。

我根本没把这件事放在心上。我以前也让不少学生帮我办过事，不过他们都是值得我信任的好学生。"老师，你知道吗，当我知道你叫我不是要批评我，而是让我帮你看班时，心里有多么激动？我感到自己在老师心里并不是一无是处，老师还是相信我的，他把这么重要的任务交给我，我能让他失望吗？我能辜负老师以前对我苦口婆心的教育吗？"

没想到我无意中做的这件事所起的作用居然超过了以前那么多次的训斥。这就是信任的力量吗？我不禁感到内疚：多么可爱的学生啊！可我以前是怎么对他的呢？违纪了，喊到办公室就是一顿训斥；成绩不达标了，又免不了一顿批评，弄得他看见我心里就紧张。在这种心理状态下，成绩能提高得快吗？

老师们，在你们责怪学生时，在你们为学生的成绩火冒三丈时，在学生与你对着干时，你有没有扪心自问：我信任学生了吗？我对他表达信任了吗？

信任学生吧，它会产生你意想不到的效果！

（钱朝阳）

（二）重视学生学习的准备性

学习的准备状态是进行学习的基本条件。学习的准备是指学生已有的知识经验水平和发展水平对接受新知识的适合性。在课堂教学中，起始环节中教师不仅应激发学生学习的积极性，而且还要利用学生熟知的素材作为引子和过渡，找到新知识与学生原有知识经验的契合点，把相关概念植入学生已形成的认知结构中，促进新旧知识的相互作用和联系。通过例证、实验观察导入，还可以为课堂上的认知加工与发展提供原料，做好铺垫。

1. 召唤原有知识

学生的原有知识是学习新知识的基础，但学生原有知识储备并不会自动地"走"到新知识的面前。预习和复习的目的都是为了让学生有学习的准备。就特定阶段的学生来说，他们在课堂学习中获得新知识的准备主要是指他们的认知结构中有适当的观念来同新知识建立实质性的、非人为的联系，他们具有意义学习的"心向"。实际上这就是学生原有的知识经验和动机水平要能适应新知识学习的需要。

现代认知心理学认为，学习者已经知道的东西和已有的经验是影响学习的重要因素之一。加涅十分重视学习新知识时的经验准备。美国心理学家奥苏贝尔也把学生认知结构中能与新教材建立联系的有关观念是否可利用作为影响意义接受学习的重要变量。课堂教学中的导入，就是要安排一定的活动，激活学生原有的知识经验，以便新知识的植入有一个清晰、稳定的固着点。

2. 注意搭桥铺路

教师通过预习和复习唤起学生已有的知识经验，其目的是为新知识植入学生的头脑做好准备。怎样让新知识顺利地从原有的知识中生长出来，这就要靠实现新知识与原有知识的衔接和过渡，找到新旧知识的关联点，选准新信息走进学生经验世界的切入点，"以其所知，喻其不知"，使学生"温故而知新"，这正是教师的课堂教学艺术之所在。

温故而知新的方法有很多，教师可以设计、提出问题，随着学生逐步解答的深入，旧知识与新知识发生了联系，从而引入新课；也可以在练习和分析实际问题中蕴蓄渗透，逐步使新问题清晰化，新知识明确化；还可以在描述、概括原有知识的基础上，延伸问题，引入新课学习。

3. 引起定向认知

奥苏贝尔在 20 世纪 60 年代提出的"组织者"是指先于学习材料显示的一个引导性材料，其机制应是利用统摄性和概括性较高的语言、文字、模型等帮助学生有效地理解，将那些需要学习的正式材料纳入一种清晰的认知框架中，组织者的作用是帮助学生稳定地接收和保持正式学习材料中更详细和分化的内容，在学生已知和未知之间架设起一道观念上的桥梁，为他们获取大量意义言语信息提供观念上的施工架。教学中常用的组织者包括课前的提示、概述、纲要、概括水平高的论文或比较性材料、某种模型或图示等。有些教师善于用题目作为组织者。

（三）加强学生学习的参与性

在课堂教学中要让学生主动参与，就必须提供一定的条件和创造机会。教师在设计和组织教学活动时，应根据课程内容的特点，想方设法让学生"卷入"到自主获取知识的"陷阱"中来，变教师操纵式的授予知识为学生自主地建构知识。当学生成为知识的"再生产者"时，他们的知识才能真正成为一种内在的精神财富。

1. 促使身心投入

新课程的实施"倡导学生主动参与，乐于探究，勤于动手"，因此应尽力推动学生自觉加入课堂的教学活动中来。心理学的研究指出，只有设法使学生加入任务之中，才能达到激励内在动机的目的。我国研究者在国内外相关研究的基础上，对"学生参与"做了深入的研究[①]。研究指出，可以把学生在教学过程中的参与定义为：学生在课堂学习过程中的心理活动方式和行为努力程度。学生参与主要包括三个基本方面：行为投入、认知投入和情感投入。行为投入是指学生在课堂中的行为表现，认知投入是指学生在学习过程中的

---

① 孔企平. 数学教学过程中的学生参与 [M]. 上海：华东师范大学出版社，2003：21.

思维水平和层次（这些层次是通过学习方法表现出来的），情感投入是指学生在教学过程中的情感体验。

2. 引起尝试活动

在导入环节如何强化学生的主体活动，使他们在尝试与探索中发现矛盾，获得经验，掌握学法，提高分析问题和解决问题的能力，这是我们必须重视的一个重要方面。大量研究证明，最有利于学生发展的学习，是提供各种机会，创造各种条件，使学生自己去尝试和探索，从而发现某种规律性的东西——概念、规则或原理。

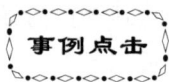

事例点击

让学生先尝试探索

这堂课学习的是"分数的基本性质"。

教师先让学生拿出三张相同的纸条，分别二等分、四等分、六等分，并将每张纸条的一半涂了颜色。如下图：

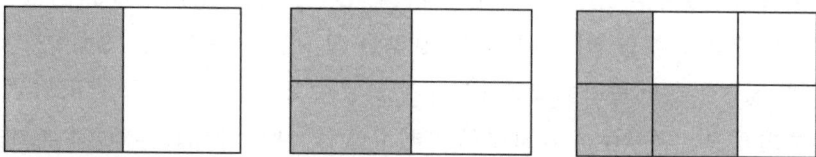

接着，教师并不急于一步步地讲解，而是让学生不看书，先自己思考如下四个问题： （1）分别将三张纸条涂了颜色的部分用分数表示出来 $\left(\dfrac{1}{2}、\dfrac{2}{4}、\dfrac{3}{6}\right)$ ；（2）思考三个分数之间的关系 $\left(\dfrac{1}{2}=\dfrac{2}{4}=\dfrac{3}{6}\right)$ ；（3）通过三个分数的关系你发现这三个分数的分子、分母有什么变化规律？（4）通过分子、分母变化的规律，你能说说分数的基本性质是什么吗。看看谁发现得最早，说得最好。教师布置完思考探索题，给学生5分钟时间自主学习、自主探索与发现，而后全班探索、展示与讨论。

课始，教师并不急于讲解，而是出示一些蕴含待定知识的材料，让学生尝试着做出解答。这样，强化了学生的自主性，锻炼了他们的探究能力，在此基础上进行互动并给予必要的指导，学生就会学得主动积极，也会获得许多在听讲中难以得到的经验和体验。

3．觅取学习资源

"课程资源"，简单地讲，就是形成课程的要素来源以及实施课程的必要而直接的条件。它是支持学习的一切可供利用的材料。在课堂教学的起始阶段，可以让学生把事先主动采集到的与课程学习有关的资料提供给大家。

我们常讲的"定向积累经验，收集相关信息"，通常就是指学生通过有目的的观察、调查采访、实地踏勘、动手实验等实践活动来获取新内容学习的相关经验。此外，学生也可以充分利用学校的图书室、实验室，校外的青少年活动基地、儿童之家、博物馆等社区资源，或者上网收集有用信息，作为学习新知识的准备。

二、 展开过程的调控

展开环节是上课的主体部分，要求学生对所学内容能有实质性的理解并初步掌握。课堂教学能否达到教学目标在很大程度上取决于展开环节是否合理和有效。展开环节教师要做的工作有以下几点：

·优化教材呈现

教师要精心选择和组织课程资源，要根据学生掌握教材内容的心理活动规律和教材本身的特点，把所学课程的逻辑意义转化为学生的心理意义，将外部的信息纳入原有的或经过改造的认知结构中。

·指导学生内化

它的实质是要求教师根据不同的学习任务类型对学生进行有针对性的指导，帮助他们将刚刚接受的新信息结构化和意义化，从而贮存到长期记忆中去，内化为自己的智慧和品质。

·组织初步练习

当学生对新信息进行合理编码贮存之后，可以说此时他们已经初步习得（领会、理解）了新信息的实质含义。然而，这种习得还不能说是深刻透彻的，贮存也尚未达到经久不忘的程度。这时教师应通过适当的指导性练习让每个学生都动手、动脑和动口。借助课堂上的即时练习或讨论，一方面及时判断学生初步习得的新知识是否透彻完整，另一方面也可以促进学生深化理解，获得初步体验，并找出学习中的问题。

· 进行反馈评价

学生尝试练习活动必须通过形成性的、及时的评价或反馈才能达到它应有的作用。这种评价不是用来对学生的课堂学习评级排序，而是传递某种信息，让学生知道他在尝试练习中所表现的学习行为正确与否或正确程度如何，离期望的目标还有多远，通过与预期目标的比较为后续学习提供激励和帮助。

（一）教学内容的铺陈

教学活动的核心是使教学内容为学生所吸收、消化并用以解决问题。课程实践的一切问题都是围绕课程内容的安排及其结果展开的。[①] 所以施良方教授讲："无论是国内还是国外的教学理论与教学实践中，绝大多数教学策略都涉及如何提炼和转化课程内容的问题。"其实，杜威早就在他的《民主主义与教育》一书中说过，方法不过是材料的有效处理。所以，对教学展开过程的调控，必然要从教学内容的铺陈着手。

1. 讲究呈现艺术

基础教育的课程改革使我国的中小学教材正悄然发生深刻的变化：教材的多样化使教材作为教学中唯一的"法定文本"的地位渐趋动摇，教材的功能定位也逐渐由"控制"和"规范"教学转向"为教学服务"。这种变化也为教师使用和呈现教材拓展了智慧空间。

教师呈现教材的方式多种多样：教师可以从原有知识的复习引出新教材，调动学生的知识经验，促进新旧知识的相互作用；教师也可以联系学生的生活实际，提出问题，使学生在讨论和研究问题的活动中学习、理解和运用教材；教师还可以提供蕴含某种内在理论和逻辑的素材，使学生讨论、研究和

---

① 丛立新. 课程论问题［M］. 北京：教育科学出版社，2000：284.

领悟，自己从中归纳或推演出结论。当然，教师利用教具或现代媒体，组织学生在活动中接触并运用教材，也是新课程学习所倡导的。总之，教师呈现教材可以不限于直接出现在教科书上的例题或文字，也不一定由教师一味讲解。

事例点击

都要全照着课本教学吗

那是武汉一位普通教师上的课：一年级"品德与生活"中的"祖国真美丽"。她让每个学生把自己参观名胜古迹时拍的照片带进课堂，并讲一讲照片的故事。课堂上，学生或高高举手，或沉思冥想，或单腿跪在椅子上，或醒目地站着，她只是微笑。在这种温馨而活跃的氛围中，每个学生的个性都得以张扬。

她并不知道学生会谈到上海的东方明珠塔，不知道学生会提到香港的海洋公园，也不知道学生会说出"天安门广场比洪山广场（武汉一座著名广场）大多了"的话，但她知道，在这样的互相讲述和倾听中，祖国的美丽已经融入学生的心灵中。

课本不等于教材。这位教师并没有照本宣科，却达到了教学目标，也把课教活了。

看照片学过去时态

这是一节英语听说课，本节的练习内容是通过观看英语电视节目《走向未来》，学会如何用英语谈论过去。其中重点练习在口语中过去时态的应用。这位教师并未一上课便打开电视让学生观看，而是通过实物投影仪向学生展现一些自己在不同年龄阶段的照片，有满月照，有小学时的，有初中、高中、大学及工作后的照片等。看到教师真实的成长照片，学生的兴趣顿时被激发，不用说，他们急切地等待教师讲讲他的过去。于是，教师便很自然地用英语讲述起了他的成长历程，学生听得专心致志。不知不觉中，第一步——教师演示"如何谈论过去"已完成，而且比直接看电视更生动有趣，更吸引人。

为了继续迎合学生对教师的过去特别感兴趣的心理，这位教师又给学生一个向教师提问的机会，即用英语询问教师有关过去的事情。这样，学生踊跃地提问，不仅无意中使用了今天要练习的过去时，而且使他们觉得实际上用英语说话并不那么困难。

然后教师再导入"看电视"，此时学生不仅已被激起了很大的兴趣，而且对于所看内容也容易听懂并模仿，因为一切都已在教师的演示与指导下实践了一次。这叫"不知不觉进入角色"。

教师运用老照片引导学生学英语的过去时态，在师生的互动中，学习的内容很轻松自然地为学生所掌握。这种活动的安排不仅注意了情境与内容的巧妙贴合，而且给出的教学刺激在新颖、富有趣味、联系学生生活经验方面确有独到之处。

2. 充实感性材料

学生的表象和经验的储备是理解一切知识的基础，没有足够的感性经验就无法形成理性的认识。因此，教师在教学的展开阶段要根据学生的实际为学生提供丰富的例证：或利用各种直观手段（包括实物直观、模拟直观、语言直观等），或调动学生的表象和经验，或列举种种生动的现象和事例，或引导学生参与实践活动，或利用学校与社区可以获得的各种课程资源……总之，务必让学生理解书本知识，奠定一个可靠的感性基础。

我们在这里提出要有足够的例证，还含有两方面的意思：一是例证应当包括正例（肯定例证）和反例（否定例证）；二是例证还要有变式，即变化正例的形式，使其本质特征保持恒定，而非本质特征时有时无，这样有助于排除无关特征，突出本质特征。

事例点击

从生活经验中析出函数关系

师：给大家举个例子。我们在生活当中常常会遇到顶风骑自行车的情况，大家都有这种感受：风越大，骑自行车就越费力。对于一个正方形来说，边长越长，正方形的面积越大。这两个例子中都有两个因素，它们之间相互制约。大家能不能也举一些这样的例子？

生1：人的身高越高，做衣服用的布料就越多。

生2：船在水中航行，顺水走时水流的速度越快，船走的速度也越快。

师：我们生活当中这种例子很多。大家分析一下，在这些例子当中都存在什么样的量，这些量之间都有什么样的关系。

（学生思考1分钟）

生3：骑自行车时风速和用力是两个变化的量。

生4：在正方形中边长和面积是两个变化的量。

生5：人的身高和所用的布料是两个变化的量。

师：这些量都是变化的量，我们把它们叫作变量。骑自行车时风速和用力是两个变量，正方形中边长和面积是两个变量，人的身高和所用的布料是两个变量。谁能说一说它们之间存在什么样的关系。

生6：两个变量之间分不开。

生7：一个量变化了，另一个量也随着变化。

师：综合上述两个同学的想法，生活中有许多相互制约的变量，我们把它叫作函数关系。这种函数关系仅仅停留在我们现在的感觉上是没有用的，只有把它上升为数学问题，才能体现出它的价值。让我们看下面的问题。

（1）描点：根据表中的数据在平面直角坐标系中描出相应的点。

（2）判断：判断各点的位置是否在同一条直线上。（可以用直尺去试，或顺次连接各点，观察所有的点是否在同一条直线上）

（3）求解：在判断出这些点在同一条直线上的情况下，选择两个点的坐标，求出一次函数的表达式。

（4）验证：验证其余的点的坐标是否满足所求的一次函数表达式。

引导学生感受函数关系，体验函数关系的数学价值；尊重每个学生的感受和思考，引导学生主动学习。

3. 导向深入理解

理解即我们常说的"懂"。它是运用已有的经验、知识去认识事物的种种联系、关系，直至认识其本质、规律的一种逐步深入的思维活动。在教学中，学生了解一个词的含义，明确一个科学概念，辨明公式、法则，或者是解释课文的语句，把握段落大意和全文的中心思想等，都属于理解。理解是掌握知识的重要环节。只有理解了的东西人们才能更深刻地感知它，理解基础上的记忆效率才高，理解了的知识才有可能迁移和应用。由于学习的对象及其特点不同，理解可以分为对言语的理解、对事物类属性质的理解、对因果关系的理解、对逻辑关系的理解。

在展开环节，对教学内容的深入理解主要有两方面的要求：一是对所学课程能在感知的基础上由此及彼，由表及里，去粗取精，去伪存真，真正把握其本质和规律，而不只是停留于字面的记诵或机械重复的操作。学生应当"由例及类"，能迁移，能类化，能用于分析解决问题。二是要明白教材上的语言的意义，即要以语言为中介，把人类对于客观世界的现象、事实及其规律的认识成果内化为个体头脑中的经验系统。语言在学生对知识的理解和认知加工中有毋庸置疑的作用。这种作用主要表现在通过语言的抽象概括，对感性材料进行加工提炼，使之成为清晰、明确、精细的概念和原理，有较高的概括性，以便迁移。同时，语言也使抽象的概念和原理的意义明晰化和固定化，促进新旧知识之间的联系，形成概念系统。

事例点击

在不经意的地方点拨

教《景阳冈》一文，特级教师徐善俊让学生带着这样一个问题读第九节："老虎对武松进攻了几次？武松是怎样对付老虎的进攻的？"老师把学生讨论的结果写在黑板上：

$$\left.\begin{array}{l}\text{一扑}\\\text{一掀}\\\text{一剪}\end{array}\right\}\text{一闪}$$

然后，老师问学生"闪"是什么意思。学生从字面上理解，"闪"是躲的意思，查字典也说"闪"是"侧转身体躲避"。老师接着又问："既然'闪'就是'躲'，课文里为什么用'闪'不用'躲'？"老师让学生再仔细读课文，结合上下文的具体语言环境体会"闪"到底有什么含义。读后有的学生说"闪"显得动作快，而"躲"就显得比较慢；有的学生说"闪"动作灵活、敏捷，而"躲"则显得笨手笨脚；也有的学生说"闪"是主动地躲开，而"躲"则显得很被动，是没有办法才躲的。……大家比较深刻地认识到"闪"确实比"躲"好。

学生在学习某一内容时，常常自以为"懂了"，其实未必，这就需要教师给予指点，把学习引向深入。

理清头绪，掌握要旨
——《论雷峰塔的倒掉》的教学设计概要

上课伊始，解题之后，教师对学生说："这篇课文的标题是'论雷峰塔的倒掉'。请大家认真读读课文，读课文之后说说这篇课文议论的对象是什么。具体说，就是本文议论的对象是人还是物，是事还是理。"

读完课文学生各自发表看法，有的说议论的对象是雷峰塔，有的说议论的对象是雷峰塔倒掉这件事，有的说议论的对象是白娘子，有的说议论的对象是法海，还有的说议论的对象是从雷峰塔的倒掉引出来的道理。由于教师要求学生发言时要引用课文做说明，因此通过这一教学活动就达到了熟悉课文的目的。

此后，教师安排学生结合课文说说关于雷峰塔课文都写了哪些内容。通过研读课文，教师指导学生认识到，本文写了雷峰塔今昔的变迁和作者对今昔雷峰塔的态度。为什么持这种态度？有三个方面的内容。

之后，依上述方法进一步引导学生说出关于白娘子课文写了几个方面的内容，关于法海课文写了几个方面的内容。

当学生把这几个问题弄清楚之后，课文的头绪就有了，许多问题也就迎刃而解了，诸如哪些内容是记叙，记叙这些内容有什么作用；哪些内容是议论，这些议论是针对什么说的；这些议论表明的观点是什么，提出这些观点的依据是什么；等等。这些问题解决了，本文议论的中心以及议论的方法也就不难理解了。

对一些不容易把握的课文，教师要指导学生理清头绪，把握要旨，才能深入其堂奥。

（二）课堂活动的变化

美国心理学家加涅曾提出，教学就是根据学生学习活动的特点，适当地安排影响他们内部过程的外部事件、外部条件。这些"外部条件"实际上就是由刺激组成的教学情境。在课堂教学中，成为刺激的因素是多种多样的，这里主要指构成教学情境的那些有意识地安排的教学事件，包括作为信息传递者的教师的教学行为、教学信息的物质载体（媒体）、师生相互作用的活动等的改变，其中主要是教师的教态、教学语言、教学方式方法以及教学手段的变化。我们所讲的活动变化，主要是指课堂教学过程中教师可操控、学生可感受的教学的各种形式的变化。

变化技能是指教师在课堂教学中，通过信息传递、师生相互作用以及教学媒体运用等活动方式的改变和转换，以引起学生兴趣、维持注意的一类教学行为。

1. 教师表现的变化

教师在课堂上常常靠教态、位置、言语等方式来表达自己的意图，以调控教学的运行。

· 教态变化

教师在课堂上的整个形象常被称为"教态"。教态是教师在学生心目中直观和表率性最强的整体形象。教态既指教师的仪容、神色、表情、目光、手势、言谈、举止，又包括教师的风度、气质、修养，它是教师的外部形象和内在素质的综合反映。由于教态具有表情达意、传递信息的功能，因此这种"刺激"的变化，对增强教学的效果，调节和控制课堂教学活动，都有不可忽视的作用。

· 位置变化

人与其他人相处时，总是把自己置于或近或远的位置上，保持一定的距离。人们用空间互相传递感情、欲望和兴趣。心理学研究表明，学生的自信心和对教师态度的预期，影响他们在班上选择座位。在课堂教学中，教师应意识到学生的个别差异，通过变换自己在教室内的位置，走近或远离某些学生，表达强有力的信息或暗示，达到组织管理课堂教学的目的。

· 言语变化

有声言语是教师在课堂教学中传递信息的主要手段。教师在语言形式的运用方面的变化总是服务于完成一定的教学任务并适用于特定的教学内容。课堂教学中"言语刺激"的变化，主要指有声言语的形式要素方面（声音、停顿、节奏、用语、修辞以及伴随语言）的变化。

2. 教学媒体的变化

教学媒体多种多样，不同的教学媒体作用于不同的感觉通道以传递教学信息。媒体的变化对学生来说就是感觉通道的改变。

· 视觉通道式

视觉教学媒体是指板书、课本、投影片、幻灯片、图表、照片、录像、实物等。视觉通道是各感官中效率最高的，能引起学生的兴趣，但也容易引起疲劳，使用时要注意变换和穿插。

· 听觉通道式

听觉通道传递教学信息的效率虽不如视觉通道高，但学生不易疲劳，能为学生展开想象留有充分的余地，在教学中的使用率最高。通常中学课堂教学听觉通道的使用占 70％左右，小学占 50％左右。这种教学媒体善于在课堂教学中使用拟声、录音等教学手段，对提高许多学科的教学效果是很有作用的。

· 视听结合式

声像媒体通过视听两个通道传递视觉、听觉两方面的信息。两个通道的结合，增加了信息刺激强度，提高了信息吸收效率和质量，因此，声像教学媒体已被广泛地应用于中小学教学。它包括伴有解说的幻灯投影、电影、电视、录像等。

· 触、嗅觉通道式

触觉和嗅觉感官能获得其他感官所不能获得的信息。在许多自然学科的教学中注意使用这两种感官可为学生认识事物、促进学习提供全面的信息。在教学中教师还要为学生提供动手操作的时间和机会，培养学生的动手能力。

事例点击

运用传媒　提供信息　丰富体验

——一位教师教《林教头风雪山神庙》

（在全文收束的时候，教师用精心剪辑出的一组镜头来做课堂的背景：屏幕上先出现一个满屏的林冲头像，满含悲怆的怒火，毅然决然的目光，一下子就抓住了学生的心。这时，教师有意不语，意在形成艺术空白。当林冲转过头，迎着风雪，义无反顾地向远方走去时，音乐渐起，教师也恰在这时渐入预先设计的结语。林冲越走越远，教师的结语也越说越激昂）

师：同学们，刚才我们透过风雪看林冲，现在让我们来透过林冲看《水浒传》。林冲走上梁山的道路是最为曲折的，也是最具代表性的。他曾经有自己的生活、自己的社会地位，这一切都被高衙内轻而易举地夺走了。尽管如此，无论是遭计陷害、刺配沧州，还是野猪林遇险，都没有使林冲生出半点反念。直到草料场一把大火，致使林冲逃不掉是死、逃得掉也是死，才烧掉了林冲的所有期望和幻想，也烧掉了北宋朝廷君仁臣义的伪装。林冲走上梁山的道路是一条官逼民反的道路，是当时社会中豪杰人士寻找自由平等的道路。正所谓"仗义疏财归水泊，报仇雪恨上梁山"！

（当主题全部凸现时，音乐骤起，教师宣布下课，让学生的思想情感在激昂雄壮的《好汉歌》中生发开去）

本例中录像的使用有独到之处，它不是一段完整的情节，而是完全作为一种背景画面、一种情绪的烘托出现，引发了学生的感悟与体验。这恰恰体现了教师教学设计的艺术美。

3. 活动形式的变化

这里的"活动"，泛指在课堂教学中教师教的活动、学生学的活动以及师生交互作用的活动。显然，从教师教的角度说，他总会变化自己的教学方式和方法，如交替和穿插使用讲授、提问、演示、读书指导等方法，并且变换每种方法的具体形式。从学生学的角度讲，他们也会随着教的方法的变化，改变学习的方式和方法，如读书、听讲、操作、练习等。从教与学的交互作用来看，既可能有师生的问答与讨论，又可能有学生之间的商议和小组活动。总之，在实际课堂教学中，教学活动的变化是普遍的、多种多样的，而且这种变化促进了教学的优化和学生的发展，也使课堂上充满了生机与活力。

鉴于教学方法和课堂组织形式的变化是每位教师都十分熟悉和惯用的，我们不再赘述。以下从教学方式或教学活动的个别形式着眼，列举一些变化的类型。

•情景式

利用和创设一种便于学生领悟和触发的教学情境，把最适于激活学生智慧活动的外部环境和内部条件精心地加以组织，使学生在情景交融中主动地、生动活泼地学习。

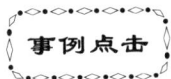

【事例点击】

在音乐中体验

上海市一位优秀教师执教吴伯箫同志的散文《歌声》。"同学们，课文中选用了哪些生动的词语和丰富的句式来描绘当年延安大合唱时的情景？"在引导学生熟悉课文后，教师轻轻地哼了两句："同志们那个哟嗨，大生产那个哟……"旋即放起了《生产大合唱》的录音。歌声由轻到重，学生的情绪也被激越的旋律带到当年那欢乐的大草坪上。讲到陕北民歌信天游时，教师又轻轻地哼了起来。接着，录音机里响起了婉转、清快的歌声。两支歌唱完，当听课者还津津有味地品味时，黑板上已经出现了两组不同的词语和句子。由于学生对于课文描述的情景有了真切的感受，词句的辨析竟"无师自通"了。最后，录音机又响起了《黄河大合唱》的歌声。这是教师在布置作业了。

•表演式

围绕教学目的要求，组织学生实地参加或观察某种"表演"，促进他们对教材的领悟和理解，在轻松愉快的活动中完成学习任务，发展各种能力。

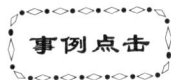

【事例点击】

以表演助理解

《核舟记》这篇课文中将苏东坡、黄鲁直、佛印以及两个舟子的外貌神态刻画得栩栩如生。可是，这段古文又是学生难于理解的。为了激发学生的学习兴趣，促进学生对课文的理解，发挥学生的想象能力和创造能力，教师决定找几个学生登台表演不同的角色。首先，按要求分别物色三名学生扮演角色，对于其中的佛印还专门找了一名圆脸蛋的矮胖同学来装扮。然后，以讲台做舟头，由教师按照文中描写的顺序启发指导他们进行表演。同时，要求台下的同学一起认真对课文读读议议，共同探讨其正确的体态表现。学生兴趣大增，不少同学还争先恐后地发言纠正台上扮演者的姿势，课堂气氛十分活跃。

·模拟式

利用两种活动和情境的"共同要素"进行模拟，诱导学生的类比联想和推理，能收到"举一反三""比物丑类"的效果。

┄┄┄┄┄┄┄┄┄┄┄┄
事例点击
┄┄┄┄┄┄┄┄┄┄┄┄

巧用模拟突破难点

一位教师这样教数学中的一道思考题："一个物体从高空下落，经过 4 秒落地。已知第 1 秒速度是 4.9 米，以后每一秒钟的下落速度比前一秒钟多 9.8 米。这个物体下落前距地面多少米？"这位教师先让四个同学到教室前做表演：四个人从同一点迈步，已知第一个人迈一步，以后每人比前一个人多迈一步。观看表演后请同学们算算四个同学一共迈了多少步。学生通过表演、讨论、订正错误和列式计算，在高涨的情绪中解决了问题。

·游乐式

游戏是活跃课堂教学的手段。心理学研究表明，游戏不仅可以提高教学效果，而且有利于儿童的社会性发展和创造力培养。苏联著名教学论专家斯卡特金在论及改善教学过程的途径时说："在有助于提高教学情感的手段之中，不能不提到游戏。"

┄┄┄┄┄┄┄┄┄┄┄┄
事例点击
┄┄┄┄┄┄┄┄┄┄┄┄

寓教于玩学知识

一位化学教师设计出一种"寓教于玩"的教学方式。他把全班学生带到阳光灿烂、绿草如茵的草地上，围圈而坐。教师从中挑出 20 个孩子，分成 4 组，并在每组学生的胸前分别挂上记有银离子、硝酸根离子、氢离子和氯离子牌子的硬纸牌。然后让他们到圈子里的草地上唱歌跳舞。哨声一响，佩戴氢离子牌子的学生就找佩戴硝酸根离子牌子的学生，然后手挽着手继续唱歌跳舞（表示化合）；佩戴银离子牌子的学生听到哨音后，就去找佩戴氯离子牌子的学生，然后手挽着手纷纷躺倒（表示沉淀）。通过这种方法，教师使学生饶有兴味地学到了化学中的复分解反应。

· 操作式

儿童的发展都是离不开活动的。因此，可根据儿童乐于动手、喜爱操作的特点，引导他们动手、动口、动脑，通过活动操作而掌握知识、发展智力。在各种教学中，让学生比比、画画、拼拼、剪剪、量量，或运用学具，或以实践方式学习知识，都会取得很好的效果。

· 商议式

近年来，国外出现了"商议教学""蜂音会议"等新的教法，这些教法充分评估学生的社会性需要（交往需要），注意调整教与学的关系，引导学生相互商讨，你一言、我一语地展开讨论，以便集思广益、互相启发，激发思维的主动性和创造性。议论商讨的方式多种多样：可由教师精心设疑，引导学生议论研讨，步步求解，或让学生各抒己见，匡谬辨正，求同存异；或读读、议议、讲讲、练练，或指导自学、质疑问难、适当点拨。课堂中究竟应采用何种议论方式，应根据教材、学生和教师本身的实际情况而定，或以某种议论方式为主兼容其他，或独辟蹊径另创新法。无论采用何种方式议论，目的都是为了让学生的思维处于积极、活跃的状态，燃起求知的欲望，培养探索的精神，最大限度地调动他们学习的积极性。

（三）反馈调节的行为

课堂教学是一种依据目标、导向目标的实践活动。无论事前的教学设计有多周密、多完善，都免不了在充满活力的课堂情境中出现变数。因此，根据教学目标调整教学的速度和教学内容的密度，根据学生学习的状况调整教学的方式、方法，可以说是常见的事。有时，针对学生普遍存在或最易出现的错误反应或动作进行补救性教学，或者对原定目标延伸和拓宽，进行补充性教学，也是调整环节的应有之义。

在调整环节中应当把握好哪些方面呢？

1. 捕捉反馈信息

反馈是学生学习的重要条件。美国心理学家加涅认为："学习的每一个动作，如果要完成，就需要反馈。"反馈也是教师调控教学过程的重要条件。当代著名教育心理学家布鲁纳、加涅、布卢姆等人几乎都曾以不同的表达方式强调过反馈在教学中的作用。关于反馈在教学中的重要意义，我国学者和教育实践家顾泠沅根据国内外的教学改革实践经验，提出了一个反馈原理。这个原理是：学习者的心理和行为朝向预期目标的发展都需要反馈调节。教育者及时地、有针对性地调节教学，学习者参与自我评价，可以极大地改善学习的进程。有效的反馈机制是目标达成的必要保障。

教师对课堂教学调整的必要性和有效性是以其接收到的反馈信息的准确性和全面性作为保证的。教师可以通过观察、谈话、考查、作业等方式及时地捕捉到来自学生的信息，作为调整教学的依据。

苏联教育家苏霍姆林斯基说过："对一个有观察力的教师来说，学生的欢乐、惊奇、疑惑、受窘和其他内心活动的最细微的表现都逃不过他的眼睛。"学生对旧知识是否牢记，对新知识能否接受，对教师的教学方法是否适应，全都写在脸上，尤其集中在眼神里。如果教师具有一双洞察入微的慧眼，便可以根据学生眼神的变化、面部表情、动作姿态和与教师的接近度等，明白自己知识传授的正误深浅、难易快慢和详略疏密，从而迅速做出相应的调节措施：误者正之，深者浅之，化难为易，快慢适中，详略得当，疏密有度。

事例点击

一个疑问引出的教学调整

学习古诗《登鹳雀楼》，教师把鹳雀楼的图片放映到屏幕上，并指导学生有感情地朗读了全诗。一个学生提出了疑问："'登鹳雀楼'是说诗人已经上了楼，如果要'穷千里目'，还要'更上一层楼'，这样楼就应当有三层，可是图上为什么只有两层？"

莫非是图错了？教师怔了一下，便先使用"缓兵之计"说："是图错了呢，还是诗写错了，还是图和诗都没有错？"教室里顿时安静下来，大家都在努力思考。教师缓过神来接着点拨："'欲穷千里目，更上一层楼'，是描写诗人登楼时的想法呢，还是写诗人登了一层还要再登一层？"于是，学生们展开了热烈的讨论：

——"可能是诗人一边上楼一边想，也可能是表达诗人上了楼，觉得这楼不够高，还看不到远处景色的那种可惜的心情。"

——"这是诗人在对我们讲一个道理，要登得高才能看得远。"

——"这种想法与楼有几层没关系，即使站在二楼上也可以有这种想法。"

教师说："你们说得很有道理。'欲穷千里目，更上一层楼'是诗人的想法，体现了积极向上的愿望，不是——"教师欲言又止。这时说图画错了的孩子接过话说："不是站在楼上的诗人说鹳雀楼还有第三层。"

这是由一个学生的质疑而引发的教学调整。其实，课堂上学生反馈的信息有些是明确表达的，有些是隐藏暗示的，教师应对此保持敏锐的感受，有针对性地予以回应。

2. 选择强化手段

教师要根据所获得的学生学习活动状况的信息，采取一定的手段，增强有益的反应，改善不合适的行为。

· 言语式

教师运用语言，即通过表扬、鼓励、评述、批评等方式来强化教学的行为。

· 符号式

教师运用一些醒目的符号、色彩对比等各种标志来强化教学活动的行为，如在作业中加评语、五星，在重点、关键点的板书中加标志等。

· 动作式

教师运用动作，通过师生间的思想、情感交流来强化教学活动的行为，如用非语言方式（体态语）肯定或否定学生课堂的表现。

· 活动式

教师诱导学生参与活动，在活动中使学生受到激励，从而促进学习。

3. 校正学习差错

学生在学习中出现差错是难免的，应当视为他们学习中一个正常的部分。教师在教学的展开环节要及时发现学生的差错，适时校正，同时要把学生的差错作为一种教学资源，利用差错去澄清模糊的认识，辨析混淆的问题，突破教学的难点，强化关键的记忆，要让学生从差错中吸取经验教训，增加体验，提高学生发现问题、研究问题和解决问题的能力。

发现学生差错后，教师应认真进行"双补"。"双补"即补救和补充。"补救教学"指教师依据学生学习状况的反馈信息，对学习中没有解决的普遍性问题和应予以强化的重点与难点进行再次教学。这在布卢姆的"掌握学习"模式和在上海青浦的教改实验中被称为"反馈回授"。"补充教学"则是对教学中生成的新问题或为了拓展学生智能而进行的扩充教学。无论是补救还是补充都不是简单的重复，都应当注重有的放矢。

事例点击

《卧薪尝胆》一课的补充和扩展

师：同学们，勾践需要卧薪尝胆，我们要不要卧薪尝胆？

众生：不需要。

师：为什么？

生1：因为我们不需要报仇雪恨。

师：没有仇，没有恨，就不必卧薪尝胆吗？

生2：我们的生活很幸福，不需要这么苦。

师：有福就要享？

师：请同学们认真听老师的这句话：为了中国的航天事业，中国科学家卧薪尝胆几十年，终于将中国的第一颗人造地球卫星送入了太空。你们说，中国科学家有仇恨吗？他们是否每天都睡在柴草上，每顿饭前都要尝一下苦胆？

生3：老师，我觉得我们需要卧薪尝胆。比如，中国足球队要成为世界冠军，就必须卧薪尝胆。

师：中国足球队需要的是卧薪尝胆的精神！

生4：我也要卧薪尝胆。

师：你又没有仇恨要报，怎么也要卧薪尝胆？

生4：我将来要成为一位大学者，现在就要卧薪尝胆，刻苦学习。

师：为了实现自己远大的理想，也需要卧薪尝胆的精神！

生 5：我们学校正在创建实验小学也需要卧薪尝胆。

师：我们的学校要发展，也需要这种精神。

师：这种卧薪尝胆的精神就是忍辱负重、奋发图强、坚持不懈的精神！（学生齐读）

师：古人将这种卧薪尝胆的精神蕴藏在这么一副对联里，老师把它写下来，看谁能背下来。（板书：有志者，事竟成，破釜沉舟，百二秦关终属楚；苦心人，天不负，卧薪尝胆，三千越甲可吞吴）

（学生读、背对联）

师：同学们对下联不难理解，对上联能理解吗？

（学生摇头）

师：老师有个建议，建议大家回家后自己查一下有关的历史书，或者请教家长。如果同学们采纳了老师的建议，我将感到非常高兴。

在这个例子中，显然学生对"卧薪尝胆"的理解并不正确，需要教师补课。通过课堂上的互动，学生获得了正确的认识，教师还进一步布置了扩展性的学习任务。

三、 结束时段的收放

教学是一门艺术。无论是教一章、一节，还是教一课，其教学的过程都应当是一个浑然天成的整体。当课堂教学将要画上句号时，教师切莫虎头蛇尾。好的课堂教学结尾，应当从教材实际和教学目的出发，不仅对该课有加深主旨的作用，而且对学生以后的学习也具有烛幽发微的好处。一般要做到以下三点：一是随机性，即能根据下课铃响时的教学情况，随机应变，使之恰到好处；二是承接性，即既能使本节课告一段落，又能开启下一节课，起承上启下的过渡作用；三是诱导性，即要意在言外，给学生留下充分思索的余地，以激发学生课外探究知识的兴趣。当然，结课语要简洁明快，干净利落，戛然而止，能带上一点儿幽默感就更好了。切不可拖泥带水，当断不断，意尽而言未尽。

（一）认清构成要素

作为一种教学行为方式，结束技能的构成要素和导入技能一样，包括"信息""语言"和"活动"三要素。

1. 信息梳理

教师在结束时给予学生的信息有其特点，知识信息是经过梳理概括和加工提炼的综合性信息，这时，零散的知识点已被"并联"或"串联"起来，成为有联系的整体。在这些知识信息中应当富含更多的"结构信息"和"方法信息"，即知识已被系统化、组织化和简约化了，已显示出某种结构。同时，获得知识的过程和借以寻求知识的方法教师也应揭示给学生。

2. 语言概括

结束语应是更具概括性和论断性的语言，在简明、精练、准确方面要求更高。当然，悬念性、启示性、预伏性的结束，语言可以多一些婉曲和蕴藉，激励性的结束也要饱含激情。教师要高度重视结束时的语言锤炼，不能事无巨细、重复拖沓，致使最需要学生记住并应用的东西淹没在细碎的语言泡沫中。

3. 活动深化

结束时的活动尽管多种多样，但其作用无非是巩固和深化知识，达成熟练，运用知识，促进迁移。这些活动不能只限于书面的练习性作业，还应当有更多的实践性作业，要促使学生动手、动口、动脑，在有意义、有趣味的活动中，延伸与拓展课内获得的知识与技能。进一步说，多种活动的相互补充和相互作用也能减轻学习负担，提高学习效率和培养学生的兴趣。

（二）明确基本要求

课的结束时段是一节课的重要环节。它的功能主要表现在三个方面：一是对教学内容进行梳理、归纳、总结，加深巩固学生所学知识并使之系统化。二是促进知识的拓展、延伸和迁移，为新知识的学习做好准备。三是激发并维持学生的学习动机，培养学生的主动精神和创造能力。

1. 思想上重视

结束阶段之所以应当引起教师的重视，主要是它在课堂教学中有一些特殊的作用。

·凸显知识结构

美国心理学家布鲁纳说："掌握事物的结构，就是允许许多别的东西与它有意义地联系起来的方式去理解它。简单地说，就是学习知识是怎样关联的。"布鲁纳十分重视让学生掌握知识的"基本结构"。按照认知心理学家们的解释，学生的认知结构就是由教材的知识结构转化而来的。布鲁纳说："所谓认知结构，就是构成含有种种力量——简约知识的力量，产生新的论断的力量，使知识形成愈益严密体系的力量——的知识系统。"不难理解，在课的结束环节，通过综合贯通将纵向的、横向的知识联结成有机的系统，对于形成学生良好的认知结构是十分有意义的。

·利于学习迁移

知识的概括是学习迁移的关键变量。心理学家曾提出一个学习迁移的"概括化理论"。这种理论认为，共同成分只是产生迁移的必要前提，而迁移产生的关键在于学习者能够概括出两种活动之间的共同原理，且概括水平愈高，迁移的可能性就愈大。所以，结束时段的总结和引导学生进行概括，能促进学习的广泛迁移。

·增强知识记忆

教师在课的结束时段，要指导学生组织知识，对知识材料加工编码，尽量使之组织化、结构化和网络化，以促进知识的保持。记忆心理学关于"近因效应"的研究表明，"近时"的因素是影响保持的重要变量。记忆的"位置系列效应"指出，靠近结束部分的学习内容，在记忆上产生"新近效应"，越是新近学习的靠后的内容，记忆越好，越难遗忘。因此，在课的结尾，强调必须熟记的重点知识，进行强化复习，布置巩固性作业，都能促进知识的保持。

·维持学习动机

人的活动动力一般会在趋向目标的行动中逐渐加强，但随着目标的实现和需要的满足，动机的强度会逐渐减弱，学生的学习动机也会出现这种变化。我们常能见到，到课的末尾，学生会出现学习兴趣丧失、学习的厌足感、学习疲软乏力等现象，这时，教师应当不失时机地把学生引向新的追求、新的目标，维持他们的学习动机。所以，在课的结尾，或预伏悬念、留下探索性作业，或揭示与本课有联系的新内容、展现更远的目标，或提出新的要求，推动学生把知识推广运用于新的情境，都会使学生具有一种心理的张力，产生一种不断学习新知识的欲望。

2．推进时有序

在结束一个课题的时候，大体要经过以下阶段：

·简单回忆

对整个教学内容进行简单回顾，整理认识的线路。

·提示要点

指出内容的重点、关键，必要时可做进一步的具体说明；点明知识内容间的关系和联系，使学生了解知识结构；揭示方法，进行运用指导。

·巩固应用

把所学知识运用于新情境，练习运用所学知识解决问题，并在练习和运用中巩固知识。

·拓展延伸

有时为了开阔学生的思路或把前后知识联系起来、形成系统，教师需要适当扩展课内所学的内容。

3．操作中用心

教师要以课程标准和教材为依据，围绕一课的教学目的周密考虑、精心设计，做到紧扣中心、不蔓不枝。

要符合学生的认知特点，能激发学生兴趣，有助于加深和巩固知识的理解和记忆，有利于加强新旧知识的联系，发挥承上启下的作用。

要做到简洁明快、含蓄蕴藉、新鲜有趣、灵活多变，尽力为学生创造思考和巩固知识的机会，切不可拖泥带水、浅白直露、僵化死板。

要善于交错、综合地使用各种形式。结尾有单独一节课的结尾，亦有全篇、全章讲授的结尾，教师要视具体情况灵活处理。

事例点击

善于归结要义　步步逼近题旨

这是一位教师讲解鲁迅先生的散文《从百草园到三味书屋》时的几段实录：

在讲完第一部分，即关于百草园的描写之后，教师说：这一段把鲁迅先生热爱自由生活的情景都写出来了，写得有声、有色、有形、有味。（边讲边板书：有声、有色、有形、有味）这幅画面，给人一种绚丽明快、充满生气的感觉（板书：绚丽明快、充满生气），而且鲁迅先生幼年的形象也在这里体现出来了。

对百草园依依不舍的思想感情，正反映了鲁迅先生对自由自在、无拘无束的生活的热爱。

讲完三味书屋的陈设之后，教师又说：陈设古旧、气氛沉闷冷清。（板书：古旧、沉闷、冷清）这样一种环境，正好和百草园形成了鲜明的对比。越是写三味书屋陈设古旧、气氛沉闷，越是突出了百草园生活的乐趣。

三味书屋的学习生活是十分单调无味的，但鲁迅先生还是千方百计地寻找快乐，表现了他对封建教育的不满和反抗。

全文讲完之后，教师最后说：

现在我们再回到题目上来："从百草园到三味书屋"，看了题目，同学们想到这篇文章的作者可能从哪几个方面来写？现在我们读完了这篇课文，知道全文分两大部分，而写百草园的部分和写三味书屋的部分正好形成了——

（学生齐答：鲜明的对比）

教师总结：对，鲜明的对比。鲁迅先生正是通过百草园和三味书屋两种生活的鲜明对比，表达了他对封建教育的憎恨和批判。

（三）采用多种方式

结束授课有时是一种随机进行的阶段性处理，这个时候并不需要刻意地设计。如，教师刚在黑板上写下一道例题，或画好一幅电路图，下课铃响了，有经验的教师马上开口："这道题应该怎样解呢？请同学们思考，下课！""这个电路是什么性质的电路？它具有什么特征？休息以后请同学们回答。"如果教师正在讲解，也可根据讲课内容灵活地向学生提出下一层的思考问题后下课。例如："以上讲述的是要选择能够表现主题的材料，那么，是不是能够表现主题的材料全都可以用呢？请思考，下课！"需要注意的是，提问既不可浅显，浅显则无思考价值，没有吸引力，又不宜晦深，晦深则使学生茫然，且得不到课间休息。

又如，教师正在给学生做某项实验，当实验进行到某步骤而响起下课铃声时，教师可趁机说："这铃声告诉我们，实验到这里，该休息了，下课！"巧妙地将实验中止了。再如，一位教师为学生讲解完一幅图例，图架"叭"的掉下了，此时正好下课铃响了，教师立即断课，说："看来这图架也想下课了，下课！"一句风趣话，既免意外失误之窘，又随机断了课，课堂响起一片笑声。

但更多的时候，教师应考虑留下一段时间，精心谋划结束的方式，尽量做到有收有放、收放自如。

1. 总结归纳式

结课的一个重要目标是让学生对一个课题形成总体印象。这样做的深刻意义早已为许多心理学家所揭示。美国教育心理学家布卢姆在对学习的认知目标进行分析时，认为学习目标的最后两级是"综合"和"评价"，学习者要"把已有经验中的各个组成部分或各种要素，重新组合成一种新的、更清晰的整体，形成一种新的结构"。心理学家奥苏贝尔提出的课程与教学原则中有一个综合贯通原则。他认为，学生的认知结构中已有的观念可以重新组成彼此关联的观念，这样不仅获得了新知识，而且认知结构中原有的因素经过新的组织又获得了新的意义。

当然，对学生所学的教材内容进行概括、总结和综合并使之系统化，不能只靠结课，但结课无疑应当分担这一任务。

言简意赅的总结与归纳

一

课堂上分层分步讲完知识后，结束时应综合归纳，指明知识的联系规律或解题规律。如有的教师讲完"组合图形面积计算"后，为学生归纳了四步解题规律：①分解图形；②分别求出；③求和或差；④验算并写答案。数学、物理、化学课等，可多采取这种方法。

二

在课堂教学结束时，各门学科都可以采用比较、分析等对比的方式来明辨事物的异同，从而获得其本质认识，以结束全课。如有一位中学特级教师在讲授《论雷峰塔的倒掉》一文，最后结课总结全文，启发学生思考"杂文"是一种怎样的文体时，是通过对"①这篇文章有叙事，有议论，是以叙事为主，还是以议论为主？②这篇文章是针对什么写的？③这篇文章与一般的议论文在写法上有什么不同？"三个问题的对比分析，得出杂文是"文艺性的社会论文"的结论，使学生初步认识了"杂文"的文体特点。

三

例如，有位历史教师在讲"第一次世界大战"后的结语是："这节课简单地说可以小结为'一、二、三、四、五'。一个原因：帝国主义为重新瓜分世界争夺霸权的斗争。两个侵略集团：三国同盟和三国协约。三条战线：西线、东线、南线。四大战役：马恩河、凡尔登、索姆河和日德兰海战。五个年头：从 1914 年到 1918 年。"这段利用几个数字巧妙地进行归纳的结语，提纲挈领，概括明确，既使学生在饶有兴趣之中巩固了知识，又在学生头脑里留下了清晰、整体的印象。

2. 衔接过渡式

课的结束并不意味着学习的结束，因此教师要通过提示和指导，为学生学习以后的知识埋下伏笔，实现教学活动的自然衔接和过渡。这包括建立课与课之间的联系，把学习从课内引向课外，组织多样化的练习和活动，布置和指导学生的作业等。

事例点击

提出课后要求，为下一课学习做好准备

初中物理《热的传递》学完"传导"这一部分后，可这样来结课："上面我们研究了热的传递的一种方式——传导，热的传递的另一种方式是对流。我先演示一个小实验给你们看看，这是用一般图画纸做的叶轮，我把它放在酒精灯的火焰上。看，叶轮转动了，到底是什么原因呢？我们下节课再来继续研究。"

留下问题，引导学生深入思考

讲郭沫若《甲申三百年祭》，郭老在结尾处总结了这样一句话："就这样，个人的悲剧扩大而成为民族的悲剧，这意义不能说是不深刻的。"教师抓住这句话，设计了如下的问题："个人的悲剧指谁的悲剧？是指李自成，还是指李岩？""民族的悲剧指什么？""个人的悲剧是怎样变成民族的悲剧的？""由此我们应吸取什么教训？"这几个问题，把学生的思考导向了更深的层次，使学生对文章的中心更加明确。

3. 激情励志式

结课环节对学生进行激励，使他们保持旺盛的学习热情和强烈的探索动机，这对学生持续有效的学习无疑是十分必要的。教师或设置"悬念"，或留下"问题"，或引导学生进入新的活动领域，或为探索与研究指明路径，这些办法在新课程实践中已被广泛地采用。

事例点击

触发情志的结课语

一

有位教师教读《孔乙己》，课将结束时，黑板上"孔乙己"三个字赫然在目。

师：孔乙己有脚吗？

生：（愕然）有啊！

师：他在离开我们的时候，是用脚走开的吗？

生：（肃然）他是用手慢慢地"走去"的。

师：（一词一顿）课讲完了，孔乙己也离我们而去了。他走了，是用脚走开的吗？不！是用手。孔乙己这个备受凌辱、尝尽人间酸甜苦辣的读书人，这个善良忠厚、迂腐困窘的读书人，由于被打致残，频遭冷遇，只好用一双手走了，悲凄地、艰难地走了，走出了读者的视线，也走出了生活的舞台。

（讲到这里，教师随手把黑板上"孔乙己"三个字擦掉了，留下一片空白）

二

生1：这座石桥曾经经历过战争，但依然保存到现在，可见这桥十分坚固。

师：卢沟桥是劳动人民智慧的结晶，更是英雄气概的结晶。

生2：我们中国人应该记住这座世界上独一无二的桥。

生3：卢沟桥的狮子是"七七事变"的唯一见证者。

生4：这座桥还记载着中国人民的耻辱，在卢沟桥前面的一些城墙上仍然保存着日本侵略者留下的一些弹孔。

师：这座桥让我们感受到了中国人民的智慧是独一无二的。中国人民的英雄气概更是独一无二的。请大家再读马可波罗的这句话，体会其中蕴含的意味。

师：为了纪念这些在"七七事变"中牺牲的英雄们，在卢沟桥旁建起了一座抗日英雄纪念馆。在纪念馆的门前就有一尊狮子，它向全世界宣告，中国这头睡狮已经睡醒了，它像雄狮一样屹立在世界的东方。读完了这篇课文，我也情不自禁地写下了几句话。（展示）请读读我写的这几句话。

众生：卢沟桥是一页永远展开的历史，一页凝重的历史，一页光荣的历史，一页让中国人民扬眉吐气的历史！

师：然而，历史终究是历史，几十年过去了，如今强大的祖国给卢沟桥的历史翻开了崭新的一页；如今桥两畔，披了八百多年风尘的狮子，又在尽情地嬉戏，享受着卢沟桥的这份宁静与祥和呢！你们愿意去分享一下它们的快乐吗？我们再来读读课文中的这段话。

（配乐）

众生：它们的形状各不相同……

三

师：同学们，《岳阳楼记》这篇课文我们已经学完了，现在我来重点总结一下。第一，本文所表达的中心思想是：以为岳阳楼作记为名，借题发挥，表达了作者"不以物喜，不以己悲"的旷达胸襟和"先天下之忧而忧，后天下之乐而乐"的政治抱负。第二，在写作特点上，本文将叙事、写景、抒情和议论结合在一起，先以叙事带出景物；又由景物生出情感，做到了情景交融；最后又出情而议，点明了文章主旨。文章环环相扣，层层蓄势，自然流畅。第三，我们从文中表现出的中心思想得到了什么启示呢？本文是古文名篇，这不仅仅是因为它的语言优美，更重要的是文章表达了作者"先天下之忧而忧，后天下之乐而乐"的政治抱负，在近千年前的封建社会里，作者有着这样的思想是难能可贵的。今天，让我们以范仲淹"先天下之忧而忧，后天下之乐而乐"的思想共勉，努力学习，为了祖国的繁荣，为了社会的进步发展而不懈奋斗！

教师分条作结，层次分明。用第一、第二、第三序数排列，学生感到重点突出。总结时先说"思想"，再谈"写作特点"，最后指出"学生应从中得到的启示"，形成一个完整链条，既符合文章本身的发展逻辑，也符合学生接受知识的思维逻辑。

第五章

课堂教学的时间管理

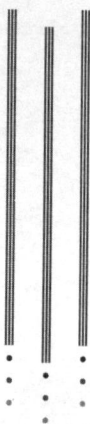

课堂 教学时间是有限的、宝贵的，特别是中小学，学生会在课堂中度过一生的黄金时段。时间转瞬即逝，来也匆匆、去也匆匆，如果不加强时间管理，教学质量的提高就无从谈起。

俗话说，"一寸光阴一寸金，寸金难买寸光阴"。课堂教学时间是有限的、宝贵的，特别是中小学，学生会在课堂中度过一生的黄金时段。时间转瞬即逝，来也匆匆、去也匆匆，如果不加强时间管理，教学质量的提高就无从谈起。

早在 20 世纪初，西方学者就提出了课堂中教学时间的问题，并把时间作为影响课堂教学成效的重要因素。此后，许多学者便把时间作为课堂教学中独立的变量来研究。近年来，时间在课堂研究中变得越来越重要，为越来越多的人所关注。

一、 课堂教学时间的效用分析

课堂中的时间因素，同学生在课堂中的学习行为及学业成就有着极为密切的关系，因而也是课堂管理中不容忽视的重要内容。教育学家往往把时间视为教育王国的金钱，把教育视为发生在时间长河中某个瞬间的过程。经济学家把时间视为课堂的一种资源。心理学家则认为时间是学习过程中的一个决定性因素。因此，时间可以作为一种用以研究教师行为与意图及学生学习活动的分析维度。

（一）课堂教学时间的相关研究

把时间作为课堂上一种影响教学成就的独立变量，并做出开拓性贡献的，可直接归因于美国学者卡罗尔（Caroll，J.）的学校学习模式。卡罗尔把时间作为学校学习中的中心变量，提出了一个包含五个要素的模式，其中三个要素均与时间有关：所需时间、所许可时间、所用时间。就某一特定学习任务而言，学生学习程度是学生所用时间与所需时间之间的比例函数：

$$学习程度 = f\left(\frac{所用时间}{所需时间}\right)$$

所用时间就是指学生定向于学习任务并积极专注于学习的时间，而学生积极专注于学习的时间和掌握学习任务所需时间均取决于某些特定因素。具体地说，所需时间取决于能力倾向、理解教学能力和教学质量三个因素，所用时间由所许可时间和毅力两个因素组成。学生所需时间少，则能力倾向较高；所需时间多，则能力倾向较低。所许可时间除受学校时间分配规定的限制外，还受教师分配给每一具体学习任务的时间所制约。能力倾向、毅力和所许可时间三个变量都可直接用时间来表示。

1. 提供"足够学习时间"

布卢姆试图把卡罗尔提出的学校学习层次与时间变量关系的概念模式转化为一种工作模式，即寻找一种教学策略。这种策略一方面可依照学习者的不同需要提供相应足够的学习时间，另一方面又减少学习迟缓者所需的学习时间。根据卡罗尔的理论，能力倾向是学习速度的预示变量，所以只要向学生提供足够的学习时间，保证教学质量，学生对特定学习任务一定能达到掌握水平。布卢姆把学生学习结果和学习时间的差异归因于学生的认知准备状态、情感准备状态和教学质量三个变量。认知准备状态是指学生掌握已学过的、完成新学习所必需的基础知识技能的程度，情感准备状态指学生参与学习过程的动机激发程度，教学质量指教学适合学生的程度。

布卢姆掌握学习策略的要义即向学生提供所需的足够的学习时间，提供适应准备状态的教学，最终达到对学习任务的掌握水平，并逐渐减少学习时间。学习时间既是学习结果的影响因素，其自身又是学习结果。未掌握学习任务前，学习时间是学习结果的影响因素，因此应向学生提供学习所需的足够时间以保证其掌握。同时，学生掌握学习任务所需时间又是可变的。学生若掌握学习任务则相应具备积极的准备状态，这不仅使学生学得更好，而且学习所需时间会越来越少，学习迟缓者与学习迅捷者之间所需时间的差距也会越来越小。

布卢姆的掌握学习模式提供了缩减掌握学习任务的学习时间，提高可得到的分配时间利用率，是一种有效教学策略。他更强调时间因素对学习过程中其他因素的依赖和与其他因素的密切联系，把时间与学生特征、学习内容等密切结合在一起。这样，学习时间就不再是一个独立的变量，而是随学生认知特征、情感特征、教学质量而变化。

2. 关注"积极学习时间"

哈尼施费格和威利提出了一种专注时间或积极学习时间的概念。他们认为，教学时间对学生学业成就产生影响经历了一系列中介环节，即学生的参与程度、学生积极学习时间的长短、所许可时间与学习动机、分配时间与所用时间、教学因素等。学生的学业成就取决于学生的参与程度，学生的参与程度集中体现于积极学习时间的长短及学生的所许可时间与学习动机，所许可时间取决于可能的分配时间及所用时间，把所许可时间转换成积极学习时间的动机取决于教学因素。

哈尼施费格和威利尝试性地提出了教学对学生学业成就影响以时间为中介的作用机制，提出了积极学习时间的概念，即积极学习时间是专注时间与分配时间的比值。他们批评了过去模式中以分配时间来计算积极学习时间的做法，强调实际用于教学活动的时间，为以后课堂教学时间的研究提供了可参照的概念框架。

3. 重视"学术学习时间"

伯利纳等人认为，促进学生对某特定内容学习的教学行为，只有当学生专注于恰当的课程内容时才是重要的。于是，他们提出了"学术学习时间（academice learning time）"的概念。所谓学术学习时间，也就是指学生专注于适合自己水平的教学活动并达到较高掌握程度所用的时间。他们把这一学术学习时间作为教学活动与学生学业成就之间的中介变量，于是提出了新的时间研究模式。这一模式强调，教师行为首先影响学生的行为，再由学生的行为影响学生学业成就。因此，学生的学术学习时间是影响学生学业成就的重要变量。

伯利纳等人提出的学术学习时间概念，不仅继承了哈尼施费格和威利等将时间与教学内容相结合的思想，把学术学习时间作为直接影响教学成效或学生学业成就的时间变量，而且又融入了"成功率"的概念，将学生在教学活动中的实际掌握程度作为重要的因素，对课堂教学时间的研究产生了积极影响。目前，教学时间研究也是围绕着两个方向展开的：一是"教师行为—学生专注行为"的相关研究与实验，二是"学生专注行为—学业成就"间的相关研究与实验。

（二）课堂教学时间的层次分析

我国学者施良方、崔允漷等认为，时间可以是多样化的，依据不同的视角可以把有限的课堂学习时间区分为不同的类型。例如，我们可以把学校时间按其包容程度划分为五种：名义时间、分配时间、教学时间、专注时间和学术学习时间（如图 5-1 所示）。

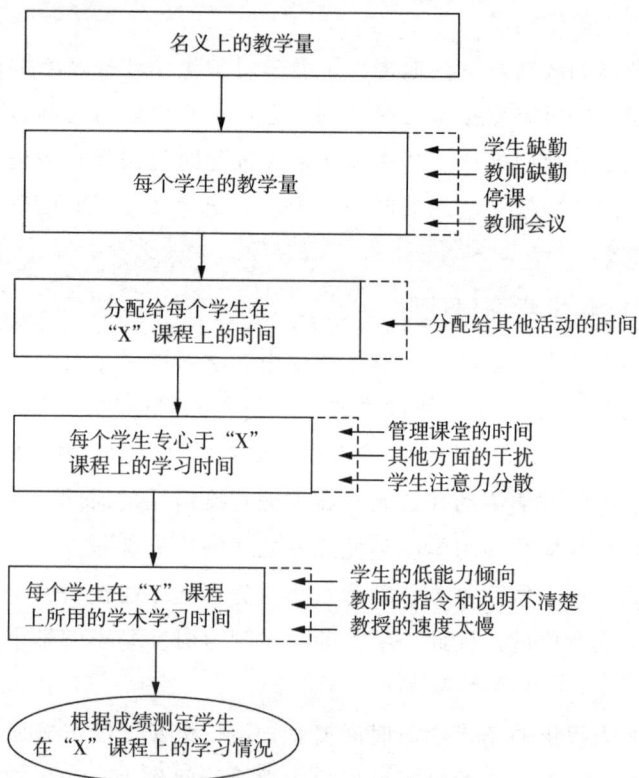

图 5-1　学校时间的划分

1. 分配给从事教学的时间

学校活动的总时间量通常是由政府确定的，如一所学校每学期多少天，每天多少小时，这一时间量就是我们所说的名义时间。这一时间既包括学术性活动的时间，也包括非学术性活动的时间。在名义时间中，有的时间用于学科的教学活动，有的时间用于用餐、课间休息、集会等活动。用于这些活动中每种活动的时间就是我们通常所说的分配时间。例如，每天分配1小时用于阅读，1小时用于整理房间等。一般而论，中学比小学更倾向于把时间多分配到学术性活动上，而小学生常常需要把更多时间用于发展其社会及个人技能上。

2. 专注于学习活动的时间

教师将课堂活动的时间转换成建设性的学习活动时间，这就是我们所说的教学时间。即使教师尽其所能，也不可能使所有学生都一直专心于学习活动。例如，有的学生即使坐在座位上，也可能在做白日梦；有的学生心不在焉，思想开小差；还有的学生提前完成学习任务等。这样，在教学时间里就有了我们所说的专注时间，也就是学生专注于指定活动的实际时间。在专注时间中，学生积极地参与学习过程，包括读、写、听及问题解决。如果学生实际上不专心于学习过程，那么他当然就不是在学习。

专注时间取决于课堂实践、学生动机、教学质量等多种因素。课堂管理的重要任务之一就是通过保持学生专注于学习活动，提高课堂时间的质量。但是，专注时间并非总是积极的。实际上，学生有时专注于某一活动，只是停留在表面上，而没有真正地投入和理解学术学习。例如，学生虽然在阅读课文，但很少把注意力集中在阅读的内容上。这就有一个学术学习时间的问题，即学生花费在学业任务上并取得成功的时间，不包括学生听不懂或理解错误的那些时间。

3. 使用在学术学习上的时间

据美国一些心理学家研究，如果学生每天在校时间为5小时，学生学术学习时间最多的班级平均为111分钟，而最少的班级平均才16分钟，几乎相差6倍。虽然不可能要求学生将在校的每分钟都用于学习并获得成功，但学生不宜将过多时间花费在活动转换、学习准备、做白日梦、课堂上嬉闹等方面。因此，教师要激发学生的学习动机，使专注时间变得更为积极，也就是要将学生的学术学习时间最大化。

实践证明，在课堂中，很大一部分教学时间被浪费了。例如，有些教师常常把每堂课的前 5～10 分钟用于检查学生的出勤和讲述规则；有些教师不考虑学生的学习特点，随意使用计算机等教学设施来填满教学时间；有些教师缺乏教学设计，花费过多时间在课程程序及其过渡上；有些教师在管理课堂纪律上耗费过多时间，打乱和影响了教学活动时间；有些教师计划不周，教学内容安排不当，提前结束教学活动；等等。当然，要想考查学生是否专注于学习活动，或是否注意力不集中，并非易事，教师必须具有较强的观察和判断能力。

（三）课堂教学时间与学业成就

来自不同国家的研究先后都证实，课堂教学时间同学生的学业成就之间存在很强的相关性，而且这一相关性也显示出较大的复杂性。

1. 分配时间与学业成就

1897 年，美国进行了一项教育研究，即对花费 10 分钟或者 1 小时对拼写成绩是否产生任何影响进行了调查。尽管发现两者没有多大的差异，但此后对分配时间与学生学业成就之间的关系进行了大量的研究。首先，学校总学时数通常被认为与学业成就呈正相关，这已被哈尼施费格和威利于 1976 年的研究所证实。但英、美等国也有一些研究认为，学校总学时的长短对学生的学业成就没有多大影响。其次，名义上分配的教学时数往往由于教师或学生缺勤等原因而无法实现。有关研究显示，学生实际接受的教学时间量与学生学业成就之间呈正相关。这说明，学生缺课对学生的学业成就是有影响的。此外，学生在校时间并非全部用于课程学习，而只是部分时间被分配到特定课程或单元学习。这在多大程度上影响学生的学业成就，不仅取决于这一时间量，而且取决于特定的情境。

2. 专注时间与学业成就

有关专注时间的研究中所用到的记录专注时间的方法主要有两种：一是侧重根据学生内隐思维活动来判断学生是否专心学习的"刺激回忆法"。这种方法要求对课堂教学进行录音或录像，课后向学生重放，让学生根据重放的录音或录像回忆当时自己的思维活动和注意情况，并以此作为专注时间。二是强调根据学生课堂上的外显行为来判断专注活动的直接记录法。

许多的研究结果都认为，专注时间与学生学业成就存在正相关关系。

3. 学术学习时间与学业成就

学术学习时间强调三方面的内容：一是学生要专注于学习，二是学生在其所专注的活动方面要取得成功，三是该活动应与达到诸如年终学业测验等某一外部标准相联系。它指向程度不同的三个层次，即分配时间、专心率和成功率。分配时间仅仅是学生可以得到的学习时间。专心率表示分配时间中学生用于注意学习任务那部分时间的百分率。学生具有高成功率的那部分专心学习时间就是最理想的学习条件。成功率可定义为可利用的教学时间中学生用于学习任务上获得高、中、低水平成功的那部分百分率。

研究表明，学术学习时间与学生的学业成就有相当稳定的正相关关系，学术学习时间的多少直接影响学生的学业成就。

事例点击

学习时间对学习成绩的影响

下面是美国学者泰德利等人所做的研究[①]，从他们的研究成果中我们也能清楚地看出花费在课业上的时间对于学习成绩的影响。

泰德利、柯比以及史特林菲德曾经对 8 所学校中的 116 位教师做了一项研究，他们发现，在有效能的学校与没有效能的学校之间，学生花费在学习上的时间有相当显著的差异。他们报道了一则针对两所对比明显的小学的案例研究。这两所学校只相隔几条街，同样位于邻近郊区的中产阶级或中下阶层区；两所学校在学生族群的统整上也都相当——大约是 50% 的白人和 50% 的黑人。

一位观察者对第一所学校（即有效能的学校）的校长做了如下的描述："她把她的手指放在学校的脉搏上。"人们经常可以在教室走廊或教室内看到她的身影；在教学工作中，人们也不难看到她……在每个课堂上，她表现出

---

① ［加］大卫·布莱特. 课程设计：教育专业手册［M］. 黄铭敦，张慧芝，译. 台北：桂冠图书股份有限公司，2000：220-221.

对每项重大革新事项博学多闻的态度，并使教师们能够发挥新颖的、有创造力的教学理念……课业研讨的时间扩展到极限。一位观察者注意到，每天学校的课程是如何流畅地进行——伴随着铃声以及教师的指示，学生立刻做出反应。"当下课时间结束，孩子们走进教室时，教师会告诉他们，现在要把哪一本课本拿出来，翻到第几页。"观察者皆同意，第一所学校最成功的特点是它能有效地运用时间。

第二所学校（没有效能的学校）的校长曾因优异的教学表现而获奖。虽然她从不在教室内出现，但是在教室的走廊上，人们却可以经常看到她。她非常欢迎拜访学校的参观者，表现出一副知无不言的态度，并且表示对研究结果很感兴趣。她称赞她的学校和学校里的工作人员，她说，学校里的每件事都"好极了"。一位观察者评论道："直到我们进入教室之前，每件事都好极了。""教室里"，另一位观察者接着说，"简直是一团糟！"

如果第一所学校令人印象最深刻的特点是它花费在课业上的时间，那么，第二所学校的特点与此完全一致——它花费在课业上的时间同样令人印象深刻（少得可怜）。它以为期一星期的募款活动为借口，作为学校没有把时间用在真正的教学上的原因，而且它并没有尝试将募款的爱国主题与教学活动联结在一起。在一个班级上的募款收集，便占去了30分钟的时间。观察研究人员感到十分沮丧，真正的教学工作一再地受到这种与课业无关的活动的干扰。研究小组中的一位成员，在两周后再度访问这所学校，他完全没有感到特别惊讶——学校仍然持续地进行着所谓"一周"的募款活动；每堂课上课的时间典型地晚了15分钟；课堂上的大部分时间则用于准备下课、准备用餐，以及等待孩子们在下课结束后懒洋洋地从教室外面走进来。上课时间已经相对少得可怜，却又常常这样地被耗费掉。

在有效能的学校中，上课时间准时开始，课堂上教师展现其适当的教学技巧，而且上课时间少有被干扰的情形。在没有效能的学校中，上课时间开始得很晚，教师缺乏适当的教学技巧，上课时间持续地被其他活动中断。没有效能的学校校长从来不走进教室，也不知道整个学校中所存在的纪律问题，并且没有任何企图要改变上课时间持续被中断情形的行动。她似乎更关心全校性的课外活动和公关活动，教学工作对她而言似乎不是很重要的。

二、 课堂教学时间的管理策略

如果说分配给某个班的学习某个学科的时间是相对固定的，那么就意味着可以用于教学的时间对每位教师都基本"公平"。但为什么不同班级、不同学科的教学存在差异呢？原因固然很复杂，但不容忽视的一个因素是时间管理不到位，时间资源没有达到最大限度的利用。

（一）课堂教学时间管理的目标

课堂教学时间管理的目标是学校"育人"功能的具体化，目的当然是提高教育质量和促进学生的发展。

1. 争取更多的学习时间

为学生争取更多的学习时间的真正含义就是让学生投入有价值的学习活动，从而提高单位时间的学习效率。

为了提高时间利用的效率，目前总结出一些有效的教学策略[①]：

·增加参与

增加学生的投入时间的最好途径就是教授能引起学生兴趣和学生参与程度高的课程。有研究表明，教师教课时比学生课堂自习时学生的参与度要高；给学生提供较多的积极参与机会，有利于增进学习；在结构完善的合作学习课程中的投入时间，比在独立的课堂自习中的投入时间要多得多。

·保持动量

动量是指避免打断或放慢教学进度，即教学的紧凑性。上课时保持动量

[①] 皮连生，朱燕，胡谊. 教学设计：心理学的理论与技术［M］. 北京：高等教育出版社，2000：193.

是学生高度参与的关键。在一个保持良好紧凑性的班级里，学生总是有事可做，并且一旦做起来就不会被打断。当学生正全神贯注地听讲时，教师突然中断讲课，花几分钟（有时更长）时间大张旗鼓地处理一件本可以忽略的小事，这对参与的干扰极大。学生浪费的不仅仅是一点时间，更糟的是，在处理小事之后学生需要更多的时间安定和将注意力集中到功课上来。

· 教学具有流畅性

流畅性指不断地注意教学意义的连续性。流畅的教学从一个活动转向另一个活动时所花的时间极少，但应避免毫无过渡地从一个主题跳到另一个主题上。学生课堂上不良行为的发生许多都与教师上课的跳跃性有关。当教师毫无理由地走来走去，重复和复习学生早已懂得了的知识，或者无端停下来，思考下一个问题或准备材料，或中断上课，处理一件微小或完全可以在课后处理的事……都会产生课堂纪律问题。

· 管理过渡

过渡是从一个活动向另一个活动的变化，如从讲解到演示，从一门课到另一门课等。过渡是课堂管理的"缝隙"，最容易出现课堂问题。以下是课堂过渡管理的几条原则：①过渡时应给学生一个明确的信号。②学生应明确收到信号后将从事的活动或内容。③过渡时所有人同时进行，不要一次一个学生地进行。

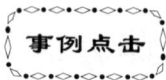

事例点击

著名特级教师李烈的"巧用课前三分钟"①

巧妙地利用课前三分钟，可作为改进教学方式、增强学生学习兴趣、提高教学质量的一个突破口。

本学期，我利用课前三分钟让学生上台讲成语故事、名人名言或谚语，坚持下来，大有成效。在讲之前，学生必须先做准备，阅读、记忆故事内容，明白所讲成语故事（名人名言或谚语）的原来意义和现实教育意义。在讲的

---

① 赵国忠. 透视名师课堂管理［M］. 南京：江苏人民出版社，2007：10-11.

时候要求做到：语言流利，不能结结巴巴，普通话要标准，讲出这个成语（名人名言或谚语）的来由、出处、含义，并说出它的用法，通过举一个例子来谈一两点体会。一名同学所讲内容，其他同学讲的时候不能重复。最关键的一点是，站在台上时，仪态要大方，声音要洪亮。讲完以后，同学之间要相互评价，指出优缺点。这样坚持做下来，时间一长，学生的听说能力在不知不觉中就有了提高。

春燕是一个性格内向、腼腆胆小的女孩子。她第一次上讲台时，面红耳赤，不敢看人。但她讲完后，同学们纷纷鼓励她："你今天能走上讲台，这已经很不容易了，继续努力！""我们希望春燕同学再讲的时候，声音要大些，态度大方自然些，争取比这次讲得更好。"有了同学们的鼓励，春燕一次比一次讲得好。通过上台讲故事，她人也变得活泼了，笑容常常挂在脸上。

我班的"调皮鬼"于一，深有感触地说："每天三分钟，时间不算长，却教我明白了许多做人的道理。'少壮不努力，老大徒伤悲'，这句话我印象最深。我不能再整天做些没意思的事了，既影响别人，也误了自己。我要在年少时抓紧时间学习，长大做个对祖国有贡献的人。"

利用课前三分钟，学生们既增长了知识，开阔了视野，又提高了记忆能力、理解能力、口头表达能力、辨别是非能力和运用知识的能力，同时养成了良好的学习习惯，何乐而不为呢？

（崔志平）

与其耗费不如利用

教师走进教室，里边就传出阵阵笑声。教师已经站在讲台上，笑声仍旧不止。

教师面带微笑地说："笑一笑，十年少。同学们，这节课，我们一起学习老舍先生的散文《小麻雀》。"边说边习惯性地打开讲台上的粉笔盒，却猛地把手缩了回来：她的手触到一个毛茸茸的东西，被吓了一跳。原来是一个同学在搞恶作剧，事先在讲台上的粉笔盒中放了一只羽毛未丰的小麻雀。看到这种情况，全班同学又大笑起来。教师惊愕片刻便冷静下来，和蔼地说："好个有心计的同学，给我们准备了个活标本。大家看看，小麻雀的眼睛是不是像老舍先生描写的那样，像小黑豆似的？"

小麻雀在全班传开了，大家不住地赞叹老舍先生观察仔细，比喻新颖、贴切、生动，同学们都进入了教学情境之中。课后，教师找到搞恶作剧的学生，亲切而严肃地对他说："你找来实物，帮助我搞好教学，我感谢你。但是，为什么不事先和我打个招呼呢？那样做，不是更好吗？"那个同学很惭愧，诚恳地向教师承认了错误。

2. 推动学生的全面投入[①]

课堂管理不仅要争取更多的时间投入学习，而且要争取更多的学生投入学习。如何争取更多的学生投入学习呢？

争取每个学生都知道如何参与每个具体的活动，使他们知道不同的活动规则是什么，如回答问题的规则、方式等。

使学生明白教师的期望是什么，即让学生明白教学的目的、任务，学完以后该做什么。

教师上课时应该关注的是全班学生，而不是个别的学生；针对学生的不同特点，使用不同的强化手段；民主平等地对待每个学生，调动全班学生学习的积极性，使学生的参与意识增强。

· 上课时维持全班的注意焦点

教师要注意如何把所有学生的注意力吸引到课堂活动中来，要尽量避免进行那些使多数学生长时间做旁观者的活动。一个非常普遍的错误做法是，让一两个学生到黑板前解决一个长长的问题或朗读一篇长长的课文，其他学生却无事可做。这样，不仅浪费了班级的时间，而且给不良行为打开了方便之门。

· 课堂自习时维持团体的注意力

在一般情况下，教师要和学生一起上自习，特别是低年级的班级。教师可在学生的课桌周围循环走动，观察他们正在做什么，及时解决学生所面临的问题，但不要在个别学生身上花费太多的时间，否则，班上的其他学生就

---

① 皮连生，朱燕，胡谊. 教学设计：心理学的理论与技术 [M]. 北京：高等教育出版社，2000：194-195.

可能敷衍了事或陷入难题之中。为使自习课富有成效，教师所布置的课业应是经过认真研究的，在难度、数量上要适中，让学生能在完成课业后体验到成功的喜悦，以增强学习的信心。

3. 帮助学生自我管理①

任何管理系统都有一个目标，就是帮助被管理者学会很好地管理自己，养成珍惜时间的习惯，学会管理时间的方法，发挥每段时间的效用。当然，鼓励学生自我管理可能需要额外的时间，但这种努力投资是值得的。

如何让学生对自己的课堂行为进行自我管理呢？

·让学生参与课堂规则的制订（即参与管理）；

·要求学生反思制订某些规则的原因以及他们不良行为产生的原因；

·为学生提供机会考虑他们将怎么计划、监督和调节自己的行为；

·要求学生经常对照规则反省自己的行为，并不断补充完善已有规则。

事例点击

指导学生用好最佳学习时间

人的大脑就像一台机器，如果让一台机器长时间地工作，它的工作效率就会越来越低。同样，如果一个人长时间使用大脑而不让它休息，它的效率也会降低。可能用两个小时学的东西，还不如大脑兴奋时半小时所学的东西多。所以，我们一定要在头脑最清醒的时候学习，这样才能保证较高的学习效率。学习往往存在一个最佳的学习时机。对青少年来说，一天内有四段高效的学习时间。

第一段：早上6～7点，适合记忆一些新的概念、新的内容。

第二段：上午8～10点，适合记忆大量基础理论知识。

第三段：下午7～9点，适合进行综合性知识的记忆。

第四段：晚上10～11点，适合记忆精确性高、容易出错的知识。

但是，如何利用和分配好这些时间，对很多学生来说却是一件很难的

---

① 皮连生，朱燕，胡谊. 教学设计：心理学的理论与技术 ［M］. 北京：高等教育出版社，2000：194-195.

事情。

比如，在不用功的学生多的班级，如果想在课间念书，就会有同学干扰；当看到他人在努力时，他们就会由于嫉妒而产生要去影响别人学习的思想。所以，我们一定要对这种不良心理有所防备才行。

一般来说，在看了一个小时书后，要有 10 分钟或 15 分钟的休息。因为如果同一种东西读了一个小时以上，效率就会降低。因此，为了恢复效率，非得休息不可。但只要体力够，就不需要这样的休息，不过要更换阅读的科目。变换阅读科目也可以当作一种休息，利用这种方法可以加强读书的密度。

例如，假定用一个小时学习数学，时间到了以后不要休息，继续把公式或定理抄在卡片上，这个约做 15 分钟。这段时间，手虽然在动，但是头脑在休息。写了 15 分钟的学习卡片后就停止，然后再去记忆一些英文单词。以这种方式轮流交替，不要停止。这样，一方面可以使疲倦的部位得到休息，另一方面可以启动其他的部位。

每一个科目或不同的内容，运用到的身体部位也有所差异。如果能够高明地调整这些差异，就可以不需要休息。若是一直坐着身体会累的话，那么可以在房间里来回走动或躺下来，一面看笔记，一面出声背诵。眼睛疲倦的时候，可以看比较大的字。因此，没有必要累了就休息，而是应该考虑让身体疲劳的部位休息，使用另外的部位。

这个方法对面临中考或高考的学生特别有益。按照这种方法去做，可以逐渐增强注意力，从而能够更专注于书本，而且能够形成另一种有利的习惯，就是能够从一件事很快转移到另一件事上面。换句话说，能够让脑部的运作快速转换。

学习需要勤奋，需要刻苦，这完全没有错，但是，光这样做还不行，学习还得讲究方法，讲究技巧，有效利用你清醒着的时间去学习，这就是一个很好的方法技巧。如果你能这样去学习，那么你的学习将是十分轻松有效的。

（二）课堂教学时间管理的思路

课堂教学时间管理不能只盯住"时间"这个因子，而是要在提高时间资源的利用率上下功夫，即充分利用相对固定的时间使其效用最大化。

1. 注重时空统整

我国著名学者叶澜教授曾经指出："教师的教学工作有相对固定分割的时空，他们通常以课时分配教学计划，设计每一课时的教学活动。'课时'是唯有教师才有的特殊时间意识。学校的一些规章制度也与课时相关，如教师要准时到校，上课不能迟到早退，不要擅自拖延放学时间等等。因此，如何分割学校的时间与空间，历来是学校管理中的基础性工作。"① 于是，"时间的片段化逐渐成为教师对待工作的一种思维方式，眼界和生存的空间都变得狭小起来"。

叶澜教授认为，"具体的学校生活的时空分割常常让我们忘记、忽视过去，想不到、看不到未来，只低头看着现在，生活在当下。失去了时空浩瀚无际的苍茫感，失去了畅游时空的需求和能力，失去了学校教育生活原可拥有的丰富、深邃和博大。要想找回这些，我们首先要改变学习管理中的时空观，在合理、切实做好学校时空分割的同时，时时把时空的'统整'作为背景，作为目标和结果，作为不可忽视的延伸与渗透，将统整与分割关联起来，使分割的活动在整合中具有意义；以统整为纵横经纬，将分割的时空编织成丰富而有意义的图景，为学生和教师的生命发展积累底蕴"。

2. 辩证认识高效

高效率的教学无疑是我们教学的一种追求。效率是单位时间内获得的收益。效率的复杂性在于，它不仅与时间相关，也与这一时间内从事的活动相关。所以，高效教学涉及多方面的因素。有研究者从信息加工的角度提出一个"高效率"学习的模式②，如图 5-2 所示。

---

① 叶澜."新基础教育"论 [M]. 北京：教育科学出版社，2006：347-348.
② 沈德立. 高效率学习的心理学研究 [M]. 北京：教育科学出版社，2006：43-44.

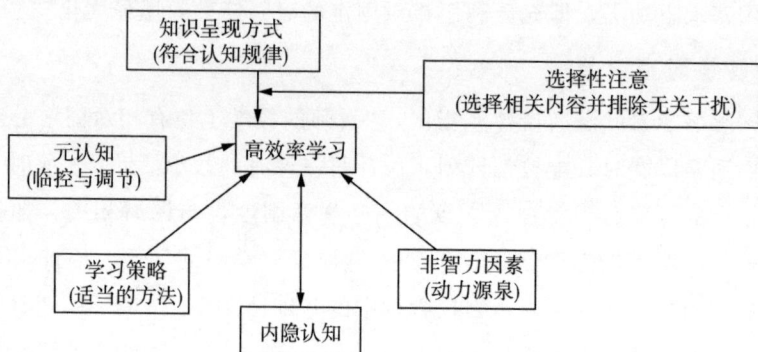

图 5-2 "高效率"学习模式

研究认为，要想实现学生的高效率学习，从教的角度来看，教师的教学过程与教学方法要按照学生的认知发展特点和规律去安排与进行；从学的角度来看，要解决好学生在学习过程中因知识结构不合理、不会使用适当的学习策略、对学习过程不能进行有效监控、学习时不能排除无关刺激的干扰、不会运用内隐学习等问题。要解决这些问题必须依据现代信息加工心理学的研究成果，建构新的高效率学习模式，以此来指导学生的学习活动。

3. 用好有限资源

尽管根据目前已知的研究来看，分配时间与学生学业成就并无太高的相关性，但这并不意味着分配时间不重要。对于教师控制教学而言，它是帮助教师提高学生的专注时间、学术学习时间，增强教学效果的基础；对于学生个人而言，分配时间有着积累效应，如果学生长期缺少学习机会，其学业成就自然也不会高。因此，世界各国对不同学科的学时都有不同形式的最低量限定。

分配时间是有限的资源，所以要合理地加以利用，尽量把分配时间落到实处，提高时间的利用率。在学校层面上，为将有限的时间合理分配到各门课程上，就要科学地编制课程表。课程表的一种体现就是作息时间表，另一种体现就是以表格方式排列的课程。课程表的设计直接关系到课时安排的合理性和教学的效果。关于学校在编制课程表时需要考虑哪些因素，在历史上教育学家夸美纽斯、赫尔巴特曾做过下列的论述：为了适应普及教育的需要，课程计划（课程表）应相对统一；要把学科内容按时间进行划分；要考虑学生的大脑活动周期，上午安排上课，下午安排活动；课程表必须受某种正确的教育思想的支配；处理好学科教学与自由活动的关系；处理好学科的家庭作业与学生的休息时间的关系；每周的科目不宜过多，每天的时间不宜分得太细；要考虑到学生多方面的兴趣。

事例点击

引起学生注意　用好时间资源

这是著名特级教师于永正老师上《翠鸟》一课的精彩教学片段。

学完《翠鸟》的一、二两段，准备开始学第三段，这时，于老师发现小庆先是打了个哈欠，继而又与同桌小声说话。

于老师把他叫起来，十分认真地说："小庆，请你去逮一只翠鸟。"

小庆茫然不知所措，于老师再次认真地说："你一定要去逮一只翠鸟，请不要推辞。"

"到哪儿逮呀？"他可怜巴巴，紧皱眉头，不知如何是好，其他同学也都神色茫然。

"你看书嘛！大家都读第三段，看看到哪儿去逮，看出来以后，告诉小庆。"

大家忙低头看书。还没等别人发言，小庆就抢着说："翠鸟不好逮，它住在陡峭的石壁上，洞口很小，里面又深，谁上得去呀？"

而这正是第三段的内容。无疑，小庆已经读懂了。于是于老师哈哈大笑，问："知道为什么让你去捉鸟吗？"

小庆不好意思地低下了头："因为我和同学说话。"其他学生都笑了。于老师说："是不是还有点儿犯困？逮翠鸟这个光荣而艰巨的任务你虽然没有完成，却帮助同学读懂了第三段，功不可没！同学们，第三段告诉我们的正是翠鸟的住处……"

于老师不愧是教育大家，面对课堂上犯困、和同桌说话的学生，他没有批评指责，而是一本正经地让他去逮翠鸟。借助这样一个幽默的举措，既帮助大家理解了课文内容，又使疲劳的学生精神为之一振，课堂气氛轻松活跃，可谓一箭双雕。

由此可见，表扬和批评是双刃剑，用得恰当、巧妙，可以为你在教育教学中披荆斩棘，开出一条明朗的路来；反之，则不仅激发不了学生创新的热情火花，更甚者会挫伤他们幼小的心灵！

（张敬义）

（三）课堂教学时间管理的策略

课堂教学时间的管理，重在提高课堂教学效率，实质上就是在单位时间内花费最少的精力，获得最有效的成果。要提高课堂教学的效率，就必须坚持时间优化意识，注重课堂时间管理的策略。

1. 减少教学时间损耗

由于名义时间和分配时间都是有限的，而且世界各国大都对分配时间有不同形式的最低量的限定，因而不可能无限地开发利用。要提高课堂时间的效益，就必须建立合理的教学制度和增强教师的时间观念，将教师、学生可能造成分配时间流逝的人为因素减少至最低限度，保障规定的有限时间落到实处，提高时间的利用率。

第一，要做好课前的准备工作，包括精心设计教案，准备好所用教具设施；第二，要按时上课，不迟到、不早退、不占用教学时间批评学生；第三，要适时安排学生自学讨论，并注意效果，做到实而不死、活而不乱，以防止学生处于失控状态；第四，要精心提问，紧扣重点关键问题，启发学生思考；第五，要讲究语言艺术，语言要精练，不拖泥带水，重在引导点化。

2. 适度投放知识信息

课堂教学一定要给学生足够的信息量，并要形成序列刺激，激活学生的接受能力，使之保持活跃情绪和积极进取心理。现代心理学认为，学生在课堂上的学习是一个获得并加工信息而不断调节完善认知结构的过程。课堂信息量过少，环节松散，会导致时间的浪费；信息量过多，密度过大，超越学生的接受能力，会导致教学效益低下，也是浪费时间。因此，教师要做深入细致的分析，保持单位时间内适度的信息量。

此外，教师课堂传授的知识要尽可能有效，以防止教师教学中因无用知识而导致的无效劳动。课堂教学中无效知识多了，也会导致学生的思维缺乏方向和深度，造成学生能力贫乏、智力低下。因此，要提高课堂教学效益，就要提高学生的有效知识量。

3.引导专注学术学习

专注率是伯利纳在分配时间和专注时间基础上提出的概念，即分配时间内学生专注于某项教学活动的时间所占的百分比。提高学生的专注率意在增加专注时间，使其尽量接近于分配时间。提高学生的专注率，一是要抓住可教时机及时施教；二是要选择恰当的时机处理学生行为问题，防止出现破坏课堂规则和形成冲突的情境。尤其要提高过渡时间效应，保障教学各项活动的顺利衔接。

此外，要提高课堂时间效率，还要在提高学生专注率的基础上，提高学生学术学习时间的效率。学生学术学习时间除了强调学生专注于学习活动外，还要求高水平地掌握学习内容。这就要求首先保持轻快的教学节奏，也就是要选择适宜的课堂密度、课堂速度、课堂难度、重点度、强度及激情度。其次，要保证学生学习的高成功率。学生只有在学习活动中体现出较高的成功率，才能证明其学术学习时间是有效的。

事例点击

紧扣内容又节省时间的课堂管理

一位语文教师在教古诗《游园不值》，忽然一名迟到学生"砰"的一声推门而入，径直入座。这位教师见状不动声色，灵感触及，就诗取材，问道："'小扣柴扉久不开'，诗人去拜访朋友，为什么敲门要'小扣'而不'猛扣'呢？"学生饶有兴趣地议论开了："因为猛敲人家的门是粗暴的行为，很不礼貌，所以诗人要'小扣'。""因为诗人知书识礼，有文化，有教养，讲礼貌，讲文明。""我认为在'久不开'的情况下，诗人还'小扣'而不'猛扣'，说明他很有思想修养。"这时，教师正走到那名迟到的学生身边，弯腰轻声问他："你说大家说得对吗？你赞成'小扣'还是'猛扣'？"这名同学脸红了，同学们也露出了会心的善意的微笑。在如沐春风之中，大家因境读诗，深化了对语言文字的理解，也就诗论境，受到了思想情感的陶冶。这正是"法无定法""非法即法"的艺术写照。

三、 课堂教学时间的有效利用

恩格斯曾经说，时间的利用是一项高级的规律，事实上，不会利用时间的人，时间也会抛弃他。利用好课堂教学时间，向 45 分钟要质量，应当是一位优秀教师的追求。这正像有学者所说的，"你的需要和兴趣会聚到什么上，你的时间和精力就会倾注在这些事情上"。

（一）主动调适教学过程

教学过程是一个随着时间的推移而逐步启动、展开、结束的师生互动的过程。时间的有效利用自然应当从调适教学过程着手，使整个教学过程能在提升学习质量、发展学生智能方面发挥积极的作用。

1. 用好最佳学习时域

教师对每一课程时间的预先分配一般体现在学期教学计划、单元教学计划和课时教学计划之中，教师可依据教学大纲、课程内容、课的类型、学生能力基础及已有的知识准备，合理分配时间，把握课堂的最佳时域。据心理学家研究，一节课学生思维的最佳时间是上课后的第 5 分钟到第 20 分钟，这一时间段可以说是课堂教学的最佳时域，教师如果不能很好地把握这一时域，就很难提高课堂教学的效益。

一些课堂教学就是因为未能合理分配时间和把握最佳时域而导致教学效益不高。其主要原因有两个方面：一是教师未能很好地分析理解教材和确定主次、把握宗旨，结果偏离教学目标，20 分钟过去了却还没有进入或弄清重点内容；二是教学思想和方法陈旧，学生情感得不到激发，浪费时间精力。要提高课堂的时间效率，就必须保证在最佳时域内完成主要任务，解决关键问题，并辅以精心设计的方法，使教学过程一直向着预定目标前进，学生也一直处于积极的专注状态。

2. 进行教学时间规划

人们对时间的态度总是复杂多变的，如果想高效率地完成课堂活动，必须对课堂时间进行有效的规划，通过系统分析课堂中的时间及其利用方式，认识到时间的价值。对课堂或行为目标进行分析并将目标细分为行动计划是非常重要的。课堂是一个复杂的系统，由于情境的变化，课堂会发生相应的变化，因而要根据新的情境随时对课堂计划进行调整。对时间的管理不是追求更快地完成活动任务，而是追求更有效地完成活动任务。具体操作上，应注意以下两点：

（1）增加学科学习的时间

——正确诊断学生的能力水平；

——安排合适的课业；

——紧扣学科学习的师生互动；

——迅速给予改正性的回馈；

——把课业活动做结构化的安排；

——对完成课业的步骤做清楚的指示；

——开创一个环境，让学生能认真负责且能学会合作。

（2）避免影响学科学习的不正确做法

——学生一有问题，就立刻解说；

——对于学生的不正当行为，动辄叱责。

3. 建立课堂监控机制

课堂的有序运行是保证课堂教学时间管理的基础性措施，它以引发、激励教师和学生自我监控为核心，力求通过营造民主、和谐的课堂气氛来实现"无痕监控"的目标追求。课堂教学监控系统的价值取向和目标追求，决定了其运行流程必须覆盖课堂教学活动的全部过程。这一流程的基本路径是：课前检测—资源调动—过程控制—总结评价[①]。

---

① 张向葵，吴晓义. 课堂教学监控［M］. 北京：人民教育出版社，2004：2.

·课前检测

课前检测是指教师和学生对上课的准备情况进行检查，事先排除可能会影响教学工作的各种障碍，充分考虑教学中可能出现的各种问题，并在心理上做好随时面对这些问题的准备。

·资源调动

资源调动是指在刚刚开始上课或某一重要的课堂活动的起始阶段，教师对学生注意力的吸引，对学生学习动机、学习兴趣的激发，对学生自我监控意识的唤醒，以及对能够引发和维持学生学习活动的各种条件的利用。

·过程控制

过程控制是课堂教学监控系统的主体，它可以通过各种策略、方式和方法对各个监控对象和教学过程的各个环节实施控制。过程控制是监控系统对教学过程中可能出现的各种问题迅速做出反应，并使之得到有效纠正和预防的重要保证。

·总结评价

总结评价是课堂教学监控的最后一个环节，它对教学工作具有反馈、激励、总结、提高等重要作用。总结评价可以在课堂教学过程中进行，也可以在课后进行。

（二）科学组织课堂活动

教学是通过一定的课堂组织形式实现的。为了实现教学目标，培养学生的智力和能力，在课堂上组织学生有效地利用教学时间、空间，有效地发挥各种教学媒体的作用，这都是课堂组织教学要解决的问题。

在课堂教学过程中，管理学生，引起注意，调动学生的积极性，使其活泼、主动地学习，建立和谐融洽的教学秩序，从而实现预定教学目标的行为方式，称为教师的课堂组织。课堂组织是课堂教学的重要保证。它不仅可以使课堂教学得以顺利进行，保证课堂教学取得预想的效果，而且可以培养学生高尚的思想感情、美好的道德情操，开启、发展学生的智力，为学生进取、成才打下良好的基础。

组织课堂活动，一定要讲究科学，这就要求我们遵循教学活动的规律，特别是课堂学习动力变化的规律和学生身心变化的规律。从操作的角度说，主要是要做到以下几点。

1. 环环紧扣，循序渐进

教师必须按照学生的实际情况、学生的认识规律来组织课堂教学，使教师"教"的活动和学生"学"的活动互相适应。学生的认识活动一般表现为感知教材、理解教材、巩固知识、运用知识四个序列性的阶段。教师在组织这四个阶段的教学过程中要做到环环紧扣、严格要求，并结合课堂教学开发学生智力，培养学生多方面的能力。在课堂教学过程中，教师要遵循从感性到理性、从具体到抽象、从个别到一般、从现象到本质的规律，循序渐进，一个台阶一个台阶地提高学生的认识水平。

2. 重点突出，疏密相间

任何一课的教学内容都有重点和非重点之分，教师组织课堂教学时，应突出重点，突破难点，切忌平均使用力量。要做到重点突出，反复讲解；难点与重点同步，一步一步仔细讲，一般内容简明扼要讲。只有这样，才能使学生感到层次清楚、节奏分明。同时，教学信息密度也应疏密相间，有张有弛，形成有规律的节奏。

3. 动静搭配，新颖有趣

教师要巧妙地安排课堂教学的方式，使之有动有静，动静结合。要把课堂教学中的各种活动方式，如教师讲、学生听，教师演示、学生观察，教师提问、学生活动，学生动手、教师指导，学生做题、教师评改，学生自学、教师辅导等，按教学双边活动和科学顺序有机搭配起来，使教学在动静搭配中有序、有节奏地进行。同时，还要做到教学内容和教学方法新颖有趣，挥洒自如，把妙趣横生的讲解、精心设计的演示、幽默风趣的穿插、画龙点睛的点拨等科学地、有针对性地交错运用于整个课堂教学过程之中。

事例点击

张弛有致的教学节奏①

所谓课堂教学的节奏，是指教学的速度及其规律性的变化。把握好教学节奏，提高教学节奏操作的艺术性，课堂教学就可以充满趣味和生机，收到事半功倍的效果。课堂教学节奏可分为课堂时间结构节奏、课堂表现节奏和激发学习主体节奏。

课堂时间结构具有"开头—发展—结尾"这样起伏错落的鲜明层次。对学生的生理测验表明，在每节课的45分钟内，学生大脑的兴奋状态呈曲线变化，约在20分钟时出现一个持续几分钟的疲劳性波谷区。因此，课堂时间结构的安排应当具有相应的变化节奏。

借鉴音乐奏鸣曲的结构，可将课堂教学过程划分为五个阶段。一是简洁、精彩的开场白，以启发兴趣。二是以讲解为手段显示教学内容的"第一主题"（重复），这相当于奏鸣曲式的"显示部"。在这段15～20分钟的时间内，要使学生保持较高程度的心理紧张，以集中的注意和兴奋活跃的思维，接受和理解高负荷、高密度的教学内容。三是以各种方法进一步展开对第一主题的分析和阐发，这相当于"展开部"，约10～15分钟。展开部要尽可能让全班学生一起参与，方式要生动活泼，有趣味性，并且最好能加入手或身体的操作活动，使学生在愉快的情绪中度过疲劳区。四是显示教学内容的"第二主题"（次重点），这可称为"第二显示部"，时间约10～15分钟。第二显示部亦可从新的角度重复说明第一主题。五是结尾，相当于"再现部"。结尾要提供一个能够简明浓缩地再现所学内容的核心式样，如沙塔洛夫的"纲要信号"，以便让学生的心理紧张程度在核心式样的引导下达到新的有序化，体验到克服困难后轻松愉快的胜利感，并能积极有效地保持对基本内容的记忆。

---

① 张向葵，吴晓义. 课堂教学监控［M］. 北京：人民教育出版社，2004：153.

（三）培养学生的自控能力

课堂教学时间的管理，不仅是教师的事，而且是学生的事。学生作为课堂学习的主体和自我发展的主体，如果不能充分发挥自我监控的作用，那么就只能在教师的指挥下亦步亦趋地被动适应，无法能动地利用好时间。这种不能"自律"的学生，个性的发展、自我意识的觉醒都将受到消极的影响，而教师对时间的管理也必然事倍而功半。

怎样来培养学生对时间的自我监控能力呢？

1. 发展自我意识

从人格的角度说，学生自我监控实质上是一个自我意识问题，即学生对自身的评价、体验、调控问题。意识是人脑对客观现实的反映，它包括自我意识和对周围事物的意识。人们不仅能意识到周围事物的存在，而且能意识到自己的存在，能意识到自己在感知、思考和体验，也能意识到自己有什么目的、计划和行动，以及为什么要这样做而不那样做，这样做的后果将是怎样的，应如何调节自己的行动等，这就是人的自我意识。

自我意识是人的意识的最高形式，自我意识的成熟是人的意识的本质特征。它以主体及其活动为意识的对象，因而对人的认识活动起着监控作用。通过自我意识系统的监控，可以实现人脑对信息的输入、加工、贮存、输出的自动设计，具体地说包括以下几个方面：主体根据活动的要求，选择适宜的解决问题的策略，监控认知活动进行的过程；不断取得和分析反馈信息，及时相应地调节自己的认知过程；坚持或更换解决问题的方法和手段。这样，人就能通过控制自己的意识而相应地调节自己的思维和行为。

按照加德纳的"多元智能理论"，自我监控是一种自我反省能力，它指个体认识、洞察和反省自身动作、情绪，并有意识地运用这些关于自身的信息去调适自己的生活。很明显，学生对课堂学习时间的管理，需要凭借并发展这种意识和能力。

2．掌握操作模式

对时间的自我监控的基本操作模式有五个环节[1]：

· 目标的设定

目标的设定就是行为标准的确定。监控首先应该确立标准，没有标准就没有调控，也就没有自我监控。例如，在数学学习中学生要逐渐树立"公理化"思想，也就是说解决或证明任何问题都要有足够的依据。有了这个标准，学生在解题过程中，每一步都会问自己"这样解的依据是什么"。

· 自我监督

目标能驱动学习者对心理和各种感觉状态的感知，使学习者知觉到自我和环境相互作用的状况。这种对内部状态和操作结果的检查机制称为自我监督或自我观察，即对信息输入和分配的监督。在任何情况下，如果缺乏对正在进行的操作质量和数量的精细观察，就不可能出现系统的、自觉的活动。

· 目标的激活与运用

自我监督所获信息将会激活长时记忆中的具体标准。如果长时记忆中的与自我反馈所获信息相关的标准不能激活，自我监控就将终止。

· 差异的发现与评判

学习者将激活的标准与当前操作状况进行比较，从而发现这两者之间的差异。这是自我监控的中心环节。

· 自我调节

发现差异后，学习者将采取相应策略对学习进行调节，以使学习者的学习符合标准。

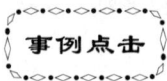

【事例点击】

解方程的自我监控模式[2]

解方程 $\dfrac{5(x+5)}{6}-\dfrac{x-1}{12}=5$。一个学生是这样解的：第一步，去分母，

---

[1] 龙君伟，徐琴美．人的自我调节机制述评 [J]．山东师范大学学报（人文社会科学版），2001 (5).

[2] 张向葵，吴晓义．课堂教学监控 [M]．北京：人民教育出版社，2004：196.

得 $10(x+5)-x-1=5$。这个学生已经树立了"公理化"的思想，养成了一个良好的习惯，每做一步都要回头问问自己：做这步的依据是什么？去分母应该依据方程同解原理，方程同解原理就是他解这个方程第一步的解题标准，这就是目标的设定。他仔细审查第一步操作，所获信息与他的自我发问激活了头脑中与解这个方程相关的信息，去分母应该根据方程同解原理。第二步，方程两边同时乘以或除以一个不为 0 的数，所得的方程与原方程同解。这是自我监督与目标激活。接下来，他将激活的目标信息与眼前所获得的信息进行比较，发现自己只是左端乘以最小公倍数，而右端却忽略了。同时，又发现忽略了分数线的作用，左端后一部分没有变号。这是差异的发现与评判。于是，他又将右端也乘以最小公倍数，并且对左端后一部分进行变号。这样就使后续解题得以顺利进行。这就是自我调节。上述过程基本反映了自我监控的基本操作模式。

3. 习得常用方法

杜晓新、冯震根据国外有关资料和他们的研究，提出了 10 种自我监控方法：

·确定目标和制订计划

它包括学业总目标和子目标的确定以及与这些目标有关的程序排列、时间安排和具体行动。例如，"考试之前我先系统复习两周，然后制订重点复习计划"。

·主动寻求知识

在完成学习任务过程中，努力寻求与任务有关的知识。例如，"我在开始动笔之前，先去图书馆查找尽可能多的与这一次写作有关的资料"。

·记录与监督

学生主动记录学习内容或结果，例如，"我要记录这次讲座的内容"，"我要将本学期以来自己写错的字列成表"。

·练习和记忆

学生有意识、自觉地练习并记忆学习材料。例如，"为了准备这次数学测验，我要抄写直到默写出所有有关的数学公式"。

· 自我检查与评价

学生对自己学习的过程或质量进行检查和评价。例如："今天我是否检查了预定的学习任务？""我是否检查了自己的作业，并尽量将错误减少到最低限度？"

· 寻求他人帮助

学生有意识地寻求同学、教师或其他人的帮助。例如，"如果我在英语学习中遇到困难，我就去找×老师帮助我"。

· 自我预测学习结果

学生对自己完成的作业进行自我评分，然后对照正确答案，思考产生错误的原因。

· 自我奖惩

学生计划对自己学习成绩的优劣进行自我奖惩。例如："如果这次考试成绩没有达到预期的分数，我将完成 50 道有关的习题。""如果这次考得好，我将去近郊游玩一次。"

· 组织和转换

学生有意识地对学习材料进行重新安排，以利于自己对材料内容的理解与记忆。例如："我在阅读这篇材料时，要自拟一个提纲，然后根据这个提纲，复述材料内容。""理解这段文字有困难，用图示的方法试试看。"

· 安排学习环境

学生有意识地选择或安排学习环境，例如："从现在起，我每天早晨 6：30 去校园背诵英语单词""我要告诉家人，每晚 7：00 至 9：00 我不看电视，不听电话，排除一切干扰，专心学习。"

以上 10 种自我监控学习方法，对学生改善学习习惯、控制不良学习行为、加强自我监督、提高学习竞争意识、争取优良学习成绩能起到十分重要的作用。

第六章

课堂教学的纪律管理

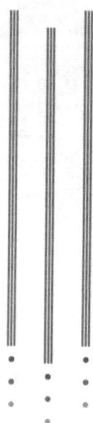

课堂教学的纪律管理是课堂教学得以顺利进行的保证，它对于学生个体的社会化和良好个性品质的形成以及稳定情绪等都有深远的影响。课堂纪律管理的功能应体现在"全面育人"上。

　　课堂教学的纪律管理是课堂教学得以顺利进行的保证，它对于学生个体的社会化和良好个性品质的形成以及稳定情绪等都有深远的影响。

　　一般说来，课堂纪律管理在课堂管理中具有独特的基础性、保障性作用，而其他课堂管理则更明显地附着于课堂教学内容的学习和教学过程的展开。这是因为，课堂教学活动总是以教师与学生、学生与学生的社会性相互作用的形式展开的，这就使得课堂情境具有复杂性的特点。在集体教学的条件下，课堂中同时进行着各方面的人际互动和多种多样的活动，随时都可能出现干扰信息交流的突发性、公开性等违规行为。因此，课堂纪律管理就成为保证教学信息交流和一切教学活动顺利开展的先决条件，这也是有的教育家提出"课堂中应优先考虑纪律"，"进行教学，它必须首先包含纪律管理"的原因。

　　课堂纪律管理的功能应体现在"全面育人"上。

一、学生问题行为的考察

　　课堂纪律管理常常是针对学生的问题行为的。"课堂问题行为"指不能遵守公认的正常学生行为规范和道德标准，不能正常与人交往和参与学习的行为。这样的行为不仅会干扰正常的教学活动，引起课堂纪律问题，而且会影响学生的身心健康。斯威夫特等人通过系统的课堂观察发现，在典型课堂里，25％～30％的学生有问题行为，主要表现为漫不经心、感情淡漠、逃避班级活动、与教师或同学关系紧张、容易冲动、上课插嘴、坐立不安或活动过度、紧张烦躁等。问题行为不是后进生的"专利品"，优秀学生有时也会有问题行为。

（一）问题行为的特点

　　课堂问题行为是在课堂中发生的违反课堂规则，妨碍及干扰课堂活动的正常进行或影响教学效率的行为。课堂问题行为是消极、负面的，而且具有普遍性，程度上也具有差异性。课堂问题行为还可能产生"涟漪效应"，在课堂中蔓延开来。

1. 课堂问题行为的普遍性

课堂问题行为具有普遍性。不仅后进生有问题行为，优秀生也会有问题行为，只是他们在数量多少、发生频率和程度轻重等方面不同而已。据西方有些学者对116名学生进行的追踪研究，有1/3以上的学生曾经发生过分敏感、发脾气、妒忌、特别恐惧、冷漠等问题行为。有人通过系统观察也发现，在典型的课堂里，25%～30%的学生有问题行为。美国近年来对中小学学生课堂行为的研究亦表明，有问题行为的儿童约占调查总人数的53%。

我国的一些研究发现，有问题行为的高中学生约占半数，而初中学生则占70%。可见，问题行为在课堂中是经常发生的，涉及的学生比较广泛，具有普遍性。近代的研究较为关注学生的攻击性行为与霸凌现象。

2. 课堂问题行为的差异性

课堂问题行为具有普遍性，但这些问题行为的程度轻重是不同的。研究表明，课堂问题行为以轻度为主。心理学家瑞格（Wragg, E.）等人曾做过研究，从1020个课堂片段中分析出学生问题行为的表现，其中最普遍的问题行为及其比例为：大声说话（38%）、思想开小差（24%）、讲废话（23%）、不恰当地使用教材或设备（20%）、吃零食（12%）、随便走动（11%）、做小动作（9%）、故意大笑（6%）、打架（65%）、弄坏课本或设备（1.5%）、不听从教师（1.5%）、侮辱同学（1.5%）、侮辱教师（1%）。库宁（Kounin, J.）的研究也表明，有5%的课堂问题行为属于上课时谈话、喧哗等，有26%的课堂问题行为属于上课迟到和不做功课、上课任意走动等，另外有17%的课堂问题行为属于看无关的书籍等不专心上课，真正程度严重的问题行为只占极少数。

我国对中小学课堂违纪行为的调查资料也显示，轻度的占84%，比较严重的占14%，非常严重的仅占2%。可见，无论中外，课堂问题行为都主要表现为轻度问题行为，而且持续时间短，易变性强。

3. 课堂问题行为的蔓延性

美国教育心理学家库宁在他的《教室的常规与团体管理》中曾提出一个"涟漪效应理论"。库宁发现，教师对学生的问题行为进行处理时，其处理方式会影响目睹此情境的学生，被处理学生行为以及由此而产生的意识、情绪、行动的变化会涉及全班，扩散开来。

事实上，课堂问题行为一经产生，很容易蔓延，诱发许多类似或其他的问题行为。如果处理不当，不仅容易引起教师与学生之间的冲突和课堂纪律问题，影响课堂教学活动的正常进行，而且会影响学生的身心健康，甚至伤及学生人格的发展。只有认真而细致地观察和分析，才可以对其予以正确的归因，并采取有针对性的策略，减少或控制问题行为，确保课堂活动有序而有效地开展。

事例点击

机巧地转化课堂上的行为问题

语文课上，"今天我们以小组形式进行成语接龙"，教师一声令下，教室里顿时炸开了锅。"一马当先""先声夺人""人才济济"……气氛非常热烈。教师巡视时发现，第五组的王博同学一声"龙腾虎跃"，"唰"地一下猛扑到旁边的李峰同学身上，李峰没有站稳，一下子摔倒在地。他勃然大怒，马上说了句"横扫千军"，然后一个扫堂腿，把王博也摞倒了，两个人立刻抱成一团，还互相拉住对方的衣领，一个说"手下败将"，另一个说"奉陪到底"。同学们顿时乱了起来。正在这一触即发的时刻，教师看到苗头不对，正想大声制止，再一想，现在是正常学习的时间，突然打断，那么整堂课的学习就会受到影响。这时教师用手一指，笑着说："大家看，王博和李峰的造型，谁能用一个成语来形容一下？""同室操戈！""气势汹汹！""怒发冲冠！"这些成语一说出来，全班哄堂大笑。王博和李峰对视一下，随后也笑了起来。原来他们刚才打架时，把头发弄得像鸡窝似的都翘了起来。教师走上讲台对大家说："'怒发冲冠'的成语故事你们想听吗？""想听！"教室里鸦雀无声，同学们都自觉回到座位上，准备洗耳恭听。这样，一场风波总算过去了。其实，王博和李峰平时在课堂上也比较容易表现出类似的攻击行为，走路的时候路过同学的座位踢一下同学的脚，拍一下人家的胳膊，抢同学的东西等情况都时有发生。

[选自《小学课堂微观技术丛书——问题行为》]

（二）问题行为的成因

课堂里发生的问题行为看上去好像是学生的问题，实际上也与教师、家庭教育和社会环境等因素有关。

1. 学生方面的因素

·厌烦

由于教学内容太易或太难，学生感到索然无味，或对新课听不懂，或者由于教师的教学方法单调等，对教学产生厌烦情绪，寻求其他刺激而违反课堂纪律。

·挫折与紧张情绪的发泄

有些学生对于教师所提出的学习、行为方面的各种要求，自己达不到，频频遭受挫折，面临失败的威胁。挫折使学生紧张，紧张到一定程度就会导致发泄。

·寻求注意

有时候，有些学生表现出问题行为是为了赢得教师和同学们的注意，即使是消极的注意。这一原因比许多教师想象的更普遍。

·逃避不愉快的状态或活动

有时学生产生问题行为是因为要逃避不愉快状态或活动，有时候也是为了保留自己的面子而故意恶作剧，等等。此外，还有研究表明：课堂问题行为与学生的情绪和性别都有关。产生问题行为的学生常有情绪冲突，容易对刺激产生一种过于敏感的或过度的反应倾向，对与课业无关的刺激立即以过度活动的方式做出反应。有一部分学生的过度活动是由于脑功能轻微失调造成的。性别因素对问题行为的影响是有差别的，一般来讲，男孩比女孩有更多的问题行为。有人认为，男孩的问题行为是由于获得言语技能较慢而造成的。

2．教师方面的因素

·要求不当

有的教师对学生要求过严，学生忙于应付，稍不留意就违反了要求，于是，教师就不加分析地严惩，结果造成师生矛盾冲突，继而更容易产生问题行为。有些教师则对学生要求过低，甚至得过且过，导致问题行为的产生。还有些教师对学生的问题行为凭感情办事，想管就管，不想管就不管。在这种情况下，学生的问题行为当然是层出不穷了。

·滥用惩罚手段

惩罚手段的运用要谨慎，运用得恰到好处，能收到惩一儆百之效；否则，不但不能制止问题行为，反而会降低教师的威信。特别是对学生进行体罚或变相体罚的教师，更易使学生产生怨恨情绪，有可能诱发攻击性或退缩性的问题行为。

·教师不善于了解情况

这里面包含四层意思：第一，教师要了解自己，了解自己的长处、缺点、人格和特殊才能，这样才能有希望拥有一个有效愉快的班级。第二，教师要了解自己的学生的成熟度、需要、个性特点和能力等。第三，教师要了解目标。第四，教师要了解从何开始。富有成效的管理不是教师板着面孔，给学生一个下马威，而是开始时尽可能自然，不要过分地装腔作势。

·教师缺乏自我批评精神

当课堂问题行为发生时，教师不要一味地责怪学生，而要引咎自责，从自身方面找原因，主动承担责任，向学生做检讨等。这样做不仅会收到意想不到的教育效果，而且熏陶了学生，使他们逐渐学会正确归因。

3．环境方面的因素

课堂问题行为的产生，除了取决于教师和学生方面的因素外，还与环境影响有关。心理学家勒温（Lewin，K.）关于行为的研究表明，行为是人与环境的函数，这一研究结果揭示了人的行为与环境之间的内在联系。环境影响主要包括家庭状况、大众媒体、课堂内部环境等方面的影响。

·家庭状况

许多心理学家关于离异家庭子女的行为研究表明，单亲家庭对孩子的行为会产生消极影响，这些孩子在行为上常表现为自制力差、极易冲动、迁怒于人，容易产生对抗性逆反行为。有研究表明，父母不和、经常打闹的家庭的孩子，在课堂上也经常会表现出孤僻退缩、烦躁不安，甚至挑衅滋事。另外，家长的教育方式也会影响学生课堂上的行为。有的家长娇惯溺爱、纵容放任子女，对子女百依百顺，这种方式容易使其子女以自我为中心，甚至玩世不恭、放荡不羁；有的家长粗暴严厉，动辄打骂，这种方式容易使其子女弄虚作假、消极对抗，或冷漠孤僻、情绪异常。所有这些因素都会对孩子在课堂上产生问题行为起到促成作用。

·大众媒体

在当今信息时代里，社会上的各种信息通过多种信息媒体大量涌入学校，学生的知识总量中有一半左右是通过学校以外的大众媒体获得的。大众媒体传播的信息并非都是积极的、正向的，也有很多诸如暴力、色情、凶杀、追求感官刺激等庸俗的、商业性的、低级趣味的内容。学生受这些内容的影响，盲目模仿和具体尝试其中的动作与行为，这些行为也常延伸到课堂中。据帕克（Parke, A.）等人的研究，在其他生活条件相似的情况下，观看暴力电影的学生比其他学生有更多的攻击性行为出现。彼得森（Perterson, K.）等人对 7～11 岁学生的调查显示，常看暴力电视节目的学生具有更多的恐惧感。消极的媒体内容还会导致学生产生性格障碍。所有这些都会导致学生在课堂上问题行为的出现。

·课堂内部环境

课堂内部环境，诸如课堂内的温度、色彩、课堂气氛、课堂座位的编排方式等都会对学生的课堂行为产生十分明显的影响。课堂中温度适宜、色彩明亮、气氛融洽，学生就可能产生一种愉悦的感受和积极的情绪，从而减少问题行为；相反，如果课堂环境恶劣、气氛紧张，学生就可能会感受到昏昏沉沉、懒懒散散的消极情绪，从而增加问题行为产生的可能性。而且，课堂中的色彩、温度、气氛等如果趋于定式，学生的问题行为就会形成习惯，成为无意识行为。此外，课堂座位的编排方式也与学生的问题行为有关。早在20世纪30年代，沃勒（Waller, W.）就做过研究，结果表明，坐在前排座位的学生大多在学习上过分依赖教师，其中也可能有一部分是学习热情较高的；坐在后排座位的学生，通常有捣乱和不听讲等问题行为。英国教育理论家曾对课桌椅的排列方式做过观察实验，结果显示，秧田式排列时，学生学习努力的程度是圆桌式的2倍，而坏习惯（如心不在焉等）的出现频率，则圆桌式是秧田式的3倍。由此可见，学生座位的编排方式对学生问题行为具有一定的影响。

（三）问题行为的类型

由于人们对问题行为的认识不尽相同，因而对问题行为的分类也不尽一致。中外学者从不同角度对课堂问题行为进行了分类。

1. 心理层面的划分

美国的威克曼（E. K. Wickman）把破坏课堂秩序、不遵守纪律和不道德的行为等归纳为扰乱性的问题行为，把退缩、神经过敏等行为归纳为心理问题行为。心理学家奎伊（H. C. Quay）把问题行为分为品行性问题行为、性格性问题行为，以及情绪上、社会上的不成熟行为三种类型。

问题行为无论是外向性的还是内向性的，扰乱性的还是心理性的，品行性的还是情绪性、社会性的，都可归纳为品行方面的问题行为和人格方面的问题行为，这样分是为了便于教育者对其进行管理。表6-1列举了这两类问题行为的种种"症状"。

一般来讲，品行方面的问题行为较为外显，容易被教师发现，容易引起教师（包括家长）的关注；人格方面的问题行为较为内隐，不易被教师（包括家长）所觉察、辨认和确定，因为有这种行为的人常表现出依顺和服从（"好孩子"），避免引起他人的关注，显示出不存在困难和无须他人帮助的样子。其实，这类问题如不重视，就会引发各种各样的危害身心健康的问题。

另外，研究还发现，有经验的教师会更多地从心理原因上看待问题，而没有经验的教师则更多地从行为的外在表现和近期后果来判断问题行为。[①]

表 6 - 1　学生两类问题行为的"症状"

品行方面的问题行为	人格方面的问题行为
坐立不安	
寻求他人注意	寻求快乐无能
破坏	忸怩
狂躁	自卑感
注意短暂	心事重重
漫不经心	害羞
缺乏兴趣	退缩
学业怠慢	缺乏信心
不负责任	易慌张
不服从	缺乏兴趣
不合作	不负责任
被动/易受暗示	做白日梦
多动	离群
易分心	冷漠
粗鲁	神经质/极度紧张不安

2．表现程度的划分

我国也有学者将课堂问题行为分为行为不足、行为过度和行为不适三种类型。行为不足主要是指人们所期望的行为很少发生和从不发生，如沉默寡言等；行为过度主要是指某类行为发生太多，如经常侵犯他人；行为不适是指人们期望的行为在不适宜的情境下发生，但在适宜的情境下却不发生，如上课时放声大笑等。[②] 也有学者把课堂问题行为分为六种，即隐蔽性违纪行为（如上课不认真听讲、思想开小差、漫不经心等），轻度矛盾冲突（如与同桌

---

① 皮连生．教学设计 [M]．北京：高等教育出版社，2000：201.
② 王桂平，等．国外关于课堂纪律问题的研究述评 [J]．外国教育研究，2005（6）．

或前后相邻学生发生纠纷，互不相让、相互干扰等），不遵守作息制度（如迟到、早退、随意离开课堂等），不服从教师（如因对教师不满导致不与教师合作，甚至故意节外生枝而引起哄堂大笑等），扰乱性行为（如坐立不安、吵吵嚷嚷、乱抛物品等），以及恶作剧（如叫教师的绰号、做怪相等）。[①]

3. 行为指向的划分

有的心理学专家认为，根据学生行为表现的主要倾向，课堂问题行为可以分为两大类：一类是外向性问题行为，一类是内向性问题行为。

外向性问题行为是直接干扰课堂正常教学活动的攻击型行为。这些行为是容易被觉察的，主要包括：行为粗暴、相互争吵、挑衅推撞等对抗性行为；交头接耳、高声喧哗等扰乱秩序的行为；出怪声、做怪相以惹人注意的行为；语言粗俗、顶撞其他同学及教师的盲目逆反行为；迟到、早退、随意离开课堂、随意走动等抗拒行为；等等。

内向性问题行为是不容易被觉察，对课堂教学活动正常进行不构成直接威胁的退缩型行为。主要表现为课堂上心不在焉、胡思乱想、发呆、做白日梦等注意力涣散行为，害怕提问、抑郁孤僻等厌恶行为，神经过敏、烦躁不安、频繁活动、胡涂乱画等不负责任行为。

外向性问题行为直接威胁课堂纪律，干扰课堂秩序；内向性问题行为虽不直接威胁课堂秩序，不直接影响他人学习，但对教学效果和学生学习质量的影响很大，对学生个人的人格发展也有较大的危害。

二、 课堂纪律管理的原则

课堂纪律管理的原则是实施课堂管理应当遵循的基本要求。它体现了一种管理的思维和管理的取向，是指导实践操作的依据。

---

① 李莹，等. 课堂问题行为研究述评［M］. 中小学管理，2005（10）.

（一）坚持以人为本

课堂纪律管理的目的绝不是对人的支配、控制，扼杀人的主体性和创造性，它是培养"自觉纪律"的一种对人的尊严、自主和责任心的肯定，是旨在促使人获得更大的自由和彻底的解放而进行的自律，它的目的恰好在于充分张扬人性（主要是社会性）、建构主体素质。

1. 培养自觉纪律

以人为本的纪律管理集中体现在"自觉的纪律"上，这种"自觉"在学生身上表现为对纪律的正确认识，对纪律自觉执行、积极维护的态度，以及排除内外困难遵守纪律的意志行为和习惯。在教师的管理行为上则表现为：

·尊重学生人格，尊重学生自尊心，严格要求学生遵守纪律与尊重学生人格相结合。

·以学生自我控制为主，他控为辅；以他控为始，实现自控为终。着重引导学生自己管理自己。

·以积极的指导为主、消极的强制性管理为辅。积极的纪律教育强调要告诉学生应该怎样做，注意发展学生的个性和创造精神；消极的强制性纪律一味用"不许""不准"约束学生，在一定程度上压抑了学生的主动性和创造精神。

·以培养良好的纪律行为为主，惩罚不良行为为辅。在必须使用惩罚时，也要反对体罚和变相体罚，反对苛刻的、恶意的和侮辱性的惩罚方式，反对讽刺、挖苦、嘲笑和恐吓。

·实行民主管理，培养学生团结友爱的合作精神。

2. 促进自我认同

提出"现实疗法"理论的美国心理学家格拉塞提出，行为问题主要是人不负责任的表现。因此，这一理论从认同的需要（对肯定自己身份的需要）这一前提出发，认为认同的需要是学生行为的动力。学生的不良行为就是学生未能获得成功的认同的直接结果。"成功的认同"和"失败的认同"不同。学生认同过程中，透过自己与他人的关系及自己对自己的看法，会产生成功或失败的感觉。他人对自己的爱与接纳程度会直接影响自我认同。被爱与被接纳则易获得成功的认同。为了在课堂中获得成功的认同，就必须发展社会责任和个人价值，而社会责任和个人价值是学生与其同伴及成人之间良好关系的结果。

为了促进学生的自我认同，教师要帮助学生获得成功的经验。学生的成功经验，通常会激发他们的愉悦情绪，降低挫折水平，从而避免或减轻问题行为。学生的失败所导致的挫折感往往是有些问题行为产生的原因。因此，教师要确保学生在课堂活动中适当的成功率，尤其是将课堂活动规划在既不太容易也不太难的适度范围内。因为太容易会导致厌倦，太难会导致挫折，它们都有增加问题行为产生的可能性。

一般而论，我们可以把课堂活动按学生掌握程度划分为四个层次：第一个层次的活动是让学生 100％掌握，这种活动只是偶尔出现在作业中；第二个层次是让学生掌握 90％～99％，这可体现在大多数的活动中；第三个层次是让学生掌握 70％～90％，这主要出现在以教师为中心的活动中；第四个层次是让学生掌握不到 70％，这种活动应尽可能少一些，而且要求教师提供额外的教导，或者把活动划分成更小的、容易让学生掌握的单元。教师对学生学习材料和学习活动的适度选择，有助于学生获得成功的经验，有利于学生形成成功感受，进而减少问题行为产生的可能性。

3. 实行区别对待

课堂纪律管理常常是针对学生的某些问题行为做出的调控措施。学生出现问题的原因是相当复杂的，教师必须有分析地、因人而异地选择适当的方法。至于对何种学生以何种方法最为有效，就必须深入了解学生的情况，分析产生问题的原因，综合考虑各种影响因素，慎重而又及时地做出决定。

在通常情况下，课堂里往往存在积极的、中性的和消极的三种行为。积极的课堂行为指与促进课堂教学目的实现相联系的行为。中性的课堂行为是既不促进又不干扰课堂教学的行为，例如，静坐在座位上但不听课，出神地望着窗外，在纸上乱写乱画，看连环画，或伏在桌子上睡觉但不发出鼾声，等等。消极的课堂行为则是那些明显干扰课堂教学的行为，包括喧闹、戏弄同学、扮小丑和顶撞教师等。尽管中性行为影响了学生本身的学习，但毕竟没有干扰其他同学的学习，因此教师不宜在课堂里停止教学而公开指责他们，以避免使其成为全班学生的注意中心。教师可以采用给予信号、邻近控制、向其发问、排除诱因、暗示制止、合理安排和课后谈话等措施，以利于把中性行为转变为积极行为。对于消极的课堂行为，教师不可能直接将其转变为中性行为。例如，要求一个吵闹的学生（消极行为）保持安静和镇定（中性行为）。有时制止或适当惩罚消极行为也是必要的，但不可采用讽刺挖苦、威胁、隔离、剥夺、奚落或体罚等惩罚手段。

事例点击

因势利导　长善救失

在河南新安县高中，当王真化老师刚刚走上教育工作岗位的时候，他教的那个班上有一个淘气的学生。每当老师讲课时，他总爱低头玩桌子里放的"宝贝"——横笛儿。有时还会轻轻地吹一声"嘟——嘟——"，实在令人恼火。

有一次，王老师刚隐约地听到"嘟"声，便猛地回转身来，以严峻的目光盯住他，准备当场"抓获"，没收其"宝贝"。只见这名同学吐了一下舌头，马上装模作样地端正坐好，不露半点声色。同学们都抿起欲笑的嘴唇，眼里射出神秘的光，似乎在看他要怎么办。王老师怒不可遏，嘴唇直发抖，勉强抑制住冲动的感情，继续讲课。

一下课，王老师立即找有经验的赵老师"诉苦"，请他帮忙狠狠地教训这个"顽童"。

过了一段时间，这个"顽童"上课真的不再"捣蛋"了，睁着两只充满求知欲的大眼睛，聚精会神地听讲，课外作业也做得很认真，期中考试成绩有了很大提高。更奇怪的是，在学校举行的一次文娱晚会上，竟有他《横笛独奏》的节目。他吹了两支歌曲，悠扬动听，全体师生报以雷鸣般的掌声……

王老师怀着惊奇而又疑虑的心情去问赵老师，赵老师用诚挚的目光看着王老师，慢慢地说："你反映他不遵守课堂纪律后，我没有马上去找他，等到星期日，我笑着对他说：'听说你很爱吹横笛，我也很喜欢这种乐器，把你的笛子拿来，吹首歌来听听吧！'他非常高兴，取来笛子，吹了一支曲子，我赞扬他吹得不错，接过笛子也吹了一支曲子，还教他一些吹笛子的指法和技巧。就这样，我们亲热地交谈起来。我问他功课如何，他惭愧地低下头说'不好'。我告诉他，吹笛子是正当的文娱爱好，但学习与娱乐的位置要摆好……他愉快地接受了我的建议。连续几个星期日，我都要问问他的功课，还教他练吹几支歌曲。就这样，他转变了。"

（二）善于启发引导

课堂纪律管理并不只是消极制止与管控。课堂教育管理的"育人"效益要充分体现出来，就要掌握一种"管理艺术"，采用各种有效措施，最大限度地化解矛盾与冲突，这在很大程度上要依靠教师启发引导。

1. 最小干预的原理

最小干预原理由斯莱文（R. E. Slavin）提出。他认为，当正常课堂行为受到干预时，应该采用最简单的最小值的干预纠正违规行为。如果最小值的干预没有发生作用，可逐步增加干预值，主要目的是既要有效地处理违规行为，又要避免对教学产生不必要的干扰。干预的结果，应该是尽可能使教与学的活动继续进行，使违规行为得到较好控制。

如何运用最小干预原理？当发现学生开始对上课失去兴趣或者开始走神的时候，教师首先可以提供"情境帮助"。如果学生不久又走神了，教师可以选择"温和反应"。如果"温和反应"仍无效，教师可以采用"中等反应"。如果以上反应方式都不能奏效，这时候教师才能采取"强烈反应"。这就是运用最小干预原理中的四步反应计划，见表 6 - 2。

表6-2　运用最小干预原理处理违规行为的四步反应计划

教师的反应	提供情境帮助	采取温和反应	采取中等反应	采取强烈反应
目的	帮助学生应对教学情境，使之专心于学习活动	采取非惩罚性的行为，将学生唤回到学习活动中来	剥夺奖励，以减少违规行为	加大剥夺奖励，以减少违规行为
干预行为举例	移走引起分心的事物 提供常规支持 强化恰当行为 提高学生的兴趣 提供线索 帮助学生克服障碍 再次指导行为 调整教学 非惩罚性的暂停 调整课堂环境	非言语反应漠视行为 运用暗示干预 接近控制 接触控制 给学生写纸条 言语反应 强化其他学生 在课堂上叫学生回答问题 运用幽默 运用积极的措辞 提醒学生纪律 为学生提供机会 问"你应该做什么" 给予语言谴责 运用不同的强化	逻辑推论 行为矫正技术 剥夺奖励暂停	过度纠正 身体结果

教师控制的程度　低 ◄————————————► 高

2. 多法并举的思路

课堂纪律问题的解决用单一的方法是难以奏效的，这是因为产生纪律问题的原因往往比较复杂，是多种原因交互作用的结果，因此必须多法并举。在这方面，林格伦的思路很值得借鉴。

根据促使课堂纪律形成的方式，可以将课堂纪律分成四种类型。

· 教师促成的纪律

学生（特别是刚入学的学生）需要教师给予较多的指导和监督，因为他们不知道如何在一个大集体中学习。没有教师的帮助，他们就不能创立有组织的活动所必需的集体结构纪律。学生在有纪律的活动中学到了维护社会的和人与人之间的某些规范和态度，也学会了享受教师创立的有纪律的集体活动给他们带来的安全感和稳定感。对于性格比较成熟的中学生来说，一方面他们由于自我指导加强而反对教师的过多限制，另一方面他们又希望教师能在背后以咨询或感情支持的形式给予帮助。所以，课堂纪律管理中教师促成的纪律是不可缺少的。

· 集体促成的纪律

学生入学后，班集体对他们在发展自我控制、活动定向行为等社会成熟方面起着越来越大的作用。中小学生有从众心理，他们常常以"别人也都这么干"为理由从事某种活动，他们的见解、信奉、爱好甚至偏见都往往视集体而定。学生之所以遵守集体促成的纪律，首先是因为学生具有社会归属感。另外，班集体（尤其是好的班集体）具有群体内聚力，它会对每个成员造成无形的压力，给他们的行为以暗示作用，使他们"随大流走"——从众。其次，课堂上，同辈集体不仅为学生提供了一种新的价值观念和行为准则，而且为其提供了作为一个独立自主的人来行事的经验，找到了保持自我价值的新支持。最后，同辈集体的行为准则为学生提供了道德判断和道德行为的新参照体系，结束了他们在思想、情感和行为方面的不确定性、无决断力、内疚感和过度焦虑。在课堂这种集体环境中，学生会受制于人际关系而调节自己的情绪和行为。

· 任务促成的纪律

一项任务或者活动如果引起学生极大的兴趣和高度的注意，它就会吸引住学生，使学生无暇顾及其他事情，即使有诱人的刺激也置之不理。任务促成的纪律是建立在积极动机基础上的。学生对活动任务的理解越深刻，就越能自觉地遵守活动的纪律，即使遭受挫折也不轻易放弃。从这一角度来说，学生卷入任务完成的过程就是不知不觉地接受纪律约束的过程。学生越是成熟，越容易使自己的行为与眼前的任务要求相一致。

· 自我促成的纪律

外部的纪律约束与控制被个体内化之后成为个体自觉的行为准则，这就是自律。自我促成的纪律要求学生从理解纪律要求向遵守纪律的愿望和动机转化，从纪律知识的学习向纪律评价转化，从评价他人纪律向评价自我纪律转化，从知行脱节向知行结合转化，从外控性纪律向自控性纪律转化，从消极遵守纪律向自觉维护纪律转化。

3. 主动反应的方式

1976 年，I. 坎特和 M. 坎特曾提出一种课堂行为管理的理念。他们主张教师负有管理课堂的责任，教师应该是充满自信和拥有权威的，能向学生明确而果断地提出其期望和要求，确切地告诉学生什么行为是可以接受的，什么么行为是不能被接受的，并伴随相应的行为，依凭其能力和意愿确定有效的管理方法。

他们提出了运用于课堂行为管理的三种反应方式，并给予了界定。

一是主动的反应方式，即教师清楚、自信和不断地陈述其对学生的期望，明确什么行为是可以被接受的，什么行为是不能被接受的，学生达到或违反了教师的期望行为时将受到怎样的对待和处理，并准备用行动予以支持。

二是被动的反应方式，即教师对学生行为的反应是被动的，不明确严格纪律的重要性，不把其期望行为告诉学生，甚至教师本身也是不清楚和不确定的。这样，教师往往过分关注学生的问题行为，而其反应又常常含糊不清。

三是敌对的反应方式，即教师对学生的不合作行为或问题行为持彻底的否定态度，并把一种讨厌和敌对的情绪传递给学生，课堂被视为一种斗争的场所，学生总是处于被监督的地位。

他们认为，教师的不同反应方式对学生在课堂中的行为起着重要作用，因而要求教师多采用主动的反应方式。

【事例点击】

展示你的诱导艺术

美术课上，任老师带着一盆精美的绿色盆景走进一年级二班的教室。"同学们，盆景在日常生活中能美化我们的环境。在繁忙的工作中，欣赏一下优雅的盆景，能放松我们的情绪……"任老师一边托着盆景，一边引导学生观察盆景。"仔细观察，你们看到了什么？"这时，同学们纷纷举手发表自己的见解。可是任老师发现张展和周舟这一对同桌，这会儿似乎有些心不在焉。只见他们的书本摊在桌上，两人的手却放在课桌下面，眼睛不时地往下看。任老师意识到这两个学生的桌下一定有什么东西在吸引着他们。

任老师不动声色地端着盆景走近张展和周舟，继续请同学们谈论自己是如何欣赏这盆盆景的。当任老师走到张展和周舟面前时，只见他们立刻警觉起来，把东西往课桌里一放，抬头欣赏盆景。可任老师看得一清二楚，那是小包装食品中促销的几张"变形金刚"卡片。任老师心里琢磨开了：难怪上课时思想不集中，原来是"变形金刚"在作怪。任老师布置接下来的学习任务，让学生通过观察，自己动手画盆景。学生们纷纷拿出绘画笔等工具开始画起来。任老师走到张展和周舟身边，弯下腰，轻声说："最近，电视里在放《变形金刚》的卡通片，你们一定很喜欢吧？"任老师停了一会儿，用眼神注视着他们。只见张展和周舟互相吐了吐舌头，任老师又说："把你们的变形金刚给老师看一下好吗？"两个小家伙慢吞吞地从书桌里拿出了一叠变形金刚的卡片。

任老师看了其中的几张，说："画得真漂亮！你们想不想自己也画出这么美的卡通画？"张展和周舟点点头。"可是，想要画出好看的图画，就要学好绘画的基本功！今天我们画盆景，如果你们想画卡通画，下一次我们可以专门画卡通画。你们先把这些卡片借给老师好吗？"做小动作不仅没挨老师批评，而且可能还有机会学画心爱的卡通画。太棒了！两个小家伙高兴地把变形金刚的卡片放到了任老师手上，提起笔专注地画起来。任老师发现这节课他们画得格外认真和投入。

[刘晓明，选自《关注学生的心理成长：教师课堂管理技能训练》]

（三）进行交往调节

课堂学习是一种集体学习，学生处于人与人交往互动的环境中。课堂纪律管理应当充分利用人际交往的调节作用，协调好人际关系。

1. 聚焦群体行为

提出"涟漪效应"的库宁，强调课堂管理中教师有三种重要行为：①目击者行为，即教师用以同学生交流，告诉学生他非常清楚学生在做什么的行为。目击者与有效行为管理直接相关，因为相比较而言，目击者教师会使学生产生更少或更轻度的行为问题。教师必须具备在任何时候都能知晓教室内所有地方发生的事情的能力，能对课堂混乱做出迅速而准确的反应。②复合行为，即教师在特定时间面对各个问题、活动和群体的行为。能在同一时间注意到不止一个问题或活动的教师，在课堂行为管理中会更加有效。③群体焦点行为，即教师用以维持自己的焦点在学生群体而非某一学生个体上的行为。能保持群体焦点的教师在促进学生目标指向的行为和预防学生问题行为方面会更加成功。

这一理论要求教师以保持群体焦点为主，这可以通过使学生对所学概念处于积极状态和负责态度来完成。重要的是让每一个学生都感到教师清楚每个学生的进步程度。因此，在学生感到需要积极负责地学习之前，教师必须建立一种不断指导学生进步的制度。同时，教师必须尽全力建构具有一般性及特殊学习任务的课程，以增强学生对课业的注意和专注，避免出现行为问题。这可以通过增加学生所参加活动种类的多样性和把学生个体置于确保所有学生都有成功机会的学年活动的范畴方法来实现。

这一理论还强调"移动管理"的重要性。也就是说，教师必须关心课业流程，具备使课业顺利过渡的能力，避免准备不足匆匆进入一种活动。库宁称这种准备不足就匆匆进入活动为"强行推进"。此外，也要避免在一种活动或一个主题上耗费太多时间的行为，保持学生的最佳进度和转移，使学生专注于课业。学生也因忙于课业就不大可能出现行为问题。

2. 调节群体过程

群体过程模式，也称社会心理模式，这是一种建立在社会心理学和群体动力学原则基础上的课堂管理模式。它基于这样的认识：学校教育产生于特殊的群体环境——课堂群体之中；教师的主要任务是建立和维持有效的、积极的课堂群体；课堂群体也是一种社会系统，具有所有社会系统共同的特征，有效的、积极的课堂群体决定于与这些特征相一致的特定条件；教师在课堂行为管理中的任务就在于建立和维持这些条件。它主要包括以下几点：

第一，通过参与学生的活动明确群体中个体的人际期望，同时认清其对群体及每个学生的期望，并依据活动中所获得的新信息对其期望予以修正，由此培植一种重在强调学生的优势而非弱点的期望，进而努力接纳和支持每个学生。

第二，通过展示适宜的领导行为，鼓励和支持学生的领导活动，施以目标导向的影响，帮助学生发展领导技能。

第三，理解和接纳所有学生，并帮助学生相互理解与相互接纳。同时，为学生提供集体协作活动的机会，发展学生与学生之间的友善和教师与学生之间的亲善行为。

第四，帮助学生解决课堂规则、个人态度、群体规范之间的冲突，并运用问题解决方法和集体讨论方法帮助学生发展建设性的、指向目标的规范，鼓励学生对其自身的行为负责。

第五，通过展示有效的交流技能和帮助学生发展有效的交流技能，构筑旨在鼓励学生自由和建设性地表达其观点和情感的开放的交流渠道，为学生提供公开讨论的机会，促进学生相互影响。

第六，通过建立和维持以适宜的期望、目标导向的领导、深厚的友善与接纳、公开的交流渠道为特征的课堂群体，培养课堂成员的内聚力。

有效的课堂行为管理就在于创造一个拥有目标导向的、规范的、富有内聚力的群体。有了这个群体，就能实现两方面的行为管理功能：一是促进，即达成共识与合作，建立行为标准与合作程序，改进课堂条件和改变已建立的群体行为模式；二是维持，即维护课堂气氛、控制冲突和减少问题行为的出现。

3．重视人际沟通

人际沟通是指人与人之间为消除互动中出现的对彼此行为的不一致理解，增进相互谅解和达成共识而进行的信息双向交流。在课堂管理中，常常出现这样的情况：教师意在帮助和引导学生学习，反而使学生内心真实地体验到不愉快。教师因其善意不被学生所理解而烦恼，学生则因教师行为带给自己的尴尬处境而不满。产生这种烦恼和不满等消极情绪的原因，是双方对彼此行为所进行的非移情式理解，以及由此导致的师生之间对彼此行为的冲突性理解和信息交流障碍。这样，影响课堂管理的不再是师生行为本身，而是两者在信息交流中出现的对彼此行为的不一致理解。

课堂管理的人际沟通策略主要包括倾听和诉说、信任和责任等环节。

· 倾听和诉说

课堂行为，特别是不当或违规课堂行为发生后，只有彻底弄清其发生的真实原因，才可能采取相应的有效课堂管理措施。要了解行为发生的真实原因，倾听者需要采取一种移情式的理解，暂时忘却自我，进行换位思考，走进诉说者的心灵深处，根据诉说者当时所处的环境，最大限度地理解其行为的合理性。在倾听过程中，可以不时客观地重复诉说者的某些话语，保持目光接触，对诉说者的诉说行为报以点头、微笑。倾听者向诉说者传达一种发自内心的同情和真诚的理解，可以使诉说者感受到倾听者对自己的包容和理解，产生心理安全感。

· 信任和责任

人际沟通中，倾听者要相信课堂行为者能够自己改进其不当或违规课堂行为。没有这种信任，倾听者常常会在了解到诉说者所陈述的行为原因后，将自己的主观判断强加于诉说者，从而与诉说者产生心理隔膜，妨碍人际沟通。倾听者对诉说者的信任会鼓舞诉说者自己改进行为的勇气。在信任的基础上，倾听者还要帮助诉说者自愿地、主动地做出改进其不当或违规课堂行为的口头或书面承诺。倾听者对诉说者的信任赋予诉说者以勇气，而诉说者自愿做出的承诺则使行为者真实地承担起改进其行为的责任。

总之，作为一种课堂管理策略，人际沟通的关键在于：积极地倾听，了解行为发生的真实原因；信任诉说者改进自己行为的能力，并让其承担起行为改进的真实责任。①

---

① 李森，潘光文. 行为分析理论视角下的课堂管理策略 [J]. 课程·教材·教法，2003 (1).

三、 教师纪律管理的方法

课堂纪律管理，教师责无旁贷，应当不回避、不推诿，积极地介入、机智地干预，用引导、说服、调节的方法对学生进行正面教育。由于教师介入干预的方式有的比较直白，有的比较委婉，这就形成了不同的特点。以下是教师常用的方法。

（一）立足于化解

教师对于课堂内发生的冲突、矛盾和行为问题首先要立足于用积极疏导的方式去化解它，使课堂保持良好的秩序，不至于过多干扰课业学习的顺利进行。

1. 积极地介入

教师负有课堂纪律管理的责任，不能置身事外，回避可能发生或已经发生的问题，而应当积极地介入，或防患于未然，或正面地疏解。

· 预防

在问题行为没有出现以前，教师要有针对性地提示、指导和鼓励学生，增强学生自我调控的心理准备。

【事例点击】

陈述期望

张老师走进课堂，微笑着说："同学们这些天上课时的表现令我很高兴。迟到早退现象没有了，上课时东张西望、做小动作、随便接话的现象也几乎绝迹。我真该感谢大家！只是有时个别同学还不能坚持到底，偶尔也有同学注意力不集中和随便讲话的现象。我相信，这些在进步中的同学一定是很想彻底改掉自己的毛病。从今天起，我们大家一起再努把力，看谁能更好地控制自己……"

· 提醒

教师如果对学生在课堂上的错误行为采取训斥、辱骂等方式，往往会对错误行为本身起强化作用。因此，处理违纪行为的一种好方法，就是对违纪学生不予过分理睬，而是正确友好地提醒学生注意当前的学习，告诉他应当做什么。追问学生为什么要违反纪律是没有多大意义的，学生如不回答只能形成僵局，反过来又会增加教师的焦虑与气愤。大多数学生不喜欢总是责备人的教师。

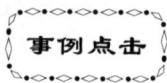

事例点击

正面提醒

上课期间，突然袭来一阵大风，把教室的门窗吹得吱吱作响，同学们的注意力被室外的大风吸引住了。教师面对这种情况，自己没乱，也没有喊叫和批评，只是在黑板上写了几个大字："惊雷不惊用心人。"同学们见了，一个个会意地笑了笑，课堂秩序立刻井然，教师又继续讲课。虽然风没有马上停止，但是学生却没有再受干扰。

· 暗示

暗示，即教师发现有个别学生不专心听讲、不遵守纪律时，最好不要停下课来公开批评学生，可以边讲课边走到不专心听讲、不遵守纪律的学生身旁，或悄悄对他使个眼色，或轻轻指指他的书本，或轻轻敲敲他的桌子，有时也可清清喉咙或小咳一声，或突然停顿并注意他，或摇头示意。这些委婉暗示的方法，既能维护学生的自尊心，使学生感到教师对他的关怀和爱护，又不至于分散全班学生的注意力，以致影响教师的正常教学。这些暗示的方法，一般适用于只有个别学生不守纪律的情况。

· 幽默

幽默，即教师针对某一违纪行为用适当的幽默手段化解课堂矛盾，活跃课堂气氛，使学生在快乐中接受教育，顺利进行教学活动。幽默诙谐不像讽刺那样辛辣，也不同于滑稽、故弄玄虚，它是一种从容冷静、恰如其分的批评，一种不丧失原则的宽容。它采用含蓄、委婉、温和而不使人生气的语言去批评某人某事，使其易于接受且耐人寻味。

┌─────────────────┐
│ 事例点击 │
└─────────────────┘

善意幽默

一个顽皮的学生有一次在课堂上悄悄地向教师丢去两片碎纸屑，引起一旁同学的哄笑。这位教师并不发火，而是幽默地说："哦，你在撒彩纸欢迎老师呀！"说得那个学生满脸通红，其他同学也心领神会地笑了。

- 褒贬

这里的褒贬指通过表扬遵守课堂纪律的良好行为，抑制违纪现象，或对某段时间学生的课堂纪律情况略做评论，肯定好的，批评差的。运用褒贬，最好针对事情或表现，不宜过分斥责某个人。如说"××同学做得很好，还有个别同学做得不够好，这个同学也要改正了……"，这样就会收到良好的效果。

- 化解

化解，即教师顺着正在进行的教学内容、教学方式或某一话题，对某些不造成大干扰的违纪行为稍加评点，随即引入正题，化解矛盾冲突。

┌─────────────────┐
│ 事例点击 │
└─────────────────┘

巧妙化解

在一个大雪纷飞的冬天，一位教师正在为学生讲解朱自清的《春》。这时候，教室后排一个学生突然轻声唱了句"春天在哪里"，声音不大，但全班大多数同学都听到了。面对这一情况，这位教师沉着镇定，想了想说："现在虽然不是春天，但孕育着春的生机。诗人雪莱有一句名言我想大家一定都知道，雪莱说：'冬天到了，春天还会远吗？'那个唱歌的同学，你还记得吗？"听了教师的话，学生无不佩服教师的教学机智。

- 激励

这种方式不是着重于责备学生的违纪行为，而是激励学生振作起来，以更高的热情投入学习。

引导奋起

一节语文课上，有个学生睡着了。教师叫醒了他，问他为什么上课时睡觉，学生嗫嚅着说："我，我也不知道为什么，听着听着就睡着了。"教师默然，而后，长吁一口气说："此刻，我想起了一个疾病缠身的农民。他呻吟着，背一大捆棕夹卖给土产收购站，然后把卖得的十多元钱全存到这里，说："这是我娃一个月的伙食费。'又说：'老师，我娃就交给你了……'"教师说不下去了，那个学生也满眼含泪（后来了解到，那个学生就是卖棕夹的农民的儿子）。又过了片刻，教师由衷地说："刚才，我为你唱了催眠曲，现在为了那位可敬的父亲，请你给我一个唱奋进曲的机会。"于是，师生共同进入到一种专注的教学境界。

2. 调整好结构

充分发挥课程的魅力，把学生的注意力引到课程学习上来，指导学生有效地完成课业任务，这是防止学生违纪最重要的方法。大量的事实表明，那些"教得好"的教师、"有趣味"的课堂里，是很少出现问题行为的。

·合理的课堂结构

教师要注意创设一种合理的课堂结构来保证教学秩序。课堂结构主要包括课堂情境结构与教学结构。

按照施魏伯等人的研究，学生的课堂行为受他们课堂里座位的影响。教师考虑到纪律管理的原因，对学生座位做出特殊安排，这属于情境结构的创设。课堂常规也可以看作一种课堂结构。必要的课堂常规可以产生安定情绪的作用，可以让学生把注意力集中到当前的学习上来。其他方面，如教师对学生的关注，视线联系、宽容、体贴、支持以及课堂中的心理气氛，也是情境结构创设的内容。

教师精心设计课堂教学结构也是控制学生纪律行为的一种有效方法。教师按照教学设计，有条不紊地教学，会使学生情绪稳定，安全感强。教师良好的心理状态会影响和感染全班学生，增强大家的安全感和自信心，减少背离性，避免课堂秩序混乱。当然，课堂教学结构的设计既要以学生的需要和兴趣为前提，也要考虑教学内容。

·适当的课业任务

教师还可以利用课业学习任务来调控学生的行为，如适时地向学生提问，为某些学生分配特定任务，安排适当的工作来替换学生的不适当行为，适时转移学生的注意焦点，以"冷处理"淡化某个学生企望引人注目的行为，等等。

·巧妙的"舞台情境"

"舞台情境"是美国教育心理学家林格伦提出来的，意指教室的情境安排，例如教室的座位安排。实验证明，学生的课堂行为受他们在教室中座位的影响，而学生的座位也影响着教师和同学对他的看法。为了减少课堂的混乱，教师在分配座位时应尽量将有问题行为的学生分开，使他们坐到"恰当"的地方：最后一排或者靠近教师的第一排，或夹在两个守纪律的同学中间。这样，有利于同学之间相互督促，也有利于教师监控。

3. 制度的作用

课堂学习的规则是学生课堂学习的一种规范，风气、舆论等也是一种看不见的规范。规范对学生有一种引导和约束作用。教师要按照国家的规章法令，在各科教师和家长的支持下，经过师生充分的讨论，共同制订出明确、合理、必要和可行的课堂规则。有了大家认同的规范，教师还要善于运用这种制度的强制性及约束力，或者借助于集体舆论与风气，对学生的行为进行控制调节。当然，最理想的规则是能把外在的控制转化为学生的自我警策。

·复述常规

在课堂情境中，学生不一定都能牢记常规。当学生违反课堂纪律时，不管其动机如何，及时请学生复述有关规则，或者由教师强调要学生记住的某一规定，有利于学生自我约束。例如，见到学生未举手便抢着发言，课堂秩序发生混乱时，教师可立刻向学生说："我们大家都同意过，先举手后发言。"

·订立契约

对于经常违反课堂纪律的学生，教师可以与其签订书面合同。合同上写明必须纠正的违纪行为及其地点、时间和方式，并且规定，如果学生遵守了合同，就给予某种鼓励；如果违背，就要受到某种惩戒。合同由教师和学生签字，有时也可请家长签字。运用契约时，要启发学生自觉，加强思想教育和行为引导，取得家庭配合，但不宜强逼学生写保证书。

·舆论调节

当某些学生的行为妨碍和干扰了班级的正常学习秩序时，常常会引起班级内多数同学的不满，激起班级舆论的谴责。教师要支持正确的舆论，使违规学生了解大家的态度和意见，促使他们感受到群体规范的压力，从而调节自己的行为。教师要善于机巧地利用舆论，有时要"放大"舆论信息，增强其作用；有时则要做些调整，以免激化矛盾，对学生造成伤害。

·风气感染

通过已经形成的班风、学风，让学生受到熏陶感染。教师要善于运用赞赏的方法，引导学生注意并体验良好的纪律秩序和学习风气带给自己的好处，促进学生自律。

·自我警策

启发学生进行自我分析和评价，自觉地改正错误，遵守纪律。对于有些难以控制自己行为的学生，教师也可引导他们用名言名句、座右铭来随时警策自己。

（二）严肃地制止

制止性策略是处理课堂问题的最传统的策略之一。制止性策略是指一旦问题行为出现，教师就通过系统地传达对学生的要求，以终止或改变学生行为的一种方法。这种传达可以是命令式的，如"不许讲话""停止"等，也可以通过注视学生或走到学生身边等动作来传达教师的要求。

制止策略的效果与教师的权力和权威有相关性。教师的权力由教师的角色决定，它取决于社会各方面对教师的希望。教师的权威与教师的职业特点、社会各方面（家长、学校管理者、学生、法律）对教师职业的认识有关，与教师个体的学识、能力和个性品质有关，也与教师合法和公正地使用权力有关。

1. 制止的两个维度

运用制止策略涉及对两个问题的认识：一是教师的权力范围有低、中、高三种强度；二是表达权力有公开的和隐蔽的两种方式。在处理课堂问题时，通常最好使用低强度而不是高强度的权力，传递权力的方式最好是隐蔽的而不是公开的。然而，在特殊情况下，必须采用强力的、公开的方式处理课堂问题。例如，当学生在课堂上打架时，就需要采用强力、公开的方式。

事例点击

制止策略举例

强度水平范围		
强度水平	界　定	制止策略
低强度	非语言的，信号或动作	扫视，摇头，在教学过程中不引人注意地向学生移动
中等强度	语言的，交谈，不压制	要求学生采取理智的行为，消除干扰的因素，命令学生停止错误行为
高强度	语言的和非语言的，改变声音的强度，可采用强制的方式	提高声音并命令学生停止错误行为，将学生与群体分开，批评、教育学生
公开—隐蔽的程度		
方　式	界　定	制止策略
公开的	希望引起班级大多数学生的注意	动作或声音引起所有学生的注意
隐蔽的	希望引起少数学生的注意	采用不引人注意的行为，一边说话一边靠近学生

制止策略的组合

制止策略的两个维度：强度水平和公开—隐蔽方式	
1. 注视	
低强度—隐蔽	低强度—公开
教师的摇头动作只有一个或两个其他的学生注意到了	教师戏剧性的摇头动作使班级里大多数的学生注意到了

制止策略的两个维度：强度水平和公开—隐蔽方式	
2．要求	
中等强度—隐蔽	中等强度—公开
教师向学生移动，要求学生采取理智的行为；教师使用的声音和方法只引起少数一两个学生的注意	教师用一种引起班级大多数学生注意的方式要求学生采取理智的行为
3．威胁	
高强度—隐蔽	高强度—公开
教师靠近学生，告诉学生如果继续错误行为将产生的后果；教师使用的声音和动作只有少数一两个学生注意到了	教师告诉学生，如果继续错误行为将产生的后果；教师用大声的、命令的语言要求班级的大多数学生对此加以注意

实践告诉我们，在课堂教学过程中，大多数情况下适合采用低强度—隐蔽方式的制止策略。"制止策略的组合"中提供了运用制止策略的一些具体操作方法。

2．制止的运用原则

美国学者沃林（Carl J. Wallen）将"制止策略"概括为两条原则：①教师应该在教学活动开始之前将学生行为标准和教师的希望详细地向学生说明；②在连续的教学活动中，如果一个或少数几个学生的行为方式与课堂要求相违背，有时应运用制止策略，目的是使学生的行为符合课堂要求，使课堂中的混乱降至最小的范围。

对教师而言，在开展某一特定的教学活动前，向学生详细说明对他们在特定活动中的特殊要求是非常重要的。例如，在测验时，教师要求学生只有在举手并在教师允许的情况下才能说话。这种特定要求可以是教师根据活动的需要制订的，也可以是教师与学生一起讨论决定的。

无论是小学还是大学，教师在课堂教学中运用制止策略时通常会影响到班级的所有成员，这种现象被称为"涟漪效应"。在课堂中，当教师与表现出问题行为的学生出现对抗时，对其他的学生也会产生不利的影响。如果教师用愤怒的态度制止学生的错误行为，不但不能使其他学生的行为变好，还会使其他学生因此产生焦虑情绪而影响学习。这一现象提醒教师，要谨慎地运用制止策略。教师在教学中要有灵敏的感觉，要观察学生的反应，灵活地运用教学策略。通常在处理课堂问题时，最好是运用低强制性而不是高强制性的制止方式，使用隐蔽的而不是公开的制止方式。但是，在特殊的情况下，有时高强度的、公开的方式是最佳的选择。总之，选择制止策略取决于教师的智慧、教师对教学情景的了解、对学生心理状况的把握以及对制止策略的理解。

3．制止的具体方法

教师制止学生的问题行为时，要做到"二要""八不"。

二要：要对事不对人；要尊重学生人格，维护学生自尊心。

八不：不忽视年龄特征，即按学生的年龄特征来看待问题行为；不混淆事实与谣传，做判断时不以部分事实为依据；不轻易做出结论，做判断时不以部分事实为依据；不忽视情境因素，多考虑环境影响和客观原因，少将过失归咎于个人品质和主观意图；不做简单推论，即不以点代面、以偏概全、以现象代本质，不以以往的过失来推断当前的问题行为；不以感情代替理智，不按个人偏好来取代原则；不做主观判断，即不以个人观点作为依据看待周围的人与事；不投入个人情绪，处理问题应摆脱个人情绪的影响。

· 使用信号制止不良行为

在不良行为刚产生时，教师可用凝视、摇头、叹息、手势、小声咳嗽等信号示意学生停止不良行为。

· 邻近控制

可走近违反纪律的学生，试用站在他身旁、轻拍其背或头、轻声提醒等方式控制其行为。

· 移除诱因

对分散学生注意力的书籍、玩物，可暂时拿开，以消除诱因；对上课时爱在一起聊天玩耍的同学，可调离座位；对注意力分散的学生，可安排在与教师邻近的位置，以便于控制。

· 表扬与不良行为相反的行为

对许多学生来讲，表扬是强有力的激励。教师要想减少学生的不良行为，不妨表扬他们所做出的与不良行为相反的行为，他们会不好意思继续捣乱下去。或者表扬其他同学，例如"我很高兴看到这么多学生都在认真学习，王××做得很好，李××也不错"等，常会使表现与之相反的学生转变过来。

·反复提示

在某些情况下，学生有意无视教师的要求，或者与教师争吵，或者向教师请求，想以此试一试教师的意志（即俗话所说的能耐）。如果学生认识到教师的立场坚定，并且要采取适当的措施加强有序的和建设性的课堂环境时，他的这种尝试行为将会慢慢消失。这就是所谓的"坚定性训练"。它是对学生不良行为的明确、坚定而友好的反应。教师应确定他们想要学生做的行为，清楚地告诉学生，并反复重复直到学生屈服为止。

事例点击

坚持正确的要求

教师：赵××，我让你开始做作业。（说出愿望）

赵××：我画好这个图马上就做，只要几秒钟。

教师（坚定地）：赵××，我知道，但是我想让你现在马上做作业。

赵××：你从未给我足够的时间来画图。

教师（平静地、坚定地）：问题不在这儿。我让你现在马上做作业。

赵××：我不喜欢做作业。

教师（坚定地）：我知道，但是，我让你现在马上做作业。

赵××：好，你一定要我做，那我就做吧！

这位教师只是简单重复他的要求，避免和学生进行长时间的争吵，而无视任何无关的请求。

教师若想有效地解决课堂问题行为，只要自己提出的要求是正确的，符合班级利益的，就要坚持下去，直至胜利为止。这样久而久之，教师的威信树立起来了，学生也就变得好管理了。

恰当地给出"我……"的信息

当课堂上出现令教师生气的事情时，教师应该理智地指出使自己不高兴的事情，并说出自己的感受。即使在此情况下，教师也不应胡乱辱骂学生，攻击学生的人格。教师不应说学生像什么或他们到头来会怎样的话。一位明智的教师在生气的时候会保持"真实"，他会说明他所看到的、他所感受到的、他所期望的。教师攻击的对象应是"问题"而不应是"学生"。这时，教师应采用"我……"的信息，如"我很生气""我很失望""我很惊讶"，而不要用"你……"的表达方式，如"你不好!""你太懒惰!""你不顾别人，只顾自己。""你以为你是什么东西。""我……"的信息告诉学生教师对这一问题的感觉；"你……"的语句却有攻击学生的味道。

实例 1：

一位教师走进教室，看见教室里一片凌乱，他说："我看到纸屑丢了一地，我很不高兴，也很生气。纸屑不应该丢在地上，而应该放在垃圾箱里。"这位教师只表达了自己的感受和期望，并没有对学生的人格进行侮辱，如"你们是一群懒鬼，没有一点责任心，把教室搞得乱七八糟"。

一位教师在上课时，教室里喧嚣不已，教师同样应避免对学生的侮辱和攻击，如"你们不是人，是一群猴子、野兽"。他应该态度坚定地说："当我面对高分贝的噪声时，我很生气。"于是闹声会平息。

实例 2：

1.（一个学生在教师讲课时插嘴）

教师甲：我想先把话讲完。

教师乙：你给我闭嘴，你太没有礼貌了。

2.（教师在布置作业时，有两个学生在相互交谈）

教师甲：我在布置作业，必须记下来。

教师乙：你们除了讲话难道没有其他事可做吗? 赶快拿笔记下来。

3.（一个学生不举手就回答教师的提问，或举了手，但未经教师同意就回答）

教师甲：我想多听几个同学回答。

教师乙：谁让你讲话的! 班上又不止你一个人。

（三）心理的干预

学生的行为问题并不都是品德问题，有些是属于特定年龄阶段，在复杂环境作用下出现的心理偏异，因此应采取一些心理干预的方法。

1. 心理辅导

学校心理辅导，是指教育者运用心理学、教育学等学科的理论与技术，通过集体辅导、个别辅导以及家庭的心理辅导等多种形式，帮助学生改变认知、信念、价值观念和道德观念，从而改变学生行为的一种教育活动。它是学校教育工作的重要一环，辅导的最终目标是实现教育目标。

心理辅导是一种合作式、民主式和协助学生解决问题的过程，与传统意义上教育的含义不同。它更强调协助正常人的教育与发展。人本主义心理学家认为，个人问题行为往往起因于外界因素对自我实现的阻挠以及个人缺乏正确的自我评价。因此，心理辅导的主要任务是：

·帮助学生正确认识和评价自我、自我接纳和调节，树立自信心。

·帮助学生正确抉择行为方向，确立合适的目标。

·帮助学生正确认识环境，善于改变环境或自己的不适应行为，使其学习、工作、情绪、社会适应性良好。

·帮助学生发挥个人潜能，排除实现思想抱负的障碍，就其个人能力所及，做到生活愉快，对社会做出贡献。

心理辅导的成败取决于师生间认知距离的缩短和情感隔阂的消除。教师应对学生充满信心，诚恳待人，给学生以必要支持，尊重学生的感受与体验，将心比心，从学生的立场出发去处理问题行为，从而调动学生的积极性，使课堂成为发展潜能的良好场所。

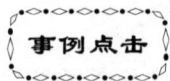

事例点击

爱护一颗成长的心
——心理咨询案例手记

小张的好朋友小李一直很受大家的欢迎，但是经过一年多的相处，大家才发现自己经常丢东西，如文具、内衣、钱等，原来是她拿的。

我悄悄地将她请到咨询室，这个瘦小的女孩处在极度防御状态中。我明白了那些女孩子们的感受：她怎么能这么镇定地撒谎呢？

我与她闲聊，聊家里的情况，聊在这里读书的感受，她神情有些放松，但仍是极度紧张与戒备的神情。于是我就讲了自己成长中的一个故事：读大学时，与同学去北京郊区旅游，我看到满山满树的大柿子时，万分惊喜。同行的男生伸手从树上摘下来一个，让我看个够，然后又给另外两个女生各摘了一个。柿子刚刚拿到手，面前突然出现了一个农民，他对我们私摘果子的行为给予了不讲情面的贬损。我们一再承认错误，但他不依不饶，最后总算同意如果我们把这些又青又涩的柿子吃掉，就放我们走。我们就一口一口地啃那些柿子，那种涩味难当的感觉实在是最严厉的惩罚。这件事给我的印象太深刻了，我懂得了要尽量避免做违背客观规律的事。惩罚让年轻而无知的我懂得了：一个人要敢于对自己的行为负责。

当我在讲这个故事时，她脸上的神情放松了很多，最后几句话让她脸上一瞬间闪动了若有所思的神情，然后又恢复了她刚来时的紧张。我告诉她：我知道她内心有很大压力，她一直在逃避责任，因为害怕失去这个集体给她的爱和帮助。我没有讲具体的事，我只是想退一步，为她创造一个宽松些的思考空间。

我为她留了作业：回去以后，尝试着做个换位思考，站在好朋友的位置上，感受一下她们的心理活动，当她有新的感悟时，再来找我。

第二天，她如约而来，同来的还有她的几个好朋友。她昨天回去承认了一些，但仍有所保留。女孩子们要求一起来帮助她。她低垂着头，面无表情地听着同学们声泪俱下的倾诉："我们不是要你赔什么，我们只是想听你说：以后这些事情不会发生了。这就足够了，我们仍然把你当作我们最好的小妹妹……"小李还一直坚持着表面上的平静。

我退在一边，看着这感人的一幕，感觉到了集体的教育力量，同伴的教育力量。一个优良的集体，会形成一种真诚互助的风气，她们用年轻的心感化着另一颗心，她们因为尊重她的成长而可以原谅她的错误，看重她可能有的美好未来。

同学们走了以后，我与她沉默了好久，我看见她脸上紧绷的神情慢慢放松下来，然后脸上渐渐泛红，最后哭泣起来。我把手放在她的肩上，鼓励她把长期压抑的紧张情绪释放出来。

我引导她看到同学们对她的爱护，告诉她年轻时"犯错误"对成长的价值与意义，让她明白：当一切成为过去时，过去的意义就在于让她负起自己行为的责任，为自己的明天、未来而开始积极地生活。

后来，我经常能看到她在班中一如平常地与同学上课、嬉戏，能看到她写的作业，她的期末考试成绩比上学期有了进步。

很快她就要参加高考了，每次看到她，她总是对我远远地笑笑。

在那个夏日里发生的故事，没有人再提起，好像很遥远了，可每当我想到这件事时都会感动，为我们曾有过的那个呵护心灵成长的行动。

（吴文君）

2. 行为矫正

下面介绍四种实用行为矫正技术，帮助矫正学生的问题行为。

· 以家庭为基础的强化策略

以家庭为基础的强化策略是指把学生在学校里的行为报告给家长，由家长提供奖励。教师让学生把一张每日或每周报告卡拿回家，根据教师的报告，家长给学生以适当的强化。

这个方法有以下几个优势：第一，父母能比学校提供更有效的强化。第二，能向家长经常反馈孩子的情况。第三，容易管理执行，可取得家长的积极配合。

· 个人日志卡

个人日志卡是指要求父母参与并强化所希望的结果的一种行为管理系统。在日志卡上，教师依据学生在课堂上的表现为他评分。学生每天带回家给家长看，当他的评分达到某一标准后，父母就给予奖励。

建立和完善个人日志卡的步骤包括：第一，确定日志卡所包括的行为；第二，向家长解释这一程序；第三，当学生行为得到改善时，减少报告的频率。

· 全班信物强化

信物强化是指学生能把由学习和积极的课堂行为所获得的信物，如小红花、小红旗、小红星、分数交换成他们想要的奖品等。有人研究，以整班为单位的信物强化系统对学生的行为特别有效。如果这种方法能与前两种方法结合起来使用，效果会更好。

· 集体程序

集体程序是根据集体成员的行为进行奖励。

其实，教师经常在使用这种方法，例如，"如果所有学生都放下手中的活，保持安静，我就讲故事"。集体程序的重要之处在于：大多数情况下，整个班级要么得奖，要么不得奖，可以培养集体主义精神或增强凝聚力。

在使用此方法时要考虑周到，切不可伤了全班同学的面子或者使教师处于尴尬状态。[①]

3. 现实疗法

现实疗法属于心理治疗方法之一，由美国精神科医师格拉塞（Glasser）于 1965 年提出。在教学管理中，现实疗法的实质是培养学生面对自己的现实问题的态度和解决问题的能力，使学生自己担负起解决自己问题的责任。作为一种教学管理的方式，在学生认识自己的真实状况和重新形成自己的行为时，它要求教师应以真诚的、富有人性的态度对待学生。

这一理论也非常强调学生的责任，要求学生对自己的行为负责，必须承担其导致的任何消极后果。尽管可以相信学生是一种理性的存在，但他们必须得到教师的指导，在教师指导下做出良好的选择，从而成为能满足其真正现实需要的负责任的个体。因而这一理论也强调建立和强化课堂行为准则的重要性。学生产生不良行为的任何借口都是不能接受的。课堂规则和学生行为的处理应通过一种特殊的过程——班会来建立。在班会过程中，教师是讨论的民主促进者，而不是权威，所有的决定都通过多数原则来确立。当规则需要调整或遇到特殊情况时，要通过新的班会讨论来修订。

格拉塞理论还提出了现实疗法的基本程序：①联系学生。同学生建立起良好的人际关系。对学生表现出兴趣、关心和尊重，尤其表现出乐于帮助学生解决其行为问题。②对待学生面临的行为问题。描述学生所面临的行为，正确对待行为问题，而不是对学生给予评价。提出类似于"你在做什么"，而不是"你为什么那样做"的问题。③形成判断。帮助学生对其问题行为做出有价值的判断。可以提出类似于"你的行为对你有帮助吗""你的行为符合你

---

① 皮连生.教学设计：心理学的理论与技术 [M].北京：高等教育出版社，2002：203.

的愿望吗"等问题,但不宜对学生做出道德判断。④制订计划。学生(而非教师)必须以负责任的方式制订一个满足自身需要,并有可能实现的计划。⑤做出承诺。制订计划固然重要,但还不够,最重要的是要承诺愿意在现实中对计划予以实行和完成。学生如能承诺将实行计划,就可产生一种责任感和获得自我价值感。⑥不接受借口。学生做出承诺后,教师不接受学生未实行承诺的借口。如果学生实行了计划,就应给予肯定和积极强化。应让学生认识到,无论在何种情境下,他们都应控制其行为。⑦承受自然后果。允许学生承受问题行为导致的自然后果,但不宜施予惩罚。同时,帮助学生重新制订更好的计划和做出新的承诺。在这一过程中,要表明教师只是处理学生的行为,而不是学生本人。此外,还要表明行为改变的责任应由学生自己而不是由教师负责。